VOCABULAIRE THÉMATIQUE
ALLEMAND-FRANÇAIS

Le monde d'aujourd'hui

VOCABULAIRE THÉMATIQUE
ALLEMAND-FRANÇAIS

Le monde d'aujourd'hui

SOCIÉTÉ – ENVIRONNEMENT – ÉCONOMIE
POLITIQUE – TECHNOLOGIE – SANTÉ

Adelgard SCHEUERMANN

Professeur au lycée Guillaume Apollinaire à Thiais
et à l'Institut d'études juridiques de l'université Paris II pour les cours préparatoires de l'ENM et du CRFPA

ellipses

Du même auteur

Arbeiten und Leben in der Kornmühle – Sozialgeschichte und Technik der Trittauer Wassermühle von 1650 bis heute (Vie et travail dans un moulin à blé , histoire sociale et technique d'un moulin à eau de 1650 jusqu'à nos jours), Hamburg, 1989

Welten 2nde – manuel, CD et fichier d'élève, en collaboration avec *E. Thomas, A.Delposen, C. François et K. Lenoël,* Paris, 2006

Prépabac – Toute la terminale (co-auteur, en collaboration avec Armin Brüssow), Paris, 2007

Remerciements

L'auteur tient à remercier vivement Gunther Scheuermann, Jörg Bendrat et Claude Checconi pour leur précieuse collaboration.
Elle exprime sa profonde gratitude à Jean-Pierre Demarche et toute sa famille pour leur confiance.
Elle dédie cet ouvrage à tous ses élèves du lycée Guillaume Apollinaire et à ses étudiants et anciens étudiants de l'Institut d'études juridiques de Paris II Assas, en espérant qu'il les aidera à progresser.

abréviations

(sg)	indique un nom qui ne s'emploie pas ou très rarement au pluriel.
(pl)	indique un nom qui est toujours au pluriel ou a valeur de pluriel.
(=)	indique une particule séparable.
(adj)	indique qu'un nom est un adjectif substantivé et se décline donc comme un adjectif.

ISBN 978-2-7298-3838-6

www.editions-ellipses.fr

AVERTISSEMENT

Cet ouvrage est une adaptation de l'ouvrage de Daniel Gandrillon *Vocabulaire thématique anglais - français* a pour but de fournir à l'étudiant le vocabulaire et les idées nécessaires pour s'exprimer, à l'oral ou à l'écrit, sur **les sujets essentiels du monde d'aujourd'hui**.

Cet ouvrage se compose de 100 sujets traités sous la forme de chapitres de 2 pages et s'articule autour des grands thèmes que l'on rencontre régulièrement dans les médias : les phénomènes de société, l'environnement, l'économie, la politique, la science, la technologie, la santé, le sport et les loisirs.

Partant du constat que l'étudiant se plaint d'avoir à apprendre des listes de mots dont peu lui servent vraiment, la page de gauche présente en une quarantaine de mots et expressions **le vocabulaire réellement utile et indispensable pour parler d'un sujet.**

Partant du constat que l'étudiant manque souvent d'**idées pour parler d'un sujet**, la page de droite comporte une quinzaine de phrases qui abordent les différents aspects du sujet et qui sont destinées à lui fournir des pistes de réflexion. Tirées pour la plupart de la presse germanophone, ces phrases, toutes traduites, permettront à l'étudiant d'enrichir encore ses connaissances linguistiques et lui serviront en même temps d'entraînement à la version allemande.

Cet ouvrage s'adresse en particulier aux élèves des classes préparatoires scientifiques et commerciales dont les épreuves de concours portent sur les grandes questions du monde contemporain, mais sera également très utile aux étudiants en LEA, DEUG, licence et aux agrégatifs.

TABLE DES MATIÈRES

AKTUELLE PROBLEME DER WELT VON HEUTE
LES GRANDS PROBLÈMES ACTUELS

DIE UMWELT
L'ENVIRONNEMENT

DIE WIRTSCHAFT
L'ÉCONOMIE

WISSENSCHAFT UND TECHNOLOGIE
SCIENCE ET TECHNOLOGIE

DIE GESUNDHEIT
LA SANTÉ

SPORT, KULTUR UND FREIZEIT
SPORT, CULTURE ET LOISIRS

LÄNDER UND KONTINENTE
CONTINENTS ET PAYS

1. DIE WELTBEVÖLKERUNG
LA POPULATION MONDIALE

die Weltbevölkerung	*la population mondiale*
die Demographie	*la démographie*
der Demograph (en, en)	*le démographe*
die Volkszählung (en)	*le recensement*
eine Volkszählung durch=führen	*effectuer un recensement*
die Schätzung (en) / die Voraussage (n) / die Vorausberechnung (en)	*l'estimation / la prévision*
das Wachstum der Weltbevölkerung	*la croissance démographique mondiale*
die Bevölkerungsexplosion	*l'explosion démographique*
die Überbevölkerung	*la surpopulation*
die Alterspyramide (n)	*la pyramide des âges*
die Altersgruppe (n)	*la tranche d'âge*
die Geburtenrate (n)	*le taux de natalité*
die Geburtenzahl (en) pro Frau	*le taux de fécondité*
die Geburtenkontrolle (n)	*le contrôle des naissances*
der Geburtenrückgang	*la baisse de la natalité*
die Sterberate (sg)	*le taux de mortalité*
die Kindersterblichkeit (sg)	*le taux de mortalité infantile*
die Lebenserwartung (sg)	*l'espérance de vie*
eine Gegend mit hoher / geringer Bevölkerungsdichte	*une région fortement / faiblement peuplée*
um fünf Prozent steigen (ie, ie) / an=steigen / zu=nehmen (a, o)	*augmenter de 5 %*
der Anstieg / die Zunahme der Weltbevölkerung	*l'augmentation de la population mondiale*
dramatisch steigen (ie, ie) / an/=steigen / zu=nehmen (a, o)	*augmenter de façon spectaculaire*
in die Höhe schießen (o, o)	*augmenter en flèche*
sich verdoppeln	*doubler*
sich verdreifachen	*tripler*
sich vervierfachen / auf das Vierfache steigen (ie, ie)	*être multiplié par quatre*
bis zu / auf neun Milliarden an=steigen (ie, ie)	*culminer à 9 milliards*
die aktuelle / gegenwärtige Tendenz (en)	*la tendance actuelle*
die Tendenzwende / die Trendwende	*le renversement de tendance*
der Babyboom	*le baby boom*
die Babyboomer	*les enfants du boom*

Die Demographen sagen für 2070 einen Anstieg der Weltbevölkerung bis auf neun Milliarden voraus.

Les démographes prédisent que la population mondiale culminera à 9 milliards en 2070.

Niemand weiß, ob unser Planet weitere drei Milliarden Bewohner aufnehmen kann.

Personne ne sait si notre planète pourra s'accommoder de 3 milliards d'habitants supplémentaires.

Die Demographen meinen, dass der Planet gegen Ende des 21. Jahrhunderts schließlich etwas weniger bevölkert sein wird.

Selon les démographes, la planète finira par être un peu moins peuplée d'ici la fin du XXIe siècle.

Es wird weniger Chinesen, Europäer und Japaner und mehr Afrikaner, Inder und Amerikaner geben.

Il y aura moins de Chinois, d'Européens et de Japonais, et plus d'Africains, d'Indiens et d'Américains.

Indien ist dabei, China zu überrunden und bis 2050 das bevölkerungsreichste Land der Erde zu werden.

L'Inde est sur le point de dépasser la Chine et de devenir le pays le plus peuplé du monde d'ici 2050.

Ein UN-Bericht hebt hervor, dass es ein zunehmendes Ungleichgewicht zwischen den entwickelten und den weniger entwickelten Ländern gibt.

Un rapport des Nations Unies met l'accent sur un déséquilibre croissant entre les pays développés et les pays en développement.

Die massive Zunahme der Weltbevölkerung wird sich in den Ländern konzentrieren, die darauf am wenigsten vorbereitet sind.

L'augmentation de la population mondiale sera concentrée massivement dans les pays les moins à même d'y faire face.

In den 48 am wenigsten entwickelten Staaten der Welt wird sich die Bevölkerung bis zum Jahr 2050 voraussichtlich verdreifachen, was zu einer steigenden Nachfrage an Wasser und Nahrungsmitteln führen wird.

La population des 48 pays les moins développés du monde devrait presque tripler d'ici 2050, ce qui accroîtra la demande en nourriture et en eau.

Der Preis für den Rückgang der Weltbevölkerung wird eine starke Alterung der Bevölkerung in Westeuropa und Japan sein.

Le prix à payer pour la diminution de la population mondiale sera un vieillissement notoire de la population en Europe de l'Ouest et au Japon.

Die Vorausssagen in Bezug auf die Weltbevölkerung sind mit Vorsicht zu betrachten. Nichts ist so unberechenbar wie das menschliche Verhalten.

Les projections concernant la population mondiale doivent être regardées avec précaution. Il n'y a rien de plus imprévisible que le comportement humain.

2. DIE ARMUT
LA PAUVRETÉ

das Elend (sg.)	*le dénuement, la misère*
der Arme (adj) / der Mittellose (adj)	*le pauvre, l'indigent*
der Bedürftige (n)	*l'indigent*
die drückende / plagende / extreme Armut (sg.)	*la misère noire, la misère extrême*
in Armut leben / im Elend leben	*être, vivre dans la misère*
unter der Armutsgrenze leben	*vivre en dessous du seuil de pauvreté*
die Unterprivilegierten / die Benachteiligten	*les défavorisés*
von der Hand in den Mund leben	*vivre au jour le jour*
die unsichere Existenz / das Leben mit dem Existenzminimum	*la précarité*
mit dem Existenzminimum leben	*vivre une existence précaire*
über die Runden kommen (a, o)	*joindre les deux bouts*
der Hungerlohn (sg)	*le salaire de misère*
in die Armut ab=gleiten (i, i)	*sombrer, basculer dans la pauvreté*
den Tiefpunkt erreichen	*toucher le fond*
ausgeschlossen sein	*être exclu*
dafür sorgen, dass der Schornstein raucht	*faire bouillir la marmite*
gerade genug zum Leben haben	*avoir juste de quoi vivre*
nicht genug zum Leben haben	*ne pas avoir le minimum vital*
das absolut Notwendigste / das Minimum	*le strict nécessaire*
mittellos sein / kein Geld haben	*être sans argent*
knapp bei Kasse sein / unter Geldnot leiden (i, i)	*être à court d'argent, manquer d'argent*
pleite sein / keinen Pfennig mehr haben	*être fauché*
die Armut in der Welt	*la pauvreté dans le monde*
mit einem Euro pro Tag leben	*vivre avec un euro par jour*
eine schreiende Ungerechtigkeit	*une injustice criante*
die Armut bekämpfen	*lutter contre la pauvreté*
das BIP / das BNP	*le PIB / le PNB*
die OECD / der IWF	*l'OCD / le FMI*
die Weltbank	*la Banque mondiale*
das Ziel erreichen	*atteindre l'objectif*
eine bessere Verteilung des Reichtums	*une meilleure répartition des richesses*
den Reichtum neu verteilen	*redistribuer les richesses*

Der Kampf gegen die Armut ist eine der großen Herausforderungen des 21. Jahrhunderts. Armut ist noch immer die häufigste Todesursache.

La lutte contre la pauvreté est l'un des grands défis du XXIe siècle. C'est toujours elle qui tue le plus dans le monde.

Trotz vieler schöner Worte der Großen dieser Welt wird die Kluft zwischen Reichen und Armen nicht kleiner, sondern größer.

Malgré les beaux discours des grands de ce monde, le fossé entre les riches et les pauvres ne se comble pas, il se creuse.

Die Mächtigen der Welt haben sich zum Ziel gesetzt, die Armut in der Welt bis 2015 um die Hälfte zu reduzieren, aber das sind sicher nur politische Sonntagsreden.

Les leaders mondiaux se sont fixé pour objectif de réduire la pauvreté mondiale de moitié d'ici 2015, mais ce ne sont sans doute que des promesses en l'air.

Die Armut wird zwangsläufig zunehmen, wenn das Wirtschaftswachstum nicht mit dem Bevölkerungswachstum Schritt halten kann.

La pauvreté ne peut qu'empirer si la croissance économique ne va pas de pair avec la croissance démographique.

Die reichen Staaten müssen die Hilfe für die armen Staaten erhöhen. Das vereinbarte Ziel liegt bei 0,7 % ihres BIP.

Il faut que les pays riches augmentent le montant de leur aide aux pays pauvres. L'objectif sur lequel ils sont tombés d'accord est 0,7 % de leur PIB.

Die USA sind das wichtigste Geberland, was die Höhe der Hilfe betrifft. Jedoch sind es im Verhältnis zu ihrem BIP nur 0,16 %.

Les États-Unis sont le donateur le plus généreux en termes de volume de l'aide, mais ce qu'ils donnent ne représente que 0,16 % de leur PIB.

Programme zur Bekämpfung der Armut in den Entwicklungsländern müssen vorrangig für sauberes Wasser und Hygiene sorgen.

Les programmes de lutte contre la pauvreté dans les pays en développement doivent donner la priorité à l'eau propre et à l'hygiène.

Die Vereinbarung, die Schulden der 18 ärmsten Staaten der Welt zu streichen, ist ein großer Schritt vorwärts, aber nicht ausreichend.

L' accord conclu pour annuler les dettes de 18 des pays les plus pauvres du monde est un grand pas en avant, mais ce n'est pas suffisant.

Es ist noch ein langer Weg, bis die Armut in der Welt verschwunden ist.

Il reste beaucoup de chemin à parcourir avant que la pauvreté n'ait disparu.

Mehr als zehn Millionen Kinder unter fünf Jahren sterben jedes Jahr an vermeidbaren Krankheiten und um die 120 Millionen gehen nie zur Schule.

Plus de 10 millions d'enfants de moins de 5 ans meurent chaque année de maladies évitables et quelque 120 millions d'enfants ne vont jamais à l'école.

Eine gemeinsame Aktion ist wichtig, um die Armut zu bekämpfen.

Une action concertée est nécessaire pour combattre la pauvreté.

3. DIE HUNGERSNOT
LA FAMINE

der Hunger / die Hungersnot (¨e)	*la faim / la famine*
der Hunger in der Welt	*la faim dans le monde*
Hunger haben / Hunger leiden (i, i)	*avoir faim, ne pas manger à sa faim*
die mangelhafte Ernährung / die Unterernährung	*la malnutrition / la sous-nutrition*
mangelhaft ernährt / unterernährt	*sous-alimenté*
Untergewicht haben	*avoir un poids insuffisant*
an Hunger sterben (a, o) / verhungern	*mourir de faim*
hungernde / abgemagerte Kinder	*des enfants affamés / décharnés*
es fehlt an Nahrungsmitteln	*il y a une pénurie de nourriture*
fehlende / mangelnde Ernährung	*le manque de nourriture*
der Nahrungsmangel (sg.)	*la pénurie de nourriture*
um Nahrung kämpfen	*lutter pour se nourrir*
die Abfälle nach Essbarem durch=suchen	*faire les poubelles pour se nourrir*
Mangelerscheinungen wegen Unterernährung	*des carences alimentaires*
der Vitamin-C-Mangel (sg.)	*la carence en vitamine C*
die Ernährungssituation	*la situation alimentaire*
die Ernährungskrise (n)	*la crise alimentaire*
sich ernähren	*se nourrir*
eine schreckliche / nie dagewesene Hungersnot	*une famine terrible / sans précédent*
sich einer Hungersnot gegen-über=sehen (a, e)	*être confronté à la famine*
das Gebiet der Hungersnot	*la région frappée par la famine*
der Welternährungsgipfel (-)	*le Sommet mondial sur la faim*
das Welternährungsprogramm (e)	*le Programme alimentaire mondial*
die Hungerhilfe	*l'aide alimentaire*
die sofortige Hungerhilfe	*l'aide alimentaire d'urgence*
eine Wohltätigkeitsorganisation	*une organisation caritative*
die Nichtregierungsorganisation (en) / die NRO	*l'oganisation non gouvernementale / l'ONG*
die humanitäre Hilfe	*l'aide humanitaire*
der Freiwillige (adj)	*le bénévole*
Lebensmittelpakete ab=werfen (a, o)	*larguer des vivres*
Lebensmittel verteilen	*distribuer des vivres*
das Geberland (¨er)	*le pays donateur*
Spenden sammeln für die Lebensmittel	*collecter des fonds au profit des denrées alimentaires*

Über 800 Millionen Menschen auf der Welt sind chronisch unterernährt.
Plus de 800 millions de personnes dans le monde souffrent de malnutrition chronique.

Selbst in den USA, dem Land der Übergewichtigen, haben fast 30 Millionen Menschen nicht genug zu essen.
Même aux États-Unis, le pays des obèses, près de 30 millions de personnes ne mangent pas à leur faim.

In 30 Jahren wird es 2 Milliarden Münder mehr zu ernähren geben.
Il y aura plus de 2 milliards de bouches supplémentaires à nourrir dans 30 ans.

Die Ernährungslage in der Welt hat sich kaum gebessert, seit die Regierenden der Welt versprachen, die Zahl der Hungernden bis 2015 um die Hälfte zu senken.
La situation alimentaire mondiale ne s'est guère améliorée depuis que les dirigeants de la planète ont promis de diviser par deux d'ici 2015 le nombre de ceux qui ont faim.

Nur zu oft sind die Reden der Politiker, der Hunger in der Welt müsse beseitigt werden, reine Lippenbekenntnisse, denen keine Taten folgen.
Bien trop souvent les hommes politiques se contentent de parler de la nécessité d'éradiquer la faim dans le monde sans que leurs paroles soient suivies d'effet.

Reis ist das Grundnahrungsmittel für mehr als die Hälfte der Weltbevölkerung.
Le riz est la denrée de base de plus de la moitié de la population mondiale.

Hungerhilfe wird oft nur zögernd und in kleinen Mengen verteilt, gerade dort, wo sie am nötigsten gebraucht wird.
La distribution d'aide alimentaire arrive souvent avec réticence et au compte-gouttes là où les gens en ont le plus besoin.

Bei der Hungersnot 1984 in Äthiopien kamen eine Million Menschen um.
La famine qui a régné en Éthiopie en 1984 a exterminé un million de personnes.

Die schleichende Hungersnot in Niger fordert zahlreiche Opfer in der Bevölkerung.
La famine sévit au Niger et cause des ravages au sein de la population.

In Ländern wie Simbabwe werden die Hungersnöte oft durch Trockenheit hervorgerufen, aber auch durch eine permanente politische Misswirtschaft.
Dans des pays tels que le Zimbabwe, la famine est souvent due à la sécheresse mais aussi à une incompétence gouvernementale chronique.

Es ist unvorstellbar, dass zu Beginn des 21. Jahrhunderts Menschen Rinde und Wurzeln essen müssen, um zu überleben.
Il est inacceptable au début du XXIe siècle que des gens mangent de l'écorce et des racines d'arbres pour survivre

Erst kommt das Fressen, dann die Moral. (B. Brecht)
Ventre affamé n'a point d'oreilles.

4. DIE OBDACHLOSEN
LES SANS-ABRI

die Obdachlosigkeit	*le fait d'être sans abri*
keinen festen Wohnsitz haben	*ne pas avoir de domicile fixe*
kein Dach über dem Kopf haben / obdachlos sein	*être sans abri*
der Obdachlose (adj)	*le sans-abri, le SDF*
zwei Millionen Obdachlose / die Zahl (en) der Obdachlosen	*2 millions de sans-abri / le nombre de sans-abri*
ohne Ziel / ziellos umher=irren	*errer sans but*
der Landstreicher (-)	*le vagabond*
die Landstreicherei	*le vagabondage*
das Betteln / die Bettelei	*la mendicité*
der Bettler (-) / betteln	*le mendiant / mendier, tendre la main*
von den Almosen anderer leben	*vivre de la charité des autres*
der Penner (-)	*le clochard*
jd, der auf der Straße lebt	*un clochard*
das Absinken ins Elend	*la clochardisation*
die Verelendung	*le fait de tomber dans la misère*
im Elend leben	*vivre dans la misère, le dénuement*
gezwungen sein, auf der Straße zu leben	*être condamné à vivre dans la rue*
auf der Straße leben / herum=streunen	*vivre dans la rue*
auf der Straße schlafen (ie, a)	*dormir dans la rue*
auf hartem und kaltem Boden schlafen (ie, a)	*dormir à la dure*
es sich für die Nacht ein=richten	*s'installer pour la nuit*
in der U-Bahn übernachten	*dormir dans un couloir du métro*
der Karton (s)	*le carton*
der Luftschacht (¨e)	*la bouche d'aération*
der Schlafsack (¨e)	*le sac de couchage*
ein Haus besetzen / ein Hausbesetzer	*squatter un immeuble / un squatter*
sich sauber halten (ie, a)	*rester propre*
gegen die Kälte kämpfen	*lutter contre le froid*
zu trinken an=fangen (i, a)	*se mettre à boire*
das Heim für Obdachlose	*le centre d'accueil pour sans-abri*
Obdachlosen helfen (a, o)	*venir en aide aux sans-abri*
der Wohltätigkeitsverein (e)	*l'association caritative*
ein Verein von freiwilligen Helfern	*une association de bénévoles*
die Volksküche	*la soupe populaire*
die Sozialfürsorge / Sozialhilfe	*l'aide sociale*

In vielen europäischen Ländern gibt es immer mehr Obdachlose.

Il y a de plus en plus de sans-abri dans de nombreux pays européens.

Eine steigende Zahl von Jugendlichen hat kein Dach über dem Kopf.

De plus en plus de jeunes n'ont pas de toit.

Wie viele andere Obdachlose hofft er, durch den Verkauf von Zeitungen wieder auf die Beine zu kommen.

Comme de nombreux SDF, il espère repartir du bon pied en vendant des magazines dans les rues.

Als er seine Arbeit verlor, setzte ihn seine Frau vor die Tür, und er wurde einer von vielen Obdachlosen.

Lorsqu'il s'est retrouvé sans emploi, sa femme l'a mis à la porte et il est allé grossir les rangs des SDF.

Er wurde von seiner Familie abgelehnt und landete auf der Straße. Nur sein Hund leistete ihm Gesellschaft.

Il a été rejeté par sa famille et s'est retrouvé à la rue avec son chien pour seule compagnie.

Zur Obdachlosigkeit führt eine Kette schwerer persönlicher Probleme.

Se retrouver à la rue, c'est l'ultime catastrophe d'une série de graves problèmes personnels.

Obdachlose sind meist Menschen, deren Leben wegen Arbeitsplatzverlust, Schulden, Unglück oder Krankheit zerstört wurde.

Les sans-abri sont généralement des gens dont la vie a été ruinée par la perte de leur emploi, par des dettes, la malchance ou la maladie.

Manche durchstöbern die Abfälle von Restaurants, um Nahrung zu finden.

Certains font les poubelles des restaurants pour trouver de la nourriture.

Auf der Straße herrscht das Gesetz des Dschungels und es ist oft nur eine Frage der Zeit, bis ein Obdachloser geschlagen oder vergewaltigt wird.

C'est la loi de la jungle qui domine dans la rue où ce n'est qu'une question de temps avant qu'un SDF ne soit battu ou violé.

Dem Blick der Leute zu begegnen und die Einsamkeit zu ertragen sind nur einige der Probleme, mit denen Obdachlose tagtäglich umgehen müssen.

Affronter le regard des autres et faire face à la solitude ne sont que certaines des difficultés dont les sans-abri doivent s'accommoder tous les jours.

Es ist Aufgabe der Regierungen, die Obdachlosen von der Straße zu holen und ihnen bei der Wiedereingliederung in die Gesellschaft zu helfen.

C'est le devoir des gouvernements d'aider les sans-abri à s'en sortir et se réintégrer dans la société.

Die Behörden scheinen sich nur um die Obdachlosen zu kümmern, wenn es einen Kälteeinbruch gibt.

Les autorités ne semblent se préoccuper du sort des sans-abri que lorsqu'il y a une vague de froid.

5. DIE ZUWANDERUNG
L'IMMIGRATION

zu- / ein=wandern / immigrieren	*immigrer*
der Zuwanderer (-) / der Einwanderer / der Immigrant (en)	*l'immigré*
der Gastarbeiter (-)	*le travailleur immigré*
der Umsiedler (-) / der Aussiedler (-)	*l'émigré venant de l'Europe de l'Est ayant des ancêtres allemands*
vor einem Regime fliehen (o, o)	*fuir un régime*
aus einem Land fliehen (o, o)	*fuir un pays*
der Armut entkommen (a, o) / entfliehen (o, o)	*échapper à / fuir la pauvreté*
vor dem (Bürger)Krieg fliehen (o, o)	*chercher à fuir la guerre (civile)*
politisches Asyl suchen	*chercher l'asile politique*
ein besseres Leben suchen	*chercher une vie meilleure*
Arbeitskräfte suchen	*chercher de la main-d'œuvre*
mit der Vergangenheit brechen (a, o)	*rompre avec le passé*
bei Null an=fangen (i, a)	*partir de rien*
einen neuen Anfang machen / von vorne an=fangen (i, a)	*prendre un nouveau départ*
mit Schwierigkeiten konfrontiert sein	*être confronté à des difficultés*
ausgebeutet werden	*être exploité*
der Betrieb (e) mit illegalen Arbeitskräften	*l'atelier clandestin*
Hindernisse überwinden (a, u)	*surmonter des obstacles*
die Sprachbarriere (n)	*la barrière de la langue*
sich integrieren / sich ein=gliedern	*s'intégrer*
sich an=passen	*s'adapter*
die Einwanderungspolitik (sg.)	*la politique d'immigration*
die Grenzen schließen (o, o)	*fermer les frontières*
eine Quote fest=legen	*imposer un quota*
an der Grenze abgewiesen werden	*être refoulé à la frontière*
die Grenzkontrollen verstärken	*renforcer les contrôles aux frontières*
aus einem Land ausgewiesen werden	*être expulsé d'un pays*
die illegale Einwanderung	*l'immigration clandestine*
der illegale Einwanderer (-)	*l'immigré / l'étranger clandestin*
der blinde Passagier (e)	*le passager clandestin*
der Ausländer (-) ohne Papiere	*le sans-papiers*
der Fluchthelfer (-) / der Menschenschmuggler (-)	*le passeur*
der falsche Pass (¨e)	*le faux passeport*
die illegale Einwanderung bekämpfen	*réprimer l'immigration clandestine*

Einwanderer sind oft bereit, ihr Leben zu riskieren, da sie sich von den fernen Ländern das Blaue vom Himmel versprechen.

Les immigrés sont souvent prêts à risquer leur vie car ils sont convaincus de trouver dans les pays lointains toutes les merveilles du monde.

Bei so vielen Menschen, die um jeden Preis nach Westeuropa kommen wollen, machen die Menschenschmuggler glänzende Geschäfte.

Vu le grand nombre de personnes qui veulent à tout prix émigrer en Europe de l'Ouest, les passeurs font fortune.

Jeden Tag versuchen Menschen, über das Meer oder über die Grenzen auf dem Festland illegal nach Europa zu kommen.

Chaque jour, des gens essaient de franchir clandestinement les frontières, par la mer ou la terre, pour s'installer en Europe.

Sie riskieren den Tod durch Ertrinken im Meer oder Ersticken in LKWs, um in Europa eine bessere Zukunft zu finden.

Ils risquent de mourir noyés dans la mer ou asphyxiés dans des camions pour trouver un avenir meilleur en Europe.

Man geht gegenwärtig davon aus, dass zwischen 500 000 und 1,5 Millionen Einwanderer ohne Papiere in Deutschland leben.

On estime qu'il y a actuellement entre 500 000 et 1,5 million d'immigrés sans papiers en Allemagne.

Europa wurde oft als das Gelobte Land gepriesen, aber oft werden die Erwartungen der Einwanderer von dem, was sie vorfinden, bitter enttäuscht.

L'Europe a souvent été considérée comme la terre promise par les immigrés, mais Ils sont souvent amèrement déçus par ce qu'ils y trouvent.

Jedes Jahr versuchen viele Afrikaner, heimlich nach Deutschland einzureisen.

Tous les ans, de nombreux Africains essaient d'entrer clandestinement en Allemagne.

Illegale Einwanderer machen oft die Dreckarbeit, die viele Europäer nicht mehr tun wollen.

Les travailleurs clandestins font souvent le sale boulot que refusent maintenant de nombreux Européens.

Deutsche Fachleute meinen, dass die Einwanderung dazu beitragen kann, den Alterungsprozess der Bevölkerung auszugleichen.

Les experts allemands estiment que l'immigration peut contribuer à compenser les conséquences du vieillissement de la population.

Gewisse Leute behaupten, dass die Einwanderer den Inländern die Arbeitsplätze wegnehmen, aber Wirtschaftswissenschaftler haben nachgewiesen, dass diese Befürchtungen unbegründet sind.

Certains affirment que les immigrés prennent la place des travailleurs nationaux mais les économistes ont montré que ces craintes n'étaient pas fondées.

6. DER TERRORISMUS
LE TERRORISME

der Terrorist (en, en)	*le terroriste*
das Attentat (e)	*l'attentat*
der terroristische Angriff (e) / der Terroranschlag (¨e)	*l'attaque terroriste*
die terroristische Gruppe (n)	*le groupe terroriste*
die terroristische Vereinigung (en)	*l'organisation terroriste*
die terroristische Zelle (n)	*la cellule terroriste*
der Terrorakt (e)	*l'acte de terrorisme*
eine Bombe legen	*poser une bombe*
eine Bombe explodieren lassen (ie, a)	*faire exploser une bombe*
der Bombenanschlag (¨e)	*l'attentat à la bombe*
eine Welle von Anschlägen	*une vague d'attentats*
der Bombenalarm (e)	*l'alerte à la bombe*
die Bombendrohung (en)	*la menace d'attentat*
der falsche Alarm (e)	*la fausse alerte (à la bombe)*
die Autobombe (n)	*la voiture piégée*
die Briefbombe (n) / die Paketbombe	*la lettre piégée / le colis piégé*
der Bombenleger (-)	*le poseur de bombes*
der Selbstmordattentäter (-)	*le kamikaze*
das Selbstmordattentat (e)	*l'attaque kamikaze*
das Flugzeug explodieren lassen (ie, a)	*faire sauter l'avion*
ein Flugzeug entführen	*détourner un avion*
der Flugzeugentführer (-)	*le pirate de l'air*
die Flugzeugentführung (en)	*le détournement d'avion*
die Geisel (n)	*l'otage*
als Geisel genommen werden	*être pris en otage*
unschuldige Menschen töten	*tuer des innocents*
den Terrorismus bekämpfen	*combattre le terrorisme*
den Terrorismus verhindern	*prévenir le terrorisme*
eine Antiterrorismus-Kampagne	*une campagne anti-terroriste*
der Kampf gegen den Terrorismus	*la lutte contre le terrorisme*
die Sicherheit verstärken	*renforcer la sécurité*
im Namen der Religion handeln	*agir au nom de la*
der militante Separatist (en, en)	*le militant séparatiste*
der Fundamentalist (en, en)	*l'intégriste, le fondamentaliste*
der Fanatiker (-) / der Extremist (en, en)	*le fanatique / l'extrémiste*
die Verantwortung für einen Anschlag übernehmen (a, o)	*revendiquer un attentat*

Am 11. September 2001 wurden drei US-Flugzeuge von Terroristen entführt. Sie zerstörten das World Trade Center und beschädigten das Pentagon. Fast 3000 Menschen fanden den Tod.

Le 11 septembre 2001, trois avions américains furent détournés par des terroristes. Ils se sont écrasés sur le World Trade Center et le Pentagone, faisant près de 3 000 morts.

Nichts rechtfertigt den Terrorismus, was immer die Motivation der Terroristen sein mag.

Rien ne justifie le terrorisme, quels que soient les motifs des terroristes.

50 Flugzeuge müssten pro Jahr entführt und alle Passagiere an Bord getötet werden, bevor Fliegen so gefährlich wie Autofahren wäre.

Il faudrait que 50 avions soient détournés par an et que tous les passagers soient tués avant que l'avion devienne aussi dangereux que la voiture.

Die Terroristen sagten, sie haben die Bomben in London gelegt, um gegen die Beteiligung Großbritanniens am Irakkrieg zu protestieren.

Les terroristes ont dit qu'ils avaient perpétré les attentats de Londres en représailles à l'engagement de la Grande-Bretagne en Irak.

Russland, Deutschland und Frankreich haben sich gegen den Krieg im Irak ausgesprochen, weil sie den Kampf gegen den weltweiten Terrorismus mit anderen Mitteln führen wollen.

La Russie, l'Allemagne et la France se sont prononcées contre la guerre en Irak, parce qu'elles veulent mener la lutte contre le terrorisme mondial par d'autres moyens.

Selbstmordattentate sind eine bedrohliche Entwicklung im Terrorismus.

Les attentats kamikazes représentent une évolution inquiétante du terrorisme.

Viele Amerikaner glauben, dass es um einen Kampf zwischen Gut und Böse, Glaube und Lüge, Zivilisation und Barbarei geht.

Beaucoup d'Américains croient qu'il s'agit d'une guerre entre le bien et le mal, la foi et le mensonge, la civilisation et la barbarie.

Die Terroristen sind überzeugt, dass ihre nationalistischen oder religiösen Ziele alle Mittel rechtfertigen.

Les terroristes sont convaincus que leurs buts, nationalistes ou religieux, justifient tous les moyens.

Einige sagen, dass die enormen Ungleichheiten und schreienden Ungerechtigkeiten in der Welt die Hauptursache des Terrorismus sind.

Certains disent que les injustices et les inégalités criantes dans le monde sont la cause principale du terrorisme.

Wenn es uns gelingt, Hunger, Armut, Analphabetismus, Krankheiten, und Ungerechtigkeiten abzuschaffen, wird der Terrorismus wenig Chancen haben, sich zu verbreiten.

Si nous parvenons à éradiquer la famine, la pauvreté, l'analphabétisme, la maladie et les injustices, le terrorisme aura peu de chances de prospérer.

7. DER RASSISMUS
LE RACISME

der Rassismus / der Rassist (en, en)	*le racisme / le raciste*
die Anstiftung zum Rassenhass	*l'incitation à la haine raciale*
die rassistische Verfolgung (en)	*la persécution raciale*
etwas aus Hass tun (a, a)	*faire qqch. par haine*
die Ausländerfeindlichkeit	*la xénophobie*
ein Vorurteil wegen der Hautfarbe / des fremdländischen Aussehens	*un préjugé racial*
die Belästigung (en) aufgrund des fremdländischen Aussehens	*le harcèlement racial*
die Benachteiligung (en) aufgrund der Hautfarbe	*la discrimination raciale*
der rassistische Anschlag (¨e)	*l'attaque raciste*
die rassistische(n) Gewalttätigkeit(en)	*la, les violence(s) raciste(s)*
eine ausländerfeindliche Bemerkung	*une remarque raciste*
eine rassistische Beleidigung	*une insulte raciste*
unterdrückt / jn unterdrücken	*opprimé / opprimer qqn*
das Rassengesetz, rassistische Gesetze	*la loi rassiste, des lois racistes*
diskriminiert werden	*être victime de discrimination*
jn diskriminieren	*faire preuve de discrimination envers qqn*
die Rassendiskriminierung (en)	*la discrimination raciale*
der Kampf gegen den Rassismus	*la lutte contre le racisme*
der Antisemitismus / die Judenfeindlichkeit	*l'antisémitisme*
eine antisemitische / judenfeindliche Bemerkung	*une remarque antisémite*
der Schwarze (adj) / der Jude (n, n)	*le Noir / le juif*
ein Grab schänden	*profaner une tombe*
die Schändung eines Friedhofes	*la profanation d'un cimetière*
der Ausländer (-)	*l'étranger*
der Deutsch-Türke (n, n)	*l'Allemand d'origine turque*
mit Migrationshintergrund	*issu de l'immigration*
das Ghetto (s)	*le ghetto*
die ethnische Minderheit (en)	*la minorité ethnique*
das Ende der Apartheid	*la fin de l'apartheid*
die Eingliederung / die Integration	*l'intégration*
jn ein=gliedern / jn integrieren	*intégrer qqn*
die positive Diskriminierung	*la discrimination positive*
für Gleichheit kämpfen	*se battre pour l'égalité*
die multikulturelle Gesellschaft (en)	*la société multiculturelle*

LES MOTS AU SERVICE DES IDÉES

„Ich habe einen Traum: dass meine vier kleinen Kinder eines Tages in einem Land leben, in dem sie nicht nach ihrer Hautfarbe beurteilt werden …“ (Martin Luther King Jr., 1963)

« Je rêve que mes quatre petits enfants habitent un jour dans un pays où ils ne seront pas jugés d'après la couleur de leur peau… » (M. L. King, Jr, 1963)

Schwarze wurden lange in der deutschen Gesellschaft nicht akzeptiert.

Pendant longtemps, les noirs n'étaient pas acceptés dans la société allemande.

Es wird sehr lange dauern, bis alle Vorurteile gegen Menschen anderer Hautfarbe abgebaut sind.

Les préjugés raciaux ne disparaîtront pas de sitôt.

Es kommt nicht selten vor, das fremdländisch Aussehende schneller verdächtigt und von der Polizei festgenommen werden.

Il n'est pas rare que la police soupçonne et arrête plus facilement des gens qui ont un aspect étranger.

In Deutschland ist die Arbeitslosenrate unter den Jugendlichen mit Migrationshintergrund wesentlich höher als bei den anderen.

Le chômage en Allemagne est beaucoup plus élevé chez les jeunes issus de l'immigration que chez les autres.

Eine ganze Reihe von Kindern mit Migrationshintergrund leidet unter Diskriminierung.

Un nombre non négligeable d'enfants issus de l'immigration sont victimes de discrimination.

In den letzten Jahren erschütterte eine Reihe von rassistischen Anschlägen die Bundesrepublik.

Au cours des dernières années, il y a eu une série d'attaques racistes en Allemagne qui ont secoué le pays.

Vor der Fußballweltmeisterschaft 2006 haben die Behörden alles unternommen, um rassistische und andere Anschläge zu vereiteln.

Avant la Coupe du monde 2006, les autorités ont tout fait pour déjouer des attaques racistes ou autres.

Jeder hat das Recht auf einen Arbeitsplatz, ohne Berücksichtigung seines Geschlechts, seiner Herkunft oder seiner Hautfarbe.

N'importe qui a le droit d'avoir un emploi, quels que soient son sexe, son origine ou la couleur de sa peau.

In einer demokratischen Gesellschaft sollten alle nach ihren Möglichkeiten, Fähigkeiten und Leistungen behandelt werden und nicht nach ihrer Hautfarbe oder ihrem Glauben.

Dans une société démocratique les gens devraient être traîtés selon leurs talents, capacités et résultats, et non selon la couleur de leur peau ou leurs croyances.

Es dauerte, bis man akzeptierte, dass die BRD ein Einwanderungsland ist.

Ça a pris du temps jusqu'à ce qu'on accepte que la RFA soit un pays d'immigration.

8. DIE KINDESMISSHANDLUNG
LA MALTRAITANCE DES ENFANTS

der Handel mit Kindern	*le commerce des enfants*
die Pädophilie / der sexuelle Missbrauch an Kindern	*la pédophilie*
der Kinderschänder (-) / der Pädophile (n, n)	*le pédophile*
der Kinderhändler (-)	*le trafiquant d'enfants*
das Opfer eines Kinderhändlers werden (u, o)	*être victime d'un trafiquant d'enfants*
in die Hände eines Kinderhändlers fallen (i, a)	*tomber entre les mains d'un trafiquant d'enfants*
misshandeln / misshandelt werden	*maltraiter / être maltraité*
der Sexsklave (n, n)	*l'esclave sexuel*
der Handel mit pädophilen Produkten	*le commerce à caractère pédophile*
der Sextourismus	*le tourisme sexuel*
der pädophile Zirkel (-) / das Netz (e)	*le réseau pédophile*
die Kinderprostitution	*la prostitution des enfants*
die / der Kinderprostituierte (adj)	*l'enfant qui se prostitue*
vor=gehen (i, a) gegen die Kindersklaverei / die Kinderarbeit	*sévir sévèrement contre l'esclavage / le travail des enfants*
die billige Arbeitskraft (¨e)	*la main d'œuvre bon marché*
das Leid (en) der Kinder	*la souffrance des enfants*
die Arbeit gegen Schuldenabzahlung	*la servitude pour dette*
der Kindersoldat (en, en)	*l'enfant soldat*
von der Familie verkauft werden	*être vendu par la famille*
von der Familie abgekauft werden	*être acheté à la famille*
ein Kind entführen / schlagen (u, a)	*enlever / frapper, battre un enfant*
quälen / foltern	*torturer*
der illegale Betrieb (e)	*l'atelier clandestin*
der Vermittler (-)	*l'intermédiaire*
das Bordell (e)	*le bordel*
der Kinderschänder (-)	*l'auteur de sévices sur enfants*
der Kinderschutzbund / der Verein(e) zum Schutz des Kindes	*l'association de protection de l'enfance*
die Rechte des Kindes	*les droits de l'enfant*
unter Vernachlässigung leiden (i, i)	*souffrir de négligence*
die Kinder schützen / befreien	*protéger / libérer les enfants*
die Lebensbedingungen verbessern	*améliorer la vie*
die Internationale Arbeitsorganisation	*l'Organisation internationale du travail*

LES MOTS AU SERVICE DES IDÉES

Sextourismus ist das verabscheuungswürdigste Geschäft der Welt. Es hat weltweite Ausmaße angenommen.

Le tourisme sexuel est le commerce le plus répugnant qui soit. Il est devenu un fléau mondial.

In Westafrika werden häufig Kinder aus armen Ländern verkauft, um in den Häusern der Reichen zu arbeiten.

En Afrique occidentale, les enfants des pays pauvres sont souvent vendus pour travailler chez les riches.

Oft erweist es sich als schwierig, die Eltern der Kinder aufzufinden.

Retrouver la trace des parents des enfants s'avère souvent très difficile.

Kinderprostitution ist in den Ländern der Dritten Welt ziemlich verbreitet.

La prostitution des enfants est très répandue dans des pays du Tiers Monde.

Die weitverbreitete Korruption erlaubt Pädophilen oft, Polizei und Richter zu bestechen, um nicht juristisch verfolgt zu werden.

La corruption endémique permet souvent aux pédophiles d'acheter la police ou les juges pour ne pas avoir d'ennuis juridiques.

Tausende von Jugendlichen werden gezwungen, sich zu verkaufen und leben vom Geld auch vieler deutscher Sextouristen.

Des milliers d'enfants sont forcés de vendre leur corps et vivent de l'argent des touristes sexuels, notamment allemands.

Afrika hat die höchste Rate an Kinderarbeit in der Welt: 41 % der 5- bis 14-Jährigen leben unter solchen skandalösen Bedingungen.

L'Afrique est l'endroit du monde où il y a le plus d'enfants qui travaillent : 41 % des enfants âgés de 5 à 14 ans vivent dans des conditions abominables.

Seit dem Zusammenbruch des kommunistischen Blocks hat der grenzüberschreitende Verkehr von Pädophilen aus der BRD in die Tschechische Republik zum Beispiel stark zugenommen.

Depuis l'effondrement du bloc communiste, le trafic transfrontalier des pédophiles de la RFA vers la Tchéquie par exemple a énormément augmenté.

Hunderttausende von Jugendlichen und auch kleineren Kindern, oft kaum fünf Jahre alt, werden jährlich Opfer des Sex- oder Handelstourismus

Des centaines de milliers d'adolescents, et d'autres plus jeunes qui n'ont souvent même pas cinq ans, sont victimes du tourisme et du commerce sexuel tous les ans.

Der Handel mit Kindern darf nicht weiter blühen!

On ne doit pas laisser prospérer le commerce des enfants.

Es ist Zeit, die Augen nicht mehr vor dem Problem zu verschließen und den leidenden Kindern in diesen Ländern zu helfen.

Il est temps que nous arrêtions de fermer les yeux sur le problème et que nous aidions les enfants qui souffrent dans ces pays.

9. DIE MISSHANDLUNG VON FRAUEN
LA MALTRAITANCE DES FEMMES

die Rechte der Frauen missachten	*bafouer les droits de la femme*
misshandeln / schlecht behandeln	*maltraiter*
misshandelt werden (u, o)	*être victime de maltraitance*
(das) Opfer sein	*être victime*
die Gewalt in der Ehe	*la violence conjugale*
das Vergewaltigungsopfer (-) / das Opfer einer Vergewaltigung	*la victime d'un viol*
die Gruppenvergewaltigung (en)	*le viol collectif*
der sexuelle Missbrauch	*le(s) sévice(s) sexuel(s)*
sexuell missbraucht werden (u, o)	*être victime de sévices sexuels*
die Vergewaltigung in der Ehe	*le viol dans le mariage*
eine geschlagene Frau	*une femme battue*
die Zwangsheirat (en) / die Zwangsehe (n)	*le mariage forcé*
die Steinigung (en) / steinigen	*la lapidation / lapider*
die Frau mit Kopftuch	*la femme voilée / qui porte le voile*
der Ehrenmord (e)	*le crime d'honneur*
die Klitorisbeschneidung (en)	*l'excision*
beschnitten werden (u, o)	*se faire exciser / conciser*
die Verstümmelung (en) der weiblichen Genitalien	*la mutilation des parties génitales féminines*
die alte Tradition (en)	*la tradition ancestrale*
die barbarische Sitte (n)	*la pratique barbare*
das diskriminierende Gesetz (e)	*la loi discriminatoire*
diskriminiert werden (u, o)	*être victime de discrimination*
ausgebeutet werden (u, o)	*être exploitée*
die sexuelle Ausbeutung von Frauen	*l'exploitation sexuelle des femmes*
der Sextourismus	*le tourisme sexuel*
die Misshandlung (en)	*le(s) sévice(s)*
eingesperrt sein	*être enfermée / être séquestrée*
unter menschenunwürdigen Bedingungen arbeiten	*travailler dans des conditions inhumaines*
der Frauenhandel (-)	*le trafic des femmes*
wie eine Sklavin gehalten werden	*être traitée comme une esclave*
zur Prostitution zwingen (a, u)	*forcer à la prostitution*
die sexuelle Belästigung (en)	*le harcèlement sexuel*
sexuell belästigt werden	*être harcelée sexuellement*
das Sexualobjekt (e)	*l'objet sexuel*
die sexuelle Diskriminierung (en)	*la discrimination sexuelle*
sich wehren / sich zur Wehr setzen	*se défendre, résister*

LES MOTS AU SERVICE DES IDÉES

Gewalt gegen Frauen stellt die Grundwerte von Gleichheit und Würde aller Menschen in Frage.

La violence envers les femmes remet en cause l'idée que tous les êtres humains ont la même valeur et la même dignité.

Gewalt in der Ehe gibt es in allen sozialen Schichten.

La violence conjugale ne connaît pas de frontières sociales.

Sexuelle Misshandlungen geschehen meistens im familiären Umfeld.

La plupart des auteurs de sévices sexuels font partie du cercle familial.

Männer, die Frauen schlagen, sind oft sozial völlig angepasst.

Les hommes qui battent les femmes sont souvent bien intégrés dans la société.

Gewalt in der Ehe muss als Delikt gelten und die Täter müssen bestraft werden.

La violence conjugale doit être considérée comme un délit et les coupables punis.

Eine Frau meint oft, sie muss sich für die Familie aufopfern und ist bereit, das Unerträgliche zu akzeptieren.

Une femme se sent souvent obligée de se sacrifier pour la famille et est souvent prête à accepter l'inacceptable.

Jedes Jahr werden mehr als 4 Millionen Frauen in der Welt verkauft und wie Sklavinnen im Haushalt gehalten.

Plus de 4 millions de femmes sont vendues dans le monde chaque année et sont victimes d'esclavage domestique.

Viele Prostituierte in Berlin oder München sind Opfer von kriminellen Banden, die sie illegal ins Land eingeschleust haben.

Bien des prostituées travaillant à Berlin ou Munich sont victimes de gangs criminels qui les ont fait entrer clandestinement dans le pays.

Es war höchste Zeit, sexuelle Belästigung am Arbeitsplatz unter Strafe zu stellen.

Il était grand temps de réprimer le harcèlement sexuel au travail.

Die Friedensnobelpreisträgerin Shirin Ebadi sieht das Kopftuch bei weitem nicht als das größte Problem der muslimischen Frauen.

La lauréate du prix Nobel de la paix Shirin Ebadi pense que le foulard islamique est loin d'être le premier problème des femmes.

Wer die islamischen Bekleidungsvorschriften nicht befolgt, muss mit Schwierigkeiten rechnen.

Celle qui ne suit pas le code vestimentaire islamique doit s'attendre à des problèmes.

Aber im Iran und anderen Nahost-Staaten gibt es auch Frauen, die studieren und Rechtsanwältinnen, Ärztinnen oder Unternehmerinnen werden.

En Iran et dans d'autres États du Proche Orient, il y a aussi des femmes diplômées qui deviennent avocates, médecins ou chefs d'entreprise.

10. DIE GLEICHHEIT DER GESCHLECHTER
L'ÉGALITÉ DES SEXES

die Befreiung der Frau	*la libération de la femme*
die Gleichheit der Geschlechter / die Gleichberechtigung	*l'égalité entre les hommes et les femmes*
der Status der Frauen	*le statut des femmes*
die patriarchalische Gesellschaft (en)	*la société patriarcale*
der Sexismus am Arbeitsplatz	*le sexisme sur le lieu de travail*
das sexistische / frauenfeindliche Verhalten	*le comportement sexiste*
der Frauenfeind (e)	*le misogyne*
der Macho (s)	*le macho / le phallocrate*
das Sexualobjekt (e)	*l'objet sexuel*
Männer und Frauen gleich=stellen	*combler le fossé homme-femmes*
der Feminismus / die Feministin (nen)	*le féminisme / la féministe*
die Frauenbewegung (en)	*le mouvement pour la libération des femmes*
die Chancengleichheit	*l'égalité des chances*
jm gleichgestellt sein	*être sur un pied d'égalité avec qqn*
die Leitstelle zur Gleichstellung der Frau	*le centre de coordination pour l'égalité des femmes*
gleicher Lohn für gleiche Arbeit	*à travail égal, salaire égal*
der Lohn- und Gehaltsunterschied (e)	*la disparité salariale*
die Löhne und Gehälter der Frauen	*les salaires des femmes*
zurück=liegen (a, e)	*être à la traîne (les salaires)*
die männliche Domäne (n)	*la chasse gardée des hommes*
nach der Leistung beurteilt werden	*être jugé au mérite*
mit Männern konkurrieren	*rivaliser avec les hommes*
in der Lage sein, etwas zu leisten / etwas können	*être à la hauteur*
sich mit Männern verstehen (a, a)	*s'entendre avec les hommes*
das Wahlrecht	*le droit de vote*
in der Politik aktiv sein	*participer à la vie politique*
in der Politik Fortschritte machen	*progresser en politique*
die Quotenregelung (en)	*le système de quotas*
die Frauenquote (n)	*le quota de femmes*
eine Führungsposition (inne)=haben	*occuper un poste de haute responsabilité*
der Männerberuf (e)	*la profession masculine*
die Doppelbelastung der Frauen	*la double journée des femmes*
die Arbeit in Haushalt und Familie	*la deuxième journée des femmes*
jm zur Hand gehen (i, a)	*donner un coup de main à qqn*

LES MOTS AU SERVICE DES IDÉES

Stehen die Frauen heute besser da als vor fünfzig Jahren?

Les femmes sont-elles mieux loties aujourd'hui qu'il y a cinquante ans ?

Die Zeiten, als Frauen sich ab einem gewissen Alter möglichst unauffällig verhalten sollten, sind lange vorbei.

L'époque où on demandait aux femmes d'un certain âge de se fondre avec la tapisserie n'est plus qu'un vieux souvenir.

Vorüber sind die Zeiten, wo Frauen über 50 zum alten Eisen gerechnet wurden.

Il est révolu le temps où on disait que les femmes n'étaient plus bonnes à rien dès qu'elles avaient dépassé les 50 ans.

Fast die Hälfte aller Arbeitskräfte in Deutschland sind heute Frauen.

Près de la moitié de la main-d'œuvre en Allemagne est aujourd'hui féminine.

Frauen kommen noch immer nicht über die unteren Sprossen der beruflichen Erfolgsleiter hinaus.

Au travail, les femmes ne peuvent toujours pas accéder à certains postes élevés.

Frauen verdienen im Durchschnitt 30 % weniger als Männer.

Les femmes ne gagnent en moyenne que 70 % de ce que les hommes gagnent.

Die europäischen Frauen sind stärker in Regierungen vertreten als in der Geschäftswelt, wo nicht einmal fünf Prozent der Firmenchefs Frauen sind.

Les Européennes progressent plus dans les gouvernements que dans le monde des affaires où moins de 5 % des PDG sont des femmes.

Trotz einiger Änderungen in der Haltung gegenüber Frauen werden sie in vielen Ländern noch immer als Bürger zweiter Klasse angesehen.

Malgré un léger changement d'attitude envers les femmes, elles continuent à être considérées comme des citoyennes de seconde zone dans de nombreux pays.

Kuwait ist das einzige Land der Welt, in dem die Frauen noch immer kein Wahlrecht haben.

Le Koweït est le seul pays au monde où les femmes n'ont toujours pas le droit de vote.

Für Frauen ist es unmöglich, Ehe, Kinder und eine Karriere zu haben, wenn die Männer nicht ihren Teil der Hausarbeit übernehmen.

Tout avoir, une carrière, un mari et des enfants, s'avère impossible pour les femmes si les hommes ne font pas leur part des tâches ménagères.

Die Frauen haben einen langen Weg hinter sich und noch einen langen Weg vor sich.

Les femmes ont fait beaucoup de chemin, mais il leur en reste encore beaucoup à parcourir.

Auch Männern würde es besser gehen, wenn die Gleichstellung der Geschlechter auf allen Gebieten verwirklicht wäre.

Les hommes ne s'en porteraient que mieux si l'égalité des sexes devenait une réalité dans tous les domaines.

11. DIE ABTREIBUNG
L'AVORTEMENT

schwanger werden / sein	*tomber / être enceinte*
im zweiten Monat schwanger sein	*être enceinte de deux mois*
ein Kind erwarten	*attendre un enfant*
die Schwangerschaft (en)	*la grossesse*
(nicht) auf=passen	*(ne pas) faire attention*
eine ungewollte Schwangerschaft	*une grossesse non désirée*
der Schwangerschaftstest (s)	*le test de grossesse*
die Teenagermutter (¨)	*la maman adolescente*
die Abtreibung (en) / die Schwangerschaftsunterbrechung (en) / der Schwangerschaftsabbruch (¨e)	*l'IVG / l'interrution de grossesse / l'avortement*
ab=treiben (ie, ie)	*se faire avorter*
eine heimliche Abtreibung	*un avortement clandestin*
eine gepfuschte Abtreibung	*un avortement bâclé*
das Familienplanungszentrum (ren)	*le centre de panning familial*
die Pille am nächsten Tag	*la pilule du lendemain*
die Abtreibung aus medizinischen Gründen	*l'avortement thérapeutique*
eine späte Abtreibung	*un avortement tardif*
die Abtreibung legalisieren / gesetzlich zu=lassen (ie, a)	*légaliser l'avortement*
der Paragraph 218	*la loi sur l'avortement*
eine Abtreibung durch=führen	*pratiquer un avortement*
gegen oder für die Abtreibung sein	*être contre ou pour l'avortement*
der Schutz des ungeborenen Lebens	*la protection de la vie prénatale*
der Abtreibungsgegner (-)	*l'adversaire de l'avortement*
der Abtreibungsbefürworter (-)	*le partisan de l'avortement*
eine Demonstration für das Recht auf Abtreibung	*une manifestation pour le droit à l'avortement*
der Embryo (s)	*l'embryon*
die Befruchtung / die Empfängnis	*l'instant de la conception*
die Abtreibung verbieten (o, o)	*interdire l'avortement*
die Frauenrechte	*les droits des femmes*
in der Sache etwas zu sagen haben	*avoir voix au chapitre*
das letzte Wort haben	*avoir le dernier mot*
Mein Bauch gehört mir!	*Je suis maître de mon corps !*
die Einwilligung der Eltern	*le consentement parental*
das Vergewaltigungsopfer (-)	*la victime d'un viol*
eine Missbildung des Fötus	*une malformation fœtale*
der soziale Härtefall (¨e)	*la situation sociale très difficile*

Die meisten ungewollten Schwangerschaften kommen bei jungen Mädchen vor.

La plupart des grossesses non désirées concernent les adolescentes.

Die meisten Abtreibungen könnten mit besserer Empfängnisverhütung verhindert werden.

La plupart des avortements pourraient être évités avec une meilleure contraception.

Die Abtreibungspille erlaubt Frauen, zu Hause abzutreiben.

La pilule abortive permet à une femme de mettre fin à une grossesse à domicile.

Jede Frau hat das Recht zu wählen.

Chaque femme a le droit de choisir.

Umfragen zeigen, dass 61 % der Amerikaner für eine Beschränkung des Abtreibungsrechts sind.

Des sondages montrent que 61 pour cent des Américains sont partisans de limiter le droit à l'avortement.

Abtreibung ist im Falle von Vergewaltigung, Inzest, bei Gefahr für das Leben der Mutter oder in besonderen sozialen Härtefällen erlaubt.

L'avortement est autorisé en cas de viol, d'inceste, pour protéger la vie de la mère ou dans les cas d'une situation sociale très difficile.

„Mein Bauch gehört mir" riefen Tausende von Frauen auf den vielen Demonstrationen für das Recht auf Abtreibung in den 70er Jahren.

« Nous voulons rester maîtres de notre corps », criaient des milliers de femmes aux manifestions pour la légalisation de l'avortement dans les années 70.

In Irland ist Abtreibung weiterhin illegal und die Frauen müssen ins Ausland fahren, um einen Schwangerschaftsabbruch vornehmen zu lassen.

En Irlande, l'avortement continue à être illégal et les femmes sont obligées d'aller à l'étranger pour mettre un terme à leur grossesse.

Manche Leute denken immer noch, dass Abtreiben Mord ist.

Certains continuent à penser que l'avortement équivaut à un assassinat.

Abtreibungsbefürworter finden, dass die Verhütung und der Kinderwunsch zu den persönlichen Grundfreiheiten gehören.

Les partisans de l'avortement pensent que maîtriser sa fécondité est une partie essentielle de la liberté individuelle.

In der ehemaligen DDR war die Abtreibung frei und sie war die alleinige Entscheidung der Frau.

En ex-RDA l'avortement était permis et la femme décidait seule.

Ein Schwangerschaftsabbruch nach dem dritten Monat ist nur bei einer Missbildung des Fötus oder einer Gefahr für das Leben der Mutter erlaubt.

Une interruption de grossesse après le troisième mois n'est permis qu'en cas de malformation fœtale grave ou quand la vie de la mère est en danger.

12. DIE HAUSFRAUEN
LES FEMMES AU FOYER

heiraten / sich verheiraten	*se marier*
ein Kind bekommen (a, o) / gebären (a, o)	*accoucher / avoir un enfant*
die Geburt (en)	*l'accouchement, la naissance*
einen Säugling stillen	*allaiter un bébé*
das Fläschchen (-)	*le biberon*
die Nuckelflasche (n)	*le biberon*
die Windel (n) / die Papierwindel (n)	*la couche / la couche jetable*
ein Kind auf=ziehen (o, o) / groß=ziehen	*élever un enfant*
sich um die Kinder kümmern	*s'occuper des enfants*
sein Leben der Erziehung der Kinder widmen	*consacrer sa vie aux enfants*
kochen / die Mahlzeiten zu=bereiten	*faire la cuisine / préparer les repas*
der Kühlschrank (¨e)	*le réfrigérateur*
die Tiefkühltruhe (n)	*le congélateur*
der (Back)Ofen (¨) / der Herd (e)	*le four / la cuisinière*
die Mikrowelle (n)	*le (four à) micro-ondes*
das Spülbecken (-) / die Spüle (n)	*l'évier*
den Haushalt machen	*faire le ménage*
putzen / auf=räumen	*nettoyer / ranger*
waschen / bügeln	*faire la lessive / faire le repassage*
die Waschmaschine (n)	*le lave-linge*
das Geschirr spülen	*faire la vaisselle*
der Geschirrspüler (-) / die Spülmaschine (n)	*le lave-vaisselle*
das Bügeleisen (-)	*le fer à repasser*
Staub saugen / der Staubsauger (-)	*passer l'aspirateur / l'aspirateur*
die Fenster putzen	*nettoyer les vitres*
der Lappen (-)	*le chiffon*
das Haushaltsgerät (e)	*l'appareil électroménager*
die Lasten der Hausarbeit teilen	*partager les corvées ménagères*
die Hausarbeit (en)	*les tâches ménagères*
das Zimmer auf=räumen / putzen	*ranger la chambre*
das Bett (en) machen	*faire le lit*
ein=kaufen gehen (i, a)	*faire les courses*
die Kinder zur Schule bringen (a, a)	*emmener les enfants à l'école*
die Kinder von der Schule ab=holen	*aller chercher les enfants à l'école*
die Kinder ins Bett bringen (a, a)	*mettre les enfants au lit*
an das Haus gefesselt sein	*être coincé(e) à la maison*

LES MOTS AU SERVICE DES IDÉES

Der Platz der Frau ist im Haus, sagte man früher.

La place de la femme est au foyer, disait-on jadis.

Die Arbeit einer Frau ist niemals vorbei, auch wenn der Mann mithilft.

Le travail d'une femme n'est jamais fini, même lorsque son mari l'aide.

Auch wenn es eine anstrengende Aufgabe ist, kümmern sich viele Frauen lieber selbst um ihre Kinder.

Bien que ce soit une tâche épuisante, beaucoup de femmes préfèrent s'occuper elles-mêmes de leurs enfants.

Andere finden es eine undankbare Rolle, den ganzen Tag im Haus zu verbringen.

D'autres femmes trouvent peu gratifiant de passer toute la journée à la maison.

Für einige ist es einfach zu schwierig, Familie und Beruf zu vereinbaren.

Pour certaines femmes, concilier travail et vie de famille est tout simplement trop difficile.

Viele junge Mütter werden depressiv, wenn sich ihre Welt auf den Haushalt, die Kleinkinder und den wöchentlichen Einkauf beschränkt.

Beaucoup de jeunes mères dépriment quand leur univers se limite au ménage, aux bébés et à la sortie hebdomadaire pour faire les courses.

Wenn man seinen Job nicht mag, kann das Großziehen der Kinder eine sehr viel angenehmere Aufgabe sein – sofern man das Geld nicht braucht.

Quand on n'aime pas son boulot, élever ses enfants peut être beaucoup plus satisfaisant – dans la mesure où l'on n'a pas besoin de cet argent.

Je interessanter die Arbeitsplätze für Frauen sind, desto eher nehmen sie eine Arbeit an.

Plus les emplois proposés aux femmes sont intéressants, plus elles sont enclines à travailler.

Sie gab eine vielversprechende Karriere auf, um sich um ihre Kinder zu kümmern.

Elle a sacrifié une carrière prometteuse pour s'occuper de ses enfants.

Sie fühlt sich ein bisschen eingesperrt, seit sie aufgehört hat, zu arbeiten, um ihre Zwillinge aufzuziehen.

Elle se sent quelque peu prisonnière depuis qu'elle a arrêté de travailler pour élever ses jumeaux.

Sie hatte vor, ihre Arbeit wieder aufzunehmen, sobald ihr Sohn drei Monate alt wäre, doch schließlich entschied sie sich doch dagegen.

Elle avait l'intention de retourner travailler dès que son fils aurait trois mois, mais elle a fini par changer d'avis.

Nur-Hausfrau zu sein scheint altmodisch. Andererseits gibt es mehr Hausmänner als früher.

Être femme au foyer semble appartenir au passé. À l'inverse, il y a plus d'hommes au foyer que dans le temps.

13. FRAUEN UND ARBEIT
LES FEMMES ET LE TRAVAIL

die moderne Frau (en)	*la femme moderne*
eine Frau / eine Mutter, die arbeitet	*une femme / une mère qui travaille*
auf den Arbeitsmarkt zurück=kehren	*retourner sur le marché de travail*
die weiblichen Arbeitskräfte (pl.)	*la main-d'œuvre féminine*
eine bezahlte Arbeit haben	*avoir un emploi rémunéré*
eine berufliche Laufbahn ein=schlagen (u, a)	*embrasser une carrière*
die Vollzeitarbeit / die Teilzeitarbeit	*le travail à plein temps / à temps partiel*
Vollzeit arbeiten / Teilzeit arbeiten	*travailler à plein temps / à temps partiel*
der Teilzeitarbeiter (-)	*le travailleur à temps partiel*
der Mutterschaftsurlaub (e) / der Erziehungsurlaub	*les congés de maternité / le congé parental*
Mutterschaftsurlaub nehmen (a, o)	*prendre un congé de maternité*
die Amme (n) / die Tagesmutter (¨)	*la nourrice*
die Krippe (n) / der Hort (e)	*la crèche / la garderie*
die flexiblen Arbeitszeiten (pl.)	*les horaires souples, flexibles*
kinderfreundliche Arbeitszeiten haben	*avoir des horaires compatibles avec ceux des enfants*
schulpflichtige Kinder haben	*avoir des enfants en âge scolaire*
berufstätig sein	*avoir une activité professionnelle*
finanziell unabhängig sein	*être économiquement indépendante*
finanziell unabhängig werden	*acquérir l'indépendance financière*
von seinem Mann abhängig sein	*dépendre de son mari*
sein eigenes Geld verdienen	*gagner son propre argent*
die Doppelverdiener (pl.)	*la famille où il y a deux salaires*
der Ernährer der Familie sein	*être soutien de famille*
an die Spitze kommen (a, o) / Erfolg haben	*arriver au sommet / réussir*
einen verantwortungsvollen Posten haben	*occuper un poste à responsabilités*
in der Lage sein, etwas zu leisten	*être performant, efficace,*
in der Lage sein, sich etwas zu leisten	*être à même de s'offrir qqch.*
eine Karrierefrau	*une femme qui fait carrière*
mehrere Aufgaben zugleich bewältigen	*mener plusieurs tâches de front*
Beruf und Familie vereinbaren	*concilier travail et vie de famille*
gut organisiert sein	*être bien organisée*
ständig auf Achse sein	*courir perpétuellement*
die Selbstentfaltung	*l'épanouissement personnel*

LES MOTS AU SERVICE DES IDÉES

Die traditionelle Rolle der Frauen als Ehefrau, Hausfrau und Mutter begann zu Beginn der 60er Jahre, sich erheblich zu verändern.

Au début des années 60, le rôle traditionnel des femmes comme épouses, mères et femmes d'intérieur a commencé à évoluer considérablement.

Die Pille gab den Frauen eine bis dahin ungekannte Freiheit.

La pilule a donné aux femmes une liberté jusqu'alors inconnue.

Frauen stellen heute in den reichen Ländern über 40 % der Arbeitskräfte.

Les femmes représentent aujourd'hui plus de 40 % de la main-d'œuvre des pays riches.

Nachdem sie die Arbeit außerhalb des Hauses entdeckt haben, gibt es wenig Chancen, dass sie diese Freiheit wieder aufgeben.

Après avoir goûté la liberté de travailler hors de chez elles, il y a peu de chances que les femmes fassent machine arrière.

Niemand käme mehr darauf, sie an Heim und Herd zurückzuschicken.

Aujourd'hui, personne ne songerait à renvoyer les femmes à leurs fourneaux.

Die Zeiten der 3 Ks – Kinder, Küche, Kirche – sind vorbei.

Le temps des 3 K (enfants, cuisine, église) est révolu.

Arbeit gibt den Frauen auch mehr Sicherheit im Falle einer Scheidung.

Travailler permet aux femmes de protéger leurs arrières en cas de divorce.

Am häufigsten klagen arbeitende Frauen über Zeitmangel.

Ce dont les femmes qui travaillent se plaignent le plus, c'est du manque de temps.

Sie gewinnen an Kaufkraft, was sie an Zeit verlieren.

Elles gagnent en pouvoir d'achat ce qu'elles perdent en temps.

Frauen haben heute Karrieremöglichkeiten in Bereichen, die früher reine Männerdomänen waren.

Les femmes ont aujourd'hui accès à des carrières qui étaient jadis la chasse gardée des hommes.

Das Gehalt der Frauen in Doppelverdiener-Familien macht oft den Unterschied zwischen einem „Über-die-Runden-Kommen" und einem guten Auskommen.

Dans les familles où il y a deux salaires, ce que gagne la femme fait souvent la différence entre « joindre les deux bouts » et vivre confortablement.

In Wirklichkeit haben viele Frauen keine Wahl: Sie müssen arbeiten, weil ihre Männer schlicht nicht genug Geld verdienen.

La réalité, c'est que bien trop souvent les femmes n'ont pas le choix : elles doivent travailler parce que leurs maris ne gagnent tout simplement pas assez.

Zum Guten oder zum Schlechten: Frauen sind heute auch mit ihrer Arbeit verheiratet.

Pour le meilleur et pour le pire, les femmes sont aujourd'hui mariées également avec leur travail.

14. DIE FAMILIE
LA FAMILLE

die Kleinfamilie (n)	*la famille nucléaire*
die Eltern (pl.) / das Kind (er)	*les parents / l'enfant*
der Vater (¨) / die Mutter (¨)	*le père / la mère*
der Mann (¨er) / der Ehemann	*le mari / l'époux*
die Frau (en) / die Ehefrau	*la femme / l'épouse*
der Sohn (¨e) / die Tochter (¨)	*le fils / la fille*
eine kinderreiche Familie	*une famille nombreuse*
eine Familie mit 5 Kindern	*une famille de 5 enfants*
das Familienmitglied (er)	*le membre de la famille*
der Verwandte (adj)	*le parent*
das Familienleben (-)	*la vie de famille, la vie familiale*
eine Familie, die zusammen=hält	*une famille très unie*
eine Familie gründen	*fonder un foyer*
die Kindererziehung	*l'éducation des enfants*
ein Kind groß=ziehen / auf=ziehen	*élever un enfant*
das Auseinanderbrechen der Familie	*la rupture de la cellule familiale*
eine Familie mit nur einem Elternteil	*une famille monoparentale*
eine allein erziehende Mutter	*une mère célibataire*
die Patchworkfamilie (n)	*la famille recomposée*
sich verloben / die Verlobung (sg.)	*se fiancer / les fiançailles*
die Hochzeit (en)	*la noce / la fête de mariage*
der Trauzeuge (n, n)	*le témoin de mariage*
jn heiraten / sich mit jm verheiraten	*épouser qqn*
sich in Ehebande ketten	*se mettre la corde au cou*
mit jm verheiratet sein	*être marié à qqn*
ledig sein / Single sein	*être célibataire*
das Eheleben / die Ehe (n)	*la vie conjugale*
sich gut mit jm verstehen (a, a)	*bien s'entendre avec qqn*
mit jm (zusammen)=leben	*vivre en concubinage*
die Lebensgemeinschaft (en) / die wilde Ehe (n)	*l'union libre, le concubinage*
der Lebensgefährte (n, n), die Lebensgefährtin (nen)	*le compagnon, la compagne*
der zivile Solidaritätspakt / die Eingetragene Lebenspartnerschaft	*le PACS*
sich trennen / die Trennung (en)	*se séparer / la séparation*
sich scheiden lassen (ie, a)	*divorcer*
die Scheidung / geschieden	*le divorce / divorcé*
das Sorgerecht für die Kinder haben	*avoir la garde des enfants*
der Generationskonflikt (e)	*le conflit des générations*

LES MOTS AU SERVICE DES IDÉES

In Deutschland wird ungefähr jede dritte Ehe wieder geschieden.

En Allemagne, environ un mariage sur trois se termine par un divorce.

In Großstädten ist die Scheidungsquote sogar noch höher.

Le taux de divorce est encore plus élevé dans les grandes villes.

In unserer heutigen Gesellschaft trennen sich Paare sogar nach 30 Jahren Ehe.

Dans la société d'aujourd'hui, même des couples mariés depuis 30 ans n'hésitent pas à rompre les liens du mariage.

Als Ursachen der hohen Scheidungsquote werden die Verstädterung, der Individualismus und die Auflösung der religiösen Bindungen genannt.

Parmi les explications du taux de divorces élevé, on cite souvent l'urbanisation, l'individualisme et le déclin de la religion.

Wenn die Menschen weniger nur für sich lebten und kompromissbereiter wären, ließen sich viele Scheidungen vermeiden.

Si les gens ne vivaient pas que pour eux et étaient prêts à faire des compromis, de nombreux divorces pourraient être évités.

Bevor man sich scheiden lässt, sollte man erst an die Kinder denken.

Les gens devraient d'abord penser à leurs enfants avant de se séparer.

Für Kinder ist die Scheidung der Eltern oft ein traumatisches Erlebnis, aber manche verkraften es erstaunlich gut, besonders, wenn die Eltern freundschaftlich auseinandergehen.

Un enfant est souvent traumatisé par le divorce de ses parents, mais certains le vivent étonnamment bien, notamment quand les parents se séparent à l'amiable.

Viele Problemkinder kommen aus zerrüttetem Elternhaus.

Beaucoup d'enfants à problèmes viennent de foyers désunis.

Seit zehn Jahren zahlt er Alimente an seine geschiedene Frau.

Il verse une pension alimentaire à son ex-femme depuis dix ans.

Wenn Mann und Frau sich bestens verstehen, kann das für die Kinder nur gut sein.

Lorsque mari et femme vivent en parfaite intelligence, les enfants ne peuvent qu'en bénéficier.

Das Heiratsalter steigt seit dreißig Jahren stetig an.

L'âge auquel les gens se marient augmente régulièrement depuis trente ans.

Immer mehr Menschen sehen keinen Vorteil darin, zu heiraten, und leben lieber ohne Trauschein zusammen.

De plus en plus de gens ne voient pas l'intérêt de se marier et préfèrent vivre en concubinage.

Zum Glück hört man immer noch von vielen Paaren, die heiraten, Kinder bekommen und bis an ihr Lebensende glücklich zusammenleben.

Heureusement, il y a encore de nombreuses histoires de couples qui se marient, ont des enfants et vivent heureux pour le restant de leurs jours.

15. DER BEVÖLKERUNGSRÜCKGANG
LA DÉNATALITÉ

der Rückgang der Geburtenrate	*la diminution des naissances*
der Bevölkerungsrückgang	*la dénatalité, la crise de la natalité*
die Geburtenrate (n)	*le taux de natalité*
ab=nehmen (a, o) / fallen (i, a)	*baisser / diminuer*
der Rückgang / die Abnahme der Bevölkerung	*la diminution de la population*
stark fallen (ie, a) / schrumpfen	*diminuer fortement / s'effondrer*
eine unzureichende Geburtenzahl	*un nombre de naissances insuffisant*
der Gleichstand von Sterbequote und Geburtenrate	*le taux de remplacement des générations*
die Überalterung der Bevölkerung	*le vieillissement de la population*
ein höheres Alter bei der Erstgeburt haben	*faire le premier enfant plus tard*
längere Ausbildungszeiten haben	*faire des études plus longues*
studieren / ein Studium machen	*faire des études supérieures*
sich gegen Kinder entscheiden (ie, ie)	*décider de ne pas avoir d'enfants*
bei der Entscheidung für ein Kind zögern / die Entscheidung für ein Kind hinaus=zögern	*hésiter à avoir des enfants*
der Kinderwunsch	*le désir d'avoir un enfant*
das Wunschkind (er)	*l'enfant désiré, qu'on a voulu*
das wirksame Verhütungsmittel (-)	*le moyen de contraception efficace*
nicht mit der Karriere vereinbar sein	*être incompatible avec une carrière*
die Angst vor Arbeitslosigkeit	*la peur du chômage*
die Angst vor der Zukunft	*la peur de l'avenir*
eine konsequente Familienpolitik	*une politique nataliste volontaire*
den Menschen Mut und Lust auf Kinder machen	*inciter les gens à faire des enfants*
eine Maßnahme ergreifen (i, i)	*prendre une mesure*
der Anreiz (e)	*la mesure incitative*
flexible Arbeitszeiten fördern	*promouvoir l'aménagement du temps de travail*
die frühe Einschulung	*la scolarisation précoce*
der Bau / der (Aus)bau von Krippen	*(le développement de) la construction de crèches*
der Steuerfreibetrag (¨e)	*l'abattement à la base*
die Möglichkeiten der Kinderbetreuung erweitern	*créer des structures d'accueil supplémentaires pour les enfants*
das Kindergeld erhöhen	*augmenter les allocations familiales*
das Mutterschaftsgeld	*les allocations (de) maternité*

Ein Land, das keine Kinder hat und das altert, hat keine Zukunft.

Un pays qui n'a pas d'enfants et qui vieillit est un pays sans avenir.

Seit der Pille können die Frauen Wunschkinder bekommen, statt ungewollt schwanger zu werden.

Depuis l'avènement de la pilule, les femmes peuvent faire des enfants volontairement plutôt qu'accidentellement.

In Deutschland könnte durch eine Erleichterung bei der Einbürgerung der Einwanderer der Rückgang der Bevölkerung ausgeglichen werden.

En Allemagne, on pourrait compenser le recul de la population en facilitant le processus de naturalisation des immigrés.

2050 könnte Japan nur noch ungefähr 100 Millionen Einwohner haben.

Il se pourrait que le Japon n'ait plus qu'environ 100 millions d'habitants d'ici 2050.

Die Geburtenzahl pro Frau ist in Europa drastisch gefallen, insbesondere in Spanien, Italien, Deutschland und Russland.

Le taux de fécondité en Europe a chuté de façon spectaculaire, particulièrement en Espagne, en Italie, en Allemagne et en Russie.

Russland leidet an einem starken Rückgang seiner Geburtenrate, wohl aufgrund des niedrigen Lebensstandards und der schlechten medizinischen Versorgung.

La dénatalité atteint un seuil critique en Russie, probablement en raison de son niveau de vie assez bas et de ses piètres services de santé.

Großbritannien, Irland, Frankreich und die Niederlande stehen mit einem Durchschnitt von über 1,7 Kind pro Frau relativ gut da.

La Grande-Bretagne, l'Irlande, la France et les Pays-Bas s'en sortent plutôt bien avec des taux de fécondité supérieurs à 1,7.

Nirgends in der Europäischen Union erreicht diese Zahl jedoch 2,1 Kinder, welche nötig wäre, um die Bevölkerungszahl konstant zu halten.

Dans aucun des pays de l'Union européenne, la fécondité n'approche 2, 1, le taux nécessaire pour que la population reste stable.

Der grundlegende Wandel der Rolle der Frau in der Gesellschaft kann erklären, warum sie zögern, Kinder zu bekommen.

Des changements fondamentaux dans le rôle des femmes dans la société peuvent expliquer pourquoi elles hésitent à avoir des enfants.

Der Rückgang der Geburtenrate in Europa ist eine Zeitbombe, die die wirtschaftliche Entwicklung und die Sozialversicherungssysteme bedroht.

L'effondrement du taux de natalité en Europe est une bombe à retardement qui menace la croissance économique et la protection sociale.

Wie können die europäischen Regierungen die Menschen dazu bewegen, mehr Kinder zu bekommen?

Comment les gouvernements européens peuvent-ils inciter les gens à faire plus d'enfants ?

16. KRIMINALITÄT UND VERBRECHEN
DÉLINQUANCE ET CRIMINALITÉ

die Straftat (en), das Delikt (e)	*le délit*
das Verbrechen (-)	*le crime*
die Kriminalität	*la criminalité / les délits*
die Kriminalitätsrate	*le taux de criminalité*
die Gewalt in den Großstädten	*la violence urbaine*
die Jugendkriminalität	*la délinquance juvénile*
der (jugendliche) Straftäter (-)	*le (jeune) délinquant*
der Spitzbube (n, n) / der Gauner (-)	*le voyou*
die verbale Gewalt	*la violence verbale*
die Aggressivität	*l'agressivité*
das Gesetz brechen (a, o)	*transgresser la loi*
der Mord (e)	*le meurtre*
das Gewaltverbrechen (-)	*le crime (de sang)*
die Wirtschaftskriminalität	*les délits financiers*
die Kleinkriminalität	*la petite délinquance*
auf die schiefe Bahn geraten (i, a)	*basculer dans la criminalité*
eine Straftat (en) / ein Verbrechen (-) begehen (i, a)	*commettre un délit / un crime*
einen Mord begehen (i, a)	*commettre un meurtre*
gewalttätig sein	*être violent*
jn an=greifen (i, i)	*attaquer qqn, agresser qqn*
vergewaltigen / der Vergewaltiger (-)	*violer qqn / le violeur*
der bewaffnete Raubüberfall (¨e)	*le vol à main armée*
der Banküberfall / eine Bank überfallen (i, a)	*l'attaque d'une banque / attaquer une banque*
der Einbruch / ein=brechen (a, o)	*le cambriolage / cambrioler*
mit Gewalt ein=dringen	*s'introduire par effraction*
der Ladendiebstahl (¨e)	*le vol à l'étalage*
jm etwas stehlen (a, o)	*voler qqch. à qqn*
der Dieb (e)	*le voleur*
der Diebstahl (¨e)	*le vol*
der Einbrecher (-)	*le cambrioleur*
die Erpressung (sg)	*le racket / le chantage*
der Erpresser (-)	*le racketteur / le maître chanteur*
jn erpressen	*racketter qqn*
der Autoraub (e) / die Autoentführung (en)	*le carjacking*
die Steuerhinterziehung (en)	*la fraude fiscale*
die Steuerflucht	*l'évasion fiscale*

LES MOTS AU SERVICE DES IDÉES

Die Kriminalitätszahlen in den Industrieländern steigen regelmäßig.

Dans les pays développés, les chiffres de la criminalité augmentent régulièrement.

Die Regierungen sollten Kriminalität strenger verfolgen.

Les gouvernements devraient réprimer plus sévèremment la délinquance.

Die Zahl der Autodiebstähle ist zwar gesunken, aber das liegt vorwiegend an besseren Alarmanlagen.

Certes, les vols de voitures sont en baisse, mais c'est surtout parce que les voitures sont équipées d'alarmes plus sophistiquées.

Was brachte die Gruppen von Jugendlichen dazu, in den französischen Vororten so viele Autos anzuzünden?

Qu'est-ce qui a poussé des bandes de jeunes à brûler tant de voitures dans les banlieues françaises ?

Kleinkriminalität in den Vororten verleidet den Leuten dort das Leben und müsste von der Polizei strenger verfolgt werden, aber ohne flankierende soziale Maßnahmen würde das nichts nützen.

La petite délinquance des banlieues y empoisonne la vie des gens et devrait être réprimée plus sévèrement par la police, mais sans mesures sociales d'accompagnement, cela ne servirait à rien.

Das Programm „Null Toleranz" in den USA hatte unerwünschte Nebenwirkungen. Es wäre besser, die eigentlichen Gründe der Kriminalität zu bekämpfen.

La tolérance zéro aux États-Unis a eu des effets secondaires non désirés, il vaudrait mieux s'attaquer aux causes réelles de la criminalité.

Wer ist schuld, wenn die Kinder – aus reichem oder armem Elternhaus – nachts auf den Straßen herumlaufen und sich selbst überlassen sind?

À qui la faute quand les enfants, de parents riches ou pauvres, errent dans les rues la nuit, livrés à eux-mêmes ?

Eine steigende Anzahl von Jugendlichen in Europa gerät auf die schiefe Bahn, aber haben immer nur die Eltern schuld?

En Europe, de plus en plus d'adolescents basculent dans la criminalité, mais est-ce toujours la faute des seuls parents?

Kein Wunder, dass einige Leute bereit sind, alles zu tun, um „schnelles Geld" zu machen – in einer Gesellschaft, in der das Geld regiert.

Il n'est pas étonnant que certaines personnes soient prêtes à tout pour se procurer de l'argent dans une société où l'argent est roi.

Arbeitslosigkeit ist mitverantwortlich für den Anstieg der Kriminalität.

Le chômage a sa part de responsabilité dans l'augmentation de la délinquance.

Könnte eine Rückkehr zu traditionellen Werten wie Arbeit und Respekt dazu beitragen, Straftaten und Verbrechen zu mindern?

Un retour aux valeurs traditionnelles telles que le travail et le respect pourrait-il contribuer à faire diminuer la délinquance et la criminalité?

17. DIE PROBLEME DER JUGEND
LES PROBLÈMES DES JEUNES

die Kindheit	*l'enfance*
die Jugend	*la jeunesse / l'adolescence*
das Trotzalter	*l'âge ingrat*
der Jugendliche (adj)	*l'adolescent*
der Teenager / der Teen	*l'ado*
die Jugend / die Jugendlichen	*la jeunesse*
eine Clique von Jugendlichen	*une bande de jeunes*
die Jugendkultur (en)	*la culture des jeunes*
die Jungen / die jungen Leute	*les jeunes*
die heutige Jugend / die Jugendlichen von heute	*la jeunesse d'aujourd'hui / les jeunes d'aujourd'hui*
auf=wachsen (u, a)	*grandir*
unter 20 sein	*avoir moins de 20 ans*
der Erwachsene (adj) / erwachsen sein	*l'adulte / être adulte*
das Erwachsenenalter (sg.)	*l'âge adulte*
die Reife / die Unreife	*la maturité / l'immaturité*
reif / unreif sein	*être mûr / être immature*
das Unbehagen / die Krise der Jugendlichen	*le malaise, le mal-être des jeunes*
sich wohl / nicht wohl in seiner Haut fühlen	*se sentir bien / mal dans sa peau*
die Gewalttätigkeit der Jugendlichen	*la violence des jeunes*
das Schulschwänzen	*l'absentéisme scolaire*
die Jugendkriminalität	*la délinquance juvénile*
das Schlüsselkind (er)	*l'enfant qui rentre chez lui avant ses parents*
der jugendliche Selbstmörder (-)	*le jeune qui s'est suicidé*
die Teenager-Schwangerschaft (en)	*la grossesse d'une adolescente*
die Fettsucht / die Bulimie	*la boulimie*
die Magersucht / die Anorexie	*l'anorexie*
magersüchtig sein	*être anorexique*
sich gestresst fühlen	*être stressé*
die Verzweiflung	*la désespérance, le désespoir*
der Müßiggang	*le désœuvrement*
keine Wertmaßstäbe haben	*ne pas avoir de repères moraux*
seinen Platz in der Gesellschaft finden (a, u)	*trouver sa place dans la société*
sich in die Gesellschaft integrieren / ein=fügen	*s'insérer, s'intégrer dans la société*
Vorurteile gegen Jugendliche	*le racisme anti-jeunes*

In der heutigen Gesellschaft jung zu sein, ist nicht immer einfach.
Être jeune dans la société d'aujourd'hui n'est pas toujours une partie de plaisir.

Kinder sind heute stärker Aspekten des Erwachsenenlebens ausgesetzt, die man früher versuchte, vor ihnen zu verstecken: Sex, Grobheiten und Gewalt.
De nos jours, les enfants sont plus exposés à des aspects de la vie adulte qui leur étaient naguère cachés, comme le sexe, la grossièreté et la violence.

Jugendliche stehen heute unter steigendem Druck, schon früh erwachsen zu werden.
La société soumet les adolescents à une pression de plus en plus forte pour en faire des adultes avant l'heure.

Prüfungsvorbereitungen stressen die meisten jungen Leute.
Étudier pour passer des examens stresse la plupart des jeunes.

Wie kommt es, dass sich die Jungen heute immer öfter deprimiert fühlen?
Comment se fait-il que les jeunes se sentent de plus en plus souvent déprimés de nos jours ?

Nicht immer bekommen die Jugendlichen heute die elterliche Unterstützung, die sie brauchen.
Les parents ne donnent pas toujours aux adolescents le soutien dont ils ont besoin.

Sie braucht die Hilfe ihrer Eltern nicht mehr. Sie steht auf eigenen Füßen.
Elle n'a plus besoin que ses parents l'aident. Elle peut voler de ses propres ailes.

Junge Leute sind heute mit Arbeitslosigkeit und Aids konfrontiert, was ihre tiefe Illusions- und Mutlosigkeit erklärt.
Aujourd'hui, les jeunes sont confrontés au chômage et au sida, ce qui explique qu'ils sont souvent totalement désenchantés et découragés.

Einige glauben immer noch, ungewollte Schwangerschaften von Jugendlichen seien nur mit dem Verzicht auf Sexualität zu verhindern.
Il y a encore des gens qui croient que la seule façon d'empêcher les grossesses non désirées chez les adolescentes est de renoncer à la sexualité.

In Frankreich begehen junge Leute ein Fünftel aller Straftaten, das ist doppelt so viel wie vor 25 Jahren.
En France, un délit sur cinq est commis par des jeunes, soit deux fois plus qu'il y a 25 ans.

Drogen sind die Hauptsorge der Eltern, wenn es um ihre Kinder geht.
Les drogues sont la principale préoccupation des parents au sujet de leurs enfants.

In den Niederlanden haben fast sechs Prozent aller Jugendlichen schon einen oder mehrere Selbstmordversuche hinter sich.
Aux Pays-Bas, près de 6 % des jeunes ont fait au moins une tentative de suicide.

Das sollte man nicht verallgemeinern! Viele Jugendliche fühlen sich sehr wohl in ihrer Haut.
Il ne faut pas généraliser, bien des jeunes sont très bien dans leur peau.

18. RECHTSEXTREMISMUS UND GEWALT
L'EXTRÉMISME DE DROITE ET LA VIOLENCE

der Rechtsextremismus	*l'extrémisme de droite*
der Rechtsradikale (n, n) / der Neonazi(s)	*l'extrémiste de droite / le néonazi*
die rechtsradikale Szene / Gruppierung (en) / Partei (en)	*le milieu / le groupe / le parti d'extrême droite*
das Milieu (s) / das Randmilieu	*le milieu / le groupe en marge*
die rechte Subkultur (en)	*la subculture de droite*
der Geltungsdrang (sg)	*le besoin de se faire remarquer*
die Kameradschaft (en)	*la fraternité, la camaraderie*
die Gewaltbereitschaft (sg)	*le fait d'être prêt à la violence*
die Gewalttat (en) / gewalttätig sein	*l'acte de violence / être violent*
Gewalt an=wenden	*avoir recours à la violence*
die Gewalttätigkeit der Neonazis	*la violence chez les néonazis*
der Brandanschlag (¨e)	*l'incendie criminel*
die ideologischen Wurzeln	*les racines idéologiques*
den Holocaust / die Shoah leugnen	*nier l'Holocauste / la Shoah*
das nationalistische Gedankengut (sg)	*les idées nationalistes*
der Waffenkult (sg)	*le culte des armes*
der Aufmarsch (¨e)	*le défilé*
jn kaltblütig töten	*tuer qqn de sang-froid*
jn um=bringen (a, a)	*tuer, trucider qqn*
auf jn schießen (o, o) / jn erschießen	*ouvrir le feu sur qqn / abattre qqn*
jn a=greifen (i, i) / jn verletzen	*attaquer qqn / blesser qqn*
zusammengeschlagen werden (u, o)	*se faire passer à tabac*
jn krankenhausreif / rollstuhlreif schlagen (u, a)	*battre qqn au point de l'envoyer à l'hôpital / dans un fauteuil roulant*
die Schießerei (en)	*la fusillade*
eine Waffe besitzen (a, e) / bei sich tragen (u, a)	*posséder / porter une arme*
eine Ideologie verbreiten	*diffuser une idéologie*
die Provokation (en) / provozieren	*la provocation / provoquer*
die Radikalisierung (sg)	*la radicalisation*
die Hassparole (n)	*le slogan de haine*
die verbale Anfeindung (en)	*la violence verbale*
eine Gegenmaßnahme ergreifen (i, i)	*prendre une mesure contre qqch*
hart durch=greifen (i, i)	*sévir / intervenir énergiquement*
eine Gegeninitiative starten	*répondre à qqch par une action*
dem Gesetz zur Achtung verhelfen (a, o)	*faire respecter la loi*
das Gesetz (e) achten / respektieren	*respecter la loi*

Noch immer gibt es in ganz Europa rechtsextreme Gruppen, die Gewalttaten verüben, von Brandstiftung bis Mord.

Il existe encore des groupes d'extrême droite partout en Europe, qui commettent des actes de violence, de l'incendie jusqu'au meutre.

In der BRD gibt es neben den rechtsradikalen Parteien NPD, DVU und den Republikanern auch zahlreiche extreme Splittergruppen.

En RFA, outre les partis d'extrême droite (NPD, DVU et Républicains), on trouve également de nombreux groupuscules extrémistes.

Vor allem in den neuen Bundesländern findet man immer mehr rechtsextreme Gruppierungen. Das hat auch damit zu tun, dass es dort besonders viele „Wiedervereinigungsverlierer" gibt.

Dans les nouveaux Länder principalement, on trouve de plus en plus de groupes d'extrême droite. Cela s'explique entre autres par la présence de nombreux « perdants de la réunification ».

Seit 1989 sind mehr als 100 Menschen in Deutschland an den Folgen von Gewalttaten gestorben, die aus rechtsextremistischen, antisemitischen und rassistischen Motiven begangen wurden.

Depuis 1989, plus de 100 personnes sont mortes en Allemagne des suites d'actes de violence commis pour des motifs imputables à l'extrémisme, à l'antisémitisme ou au racisme.

Meldungen von rechtsradikaler Gewalt kommen aus der gesamten Bundesrepublik – mit steigender Tendenz.

Des actes de violence de l'extrême droite sont signalés partout en Allemagne – et la tendance est à la hausse.

Neonazis setzen bei der Verbreitung ihrer Ideologie und bei der Rekrutierung neuer Mitglieder auf Musik, aber auch auf das Internet – vor allem, weil es sie besonders gut vor Strafverfolgung schützt.

Pour la diffusion de leur idéologie et le recrutement de nouveaux membres, les néonazis misent sur la musique, mais aussi sur internet – surtout parce qu'ils y sont particulièrement à l'abri des poursuites judiciaires.

Anfang der 90er Jahre gehörten zum Outfit eines Rechtsextremen schwere Stiefel, Glatze und Bomberjacke. Heute geben sie sich eher bieder.

Au début des années 90, les grosses bottes, le crâne rasé et le blouson d'aviateur faisaient partie de l'accoutrement des néonazis. Aujourd'hui, ils adoptent une tenue plus sage.

Nach den Verboten von kleineren rechtsextremen Parteien in den 90er Jahren entstand ein neues Organisationsmodell der Neonazis mit kleinen Gruppen, die sich Kameradschaften nennen.

Suite à l'interdiction de petits partis d'extrême droite dans les années 90, les néonazis se sont réorganisés en petits groupes appelés « Kameradschaften » (pour la camaraderie ou la fraternité supposée entre leurs membres).

19. DIE TODESSTRAFE

LA PEINE DE MORT

die Todesstrafe	*la peine capitale*
das Todesurteil (e)	*la condamnation à mort*
jm droht die Todesstrafe	*être passible de la peine de mort*
zum Tode verurteilt sein	*être condamné à mort*
in der Todeszelle warten	*être dans le couloir de la mort*
der Todeskandidat (en, en)	*le condamné à mort*
einen Aufschub erhalten (ie, a)	*obtenir un sursis, un délai de grâce*
jn begnadigen	*gracier qqn*
hingerichtet werden	*être exécuté*
der Henker (-) / der Vollstrecker (-)	*le bourreau*
das Todesurteil vollstrecken	*procéder à une exécution*
gehängt werden	*être pendu*
der elektrische Stuhl	*la chaise électrique*
die Gaskammer (n)	*la chambre à gaz*
die Todesspritze	*l'injection létale*
durch Erschießung hingerichtet werden	*passer devant le peloton d'exécution*
die Abschaffung der Todesstrafe	*l'abolition de la peine de mort*
die Todesstrafe ab=schaffen	*abolir la peine capitale*
die Todesstrafe wieder ein=führen	*rétablir la peine de mort*
die Wiedereinführung der Todesstrafe	*le rétablissement de la peine de mort*
der Befürworter (-) der Todesstrafe	*le partisan de la peine de mort*
der Gegner (-) der Todesstrafe	*l'opposant à la peine de mort*
für etwas sein	*être en faveur de, être pour*
gegen etwas sein	*être opposé à, être contre*
(des Mordes) schuldig sein	*être coupable (de meurtre)*
die Schuld (sg) / der Schuldige (adj)	*la culpabilité / le coupable*
der Mörder (-)	*le meurtrier*
der Kindesmörder (-)	*le meurtrier d'enfants*
der Sexualstraftäter (-)	*le délinquant sexuel*
die Unschuld / unschuldig sein	*l'innocence / être innocent*
der Justizirrtum (¨er)	*l'erreur judiciaire*
jn ab/schrecken, etwas zu tun (a, a)	*dissuader qqn de faire qqch.*
rückfällig werden (u, o)	*récidiver*
der Wiederholungstäter (-)	*le récidiviste*
lebenslänglich	*la prison à vie, à perpétuité*
zu lebenslänglicher Haftstrafe verurteilt sein	*être condamné à perpétuité*

LES MOTS AU SERVICE DES IDÉES

Die Todesstrafe wurde in Deutschland nach dem 2. Weltkrieg abgeschafft.
La peine de mort a été abolie en Allemagne après la Seconde Guerre mondiale.

Die Todesstrafe hat Menschen nie gehindert, Verbrechen zu begehen.
La peine de mort n'a jamais empêché les gens de commettre des crimes.

Die Todesstrafe in den USA wirft einen Schatten auf die demokratische Verfassung des Landes. Die Vereinigten Staaten sollten mit dieser barbarischen Form der Strafe aufhören. Es gibt andere Arten der Strafe.
La peine capitale ternit l'image des États-Unis dans le monde. L'Amérique devrait en finir avec cette pratique barbare. D'autres formes de châtiment existent.

Der Tod des Verbrechers macht das Opfer nicht wieder lebendig.
La mort du criminel ne ramène pas la victime.

Die Todesstrafe ist kein wirksames Mittel gegen Gewaltverbrechen.
La peine capitale ne constitue pas un instrument efficace de lutte contre les crimes de sang.

Nach 17 Jahren in der Todeszelle wurde durch DNA-Analysen bewiesen, dass er es nicht war, der die alte Frau umgebracht hat.
Après avoir passé 17 ans dans le couloir de la mort, les tests ADN ont prouvé qu'il n'était pas l'homme qui avait assassiné la vieille femme.

Hätte man die Todesstrafe vollstreckt, hätte niemand erfahren, dass er für einen Mord, den ein anderer begangen hat, gestorben wäre.
S'il avait été exécuté, personne n'aurait su qu'il était mort pour un meurtre commis par un autre.

Der Richter meint, wer Kinder oder alte Menschen foltert oder tötet, verdiene zu sterben.
Le juge estime que ceux qui torturent et tuent des enfants ou des personnes âgées méritent de mourir.

Warum sollte man mit jemandem Mitleid haben, der eine alte, hilflose Frau totschlägt, um ihr Geld zu rauben?
Pourquoi s'apitoyer sur quelqu'un qui bat à mort une vieille dame sans défense pour lui voler son argent ?

Auge um Auge, Zahn um Zahn.
Œil pour œil, dent pour dent.

Er findet, dass zum Beispiel ein Kinderschänder für seine Tat bezahlen und sogar leiden sollte.
Il pense qu'un violeur d'enfants par exemple devrait payer, voire souffrir pour ce qu'il a fait.

Das Todesurteil an einem Unschuldigen zu vollstrecken gehört zu den schlimmsten Taten, die eine Gemeinschaft freier Menschen begehen kann.
L'exécution d'un innocent est le pire acte qu'une communauté d'hommes libres puisse commettre.

20. DIE STADT
LA VILLE

der Stadtbewohner (-) / der Stadtmensch (en)	*le citadin*
die Metropole (n) / die Großstadt (¨e)	*la métropole / la grande ville*
der Großraum / der Einzugsbereich der Stadt	*la zone urbaine*
die Außenbezirke (pl.)	*la grande banlieue*
das Ballungsgebiet (e)	*l'agglomération (urbaine)*
urbanisiert werden / verstädtern	*s'urbaniser*
die Sozialwohnung (en) / der soziale Wohnungsbau	*la HLM / la construction de logements sociaux*
der Wohnblock (s)	*le grand immeuble / la cité*
die Altstadt (¨e) / die Innenstadt	*la vieille ville / le centre-ville*
das Hochhaus (¨er)	*la tour (d'habitation ou autre)*
das Wohngebiet (e)	*la zone résidentielle*
die Trabantenstadt (¨e)	*la cité-satellite*
der Häuserblock (s)	*le pâté de maisons*
der Bürgersteig (e)	*le trottoir*
der Wolkenkratzer (-)	*le gratte-ciel*
die Schlafstadt (¨e)	*la cité-dortoir*
die Landflucht (sg)	*l'exode rural*
das Industriegebiet (e)	*la zone industrielle*
die Wohnsiedlung (en)	*l'ensemble d'habitations*
der Stadtplaner(-) / die Stadtplanung	*l'urbaniste / l'urbanisme*
die Stadtlandschaft (en)	*le paysage urbain*
die Anlage einer Stadt	*la conception d'une ville*
das Sanierungsprogramm (e)	*le programme de rénovation urbaine*
renovieren / sanieren	*rénover, réhabiliter*
die Renovierung (en) / die Sanierung (en)	*la rénovation / la réhabilitation*
ein Gebäude ab=reißen (i, i)	*démolir un bâtiment*
der soziale Brennpunkt (e)	*le quartier chaud, sensible*
die Vorstadt (¨e) / der Vorort (e)	*la banlieue / commune de banlieue*
das Viertel (-)	*le quartier*
das Einkaufszentrum (ren)	*le centre commercial*
die Fußgängerzone (n)	*la zone piétonne*
die grüne Lunge / die Grünfläche (n)	*le poumon vert / l'espace vert*
im Grünen / auf dem Land wohnen	*habiter, vivre à la campagne*

LES MOTS AU SERVICE DES IDÉES

Die Welt nähert sich einem historischen Wendepunkt. Um 2010 wird die Hälfte der Weltbevölkerung in Städten leben.

Le monde s'apprête à prendre un tournant historique. Vers 2010, la moitié de la population mondiale vivra dans des villes.

Man schätzt, dass sich die Stadtbevölkerung in den Schwellenländern in den nächsten 30 Jahren verdoppeln wird.

On estime que la population urbaine des pays émergents va doubler au cours des 30 prochaines années.

Große Städte gibt es schon seit Jahrhunderten. Schon im Jahre 750 hatte zum Beispiel Xi'an in China 800 000 Einwohner.

Les grandes villes existent depuis des siècles. Par exemple, Xi'an, en Chine, comptait déjà 800 000 habitants en l'an 750.

Um 2015 wird es 554 Städte in der Welt mit über einer Million Einwohnern geben.

Vers 2015, il y aura 554 villes dans le monde qui compteront 1 million d'habitants ou plus.

Er lebt seit mehr als 20 Jahren in einem Vorort von München.

Il habite en banlieue munichoise depuis plus de vingt ans.

Die Regierung hat beträchtliche Summen in die Sanierung einiger heruntergekommenen Stadtzentren in den neuen Bundesländern gesteckt.

Le gouvernement a investi des sommes considérables pour moderniser quelques centres-ville délabrés dans les nouveaux Länder.

Der Bürgermeister hat einige Bauträger gebeten, die seit langem zerfallenden Stadtviertel zu sanieren.

Le maire a demandé aux promoteurs de réhabiliter les quartiers laissés à l'abandon depuis longtemps.

Überall in der Stadt schießen die Bürogebäude wie Pilze aus dem Boden.

Les immeubles de bureaux poussent comme des champignons partout en ville.

Die in den Außenbezirken der Stadt gelegenen Verbrauchermärkte ziehen ständig neue Kunden an.

Les hypermarchés situés en grande banlieue ne cessent d'attirer de nouveaux clients.

Manchmal muss er der Hektik der Großstadt entfliehen und sich auf dem Lande erholen.

Il a parfois besoin de fuir l'activité incessante de la ville et de se reposer à la campagne.

Viele Hochhäuser mit Sozialwohnungen wurden zwar im Grünen gebaut, aber ohne die entsprechende soziale und kulturelle Infrastruktur haben sie sich zu sozialen Brennpunkten entwickelt.

De nombreuses cités ont certes été construites dans la verdure, mais en l'absence d'infrastructures sociales et culturelles correspondantes, elles sont devenues des quartiers chauds.

21. DAS STADTLEBEN
LA VIE URBAINE

wohnen	*habiter*
eine Wohnung mieten	*louer un appartement (locataire)*
eine Wohnung vermieten	*louer un appartement (propriétaire)*
(eine) Miete zahlen	*payer un loyer*
der Mieter (-)	*le locataire*
der Besitzer (-) / der Eigentümer (-)	*le propriétaire*
der Vermieter (-)	*le loueur / le bailleur*
eine Wohnung besitzen (a, e)	*posséder un appartement*
die Wohnungskrise	*la crise du logement, la crise de l'immobilier*
die Immobilienpreise	*les prix de l'immobilier*
in die Höhe schießen (o, o)	*grimper en flèche, flamber (prix)*
der Mietwucher (sg)	*les prix exorbitants des loyers*
die Wohnungspolitik (sg)	*la politique du logement*
die Sozialwohnung (en)	*le logement social*
das Immobilienbüro (s)	*l'agence immobilière*
in einer Wohngemeinschaft leben	*partager un appartement, vivre en colocation*
die Einzimmerwohnung (en) / das Apartment (s)	*le studio*
die 3-Zimmerwohnung (en)	*l'appartement de trois pièces*
die Nachteile des Großstadtlebens	*les inconvénients de la vie en ville*
die Lebenshaltungskosten (pl.)	*le coût de la vie*
die Gemeindesteuer (sg)	*l'impôt communal*
das Stressproblem (e)	*le problème lié au stress*
gestresst sein	*être stressé*
die verschmutzte Luft ein=atmen	*respirer l'air pollué*
erschöpft sein	*être épuisé*
der Mangel an Kommunikation	*le manque de communication*
der Lärm / laut sein	*le bruit / être bruyant*
vom Lärm belästigt werden	*être gêné par le bruit*
der Nachbar (n)	*le voisin*
die Lärmbelastung (en)	*la pollution sonore*
der Schlafmangel	*le manque de sommeil*
schlaflose Nächte verbringen (a, a)	*passer des nuits blanches*
die Gewalt in den Städten	*la violence urbaine*
die zunehmende Gewalttätigkeit	*la recrudescence de la violence*
die Zerstörungswut / zerstören	*le vandalisme / saccager*
die Kriminalitätsrate (n)	*le taux de criminalité*
die Aggression / die Aggressivität	*l'agression / l'agressivité*

LES MOTS AU SERVICE DES IDÉES

Eine Wohnung im Zentrum einer deutschen Großstadt zu kaufen, ist für die meisten Einwohner praktisch unmöglich geworden.

Acheter un logement dans le centre d'une grande ville en Allemagne est devenu pratiquement impossible pour la plupart de ses habitants.

Die Immobilienpreise in Frankfurt sind enorm gestiegen.

Les prix de l'immobilier à Francfort flambent.

Die Mieten sind so hoch, dass die Leute oft auf kleinstem Raum leben.

Les loyers sont si élevés que les gens habitent souvent dans des cages à lapins.

Für die meisten Leute ist das Leben in der Großstadt gleichbedeutend mit Schlafen, Essen und Arbeiten.

Pour la plupart des gens, la vie dans les grandes villes est synonyme de métro, boulot, dodo.

Seit er in Hamburg wohnt, führt er ein hektisches Leben.

Il mène une vie de fou depuis qu'il habite à Hambourg.

Die Leute sind permanent auf Achse, kein Wunder, dass sie oft schlechter Laune sind.

Les gens sont toujours en train de courir. Pas étonnant qu'ils soient souvent de mauvaise humeur.

In vielen Großstädten nimmt die Gewalttätigkeit ständig zu.

La violence est en augmentation perpétuelle dans de nombreuses villes.

Trotz des Mangels an Lebensqualität sind viele Menschen darauf angewiesen, in einer Großstadt zu wohnen, da sie auf dem Lande keine Arbeit fänden.

Malgré le manque de qualité de vie, nombreux sont les gens qui doivent vivre en ville, car ils ne trouveraient pas de travail à la campagne.

Es gibt bessere Arbeitsmöglichkeiten in einer Großstadt.

Il y a plus de perspectives d'emploi dans une grande ville.

Das kulturelle Leben ist in einer Stadt immer anregender und vielseitiger.

La vie culturelle est toujours plus vivante et variée dans une ville.

Berlin hat nicht seinesgleichen, was die Auswahl an Musik- und Theaterveranstaltungen betrifft.

Berlin n'a pas son pareil si l'on veut assister à un spectacle musical ou aller au théâtre.

Das Stadtleben ist so anstrengend, dass man regelmäßig sich ein paar Tage erholen und auftanken muss.

La vie en ville est si épuisante qu'on a régulièrement besoin de prendre quelques jours de repos pour recharger ses batteries.

Wenn man die Vorteile des Stadtlebens genießen will, muss man eben Lärmbelastung, Luftverschmutzung und Verkehr in Kauf nehmen.

Si vous voulez les avantages de la ville, il faut aussi vous accommoder du bruit, de la pollution et de la circulation.

22. DER STADTVERKEHR
LA CIRCULATION URBAINE

der Autoverkehr (sg)	*la circulation automobile*
der Autofahrer (-)	*l'automobiliste*
das Verkehrsaufkommen (-)	*le volume de la circulation*
die Straßenkreuzung (en)	*le carrefour*
der Kreisverkehr (sg)	*le rond-point*
das Verkehrsschild (er)	*le panneau de signalisation*
der Fußgänger (-) /	*le piéton*
die Fußgängerzone (n)	*la zone piétonne*
der Fußgängerübergang (¨e) / der Zebrastreifen (-)	*le passage pour piétons*
die Ampel (n)	*le feu de signalisation*
das grüne Licht / grün / gelb / rot	*le feu vert / vert / orange / rouge*
die Einbahnstraße (n)	*la rue à sens unique*
die Busspur (en) / der Radweg (e)	*le couloir de bus / la piste cyclable*
der Verkehrsstau (s) / der Stau	*l'embouteillage*
der Verkehr ist lahmgelegt	*la circulation est paralysée*
die Hauptverkehrszeit (en) / die Stoßzeiten (pl.)	*l'heure de pointe, d'affluence*
der Verkehr in den Stoßzeiten	*la circulation aux heures de pointe*
der zähflüssige Verkehr	*le ralentissement de la circulation*
ein acht Kilometer langer Stau	*un bouchon de huit kilomètres*
der Engpass (¨e) / das Nadelöhr (e)	*le goulot d'étranglement*
eine viel befahrene Straße	*une rue passante, encombrée*
im Schritttempo fahren (u, a)	*avancer au pas*
ein dichter / flüssiger Verkehr	*une circulation dense / fluide*
der Parkplatz (¨e)	*le parking / la place pour se garer*
das Parkhaus (¨er)	*le parking à plusieurs niveaux*
die Tiefgarage (n)	*le parking souterrain*
die Parkuhr (en)	*le parcmètre*
der Strafzettel (-)	*la contravention (stationnement)*
in der zweiten Reihe parken	*se garer en double file*
im Parkverbot stehen (a, a)	*être garé en infraction*
das Auto / den Wagen ab=schleppen	*emmener la voiture à la fourrière*
das Auto / den Wagen blockieren	*immobiliser la voiture avec un sabot*
eine Maut ein=führen	*introduire un système de péage*
die Fahrgemeinschaft (en)	*le covoiturage*
öffentliche Verkehrsmittel benutzen	*utiliser des transports en commun*

LES MOTS AU SERVICE DES IDÉES

Das Problem der Verkehrsstaus rund um die deutschen Großstädte wird nicht so schnell zu lösen sein.

Les problèmes d'embouteillages dans la périphérie des grandes villes allemandes ne sont pas près de disparaître.

In vielen Städten ist der Verkehr praktisch zweimal täglich lahmgelegt.

La circulation est pratiquement paralysée deux fois par jour dans bien des villes.

Auch wenn viele große Verkehrsachsen von zwei auf drei Spuren erweitert wurden, bleibt der Verkehr zähflüssig.

Bien que les grands axes soient passés de 2 à 3 voies, le trafic reste très dense.

Man kann nicht alle Probleme lösen, indem man Umgehungsstraßen baut.

On ne peut pas résoudre tous les problèmes en construisant des voies de contournement.

Er steht immer bei Sonnenaufgang auf, um die morgendlichen Stoßzeiten zu vermeiden.

Il se lève toujours aux aurores pour éviter les heures de pointe du matin.

Stoßstange an Stoßstange zu fahren ist das tägliche Los vieler Autofahrer. Kein Wunder, dass die Aggressivität am Steuer steigt.

Rouler à touche-touche est le lot quotidien de nombreux automobilistes. Pas étonnant qu'il y ait de plus en plus d'agressivité au volant.

Seit vielen Jahren versuchen die Politiker ohne viel Erfolg, die Leute davon abzuhalten, mit dem Auto zur Arbeit zu fahren.

Depuis de nombreuses années, les hommes politiques essaient sans grand succès de dissuader les gens de prendre leur voiture pour se rendre au travail.

Die Benutzung des Automobils zu reduzieren und mehr Fußgängerzonen anzulegen, ist heute ein wichtiges Ziel zahlreicher Kommunalverwaltungen.

Restreindre l'usage de la voiture et augmenter le nombre de rues piétonnières est l'une des premières priorités de nombreuses mairie.

Den Autofahrern das Leben schwer zu machen, scheint an der Tagesordnung zu sein.

Rendre insupportable la vie de l'automobiliste semble être à l'ordre du jour.

Um den Verkehr zu entlasten, denken viele Bürgermeister darüber nach, die Autofahrer zur Kasse zu bitten, wenn sie ihren Wagen in der Stadt benutzen wollen.

Pour décongestionner les villes, de nombreux maires seront tentés de faire payer les automobilistes pour les dissuader d'utiliser leur véhicule en ville.

Dank einem gut ausgebauten System an öffentlichen Verkehrsmitteln und einer verstärkten Nutzung des Fahrrads ist es in einigen Großstädten gelungen, das Verkehrsaufkommen zu senken.

Grâce à un bon système de transports publics et une augmentation de l'utilisation de bicyclettes, quelques grandes villes ont réussi à réduire le volume de la circulation.

23. DER ÖFFENTLICHE STADTVERKEHR
LES TRANSPORTS URBAINS

die öffentlichen Verkehrsmittel (pl)	*les transports en commun*
das Verkehrsmittel (-)	*le moyen de transport*
die Verkehrsstörung (en)	*la perturbation de la circulation*
die Verkehrsstockung (en)	*l'interruption du trafic*
die Verkehrspolitik (sg)	*la politique des transports*
die Verkehrsdurchsage (n)	*le message routier*
die U-Bahn (en) / die Untergrund-bahn / die U-Bahn-Station (en)	*le métro / la station de métro*
die Metro (sg)	*le métro (parisien)*
die U-Bahn nehmen (a, o)	*prendre le métro*
der Bus (se)	*le bus*
den Bus nehmen (a, o)	*prendre le bus*
in den Bus ein=steigen (ie, ie)	*monter dans le bus*
aus dem Bus aus=steigen (ie, ie)	*descendre du bus*
die Bushaltestelle (n) / die Haltestelle	*l'arrêt de bus*
der Busbahnhof (¨e)	*la gare routière*
die Busfahrkarte (n) / die U-Bahn-Fahrkarte	*le ticket de bus / de métro*
die Busspur (en)	*le couloir de bus*
die Bahn (en) / der Zug (¨e)	*le train*
der Bahnhof (¨e)	*la gare*
die Bahnlinie (n)	*la ligne de chemin de fer*
der Vorortzug (¨e)	*le train de banlieue*
der ICE (sg)	*le TGV (allemand)*
jn am Bahnhof ab=setzen	*déposer qqn à la gare*
jn vom Bahnhof ab=holen	*aller chercher qqn à la gare*
pünktlich an=kommen (a, o)	*arriver à l'heure (train, etc.)*
(eine) Verspätung haben	*être en retard (train, etc.)*
um=steigen (ie, ie)	*changer de train ou de bus*
einen Anschlusszug verpassen	*manquer une correspondance*
die Hinfahrt (en)	*l'aller simple*
die Hin- und Rückfahrt (en) / die Rückfahrkarte (n)	*le billet aller et retour*
die Monatskarte (n) / die Jahreskarte	*la carte d'abonnement mensuel, annuel*
die Straßenbahn (en)	*le tramway / le tram*
das Taxi (s) / der Taxistand (¨e)	*le taxi / la station de taxis*
das Fahrrad (¨er) / das Rad	*la bicyclette / le vélo*
der Radweg (e)	*la piste cyclable*
die Inline-Skates / die Rollschuhe (pl.)	*les rollers*

Die nicht motorisierten Fortbewegungsmöglichkeiten – Gehen und Radfahren – spielen in Ländern mit niedrigem Durchschnittseinkommen noch eine wichtige Rolle.

Le transport non motorisé (la marche et la bicyclette) joue encore un rôle essentiel dans les transports urbains des pays où les revenus sont modestes.

In Kopenhagen ist der Radfahrer König. An die 200 000 Leute fahren dort täglich mit dem Rad in das Stadtzentrum.

À Copenhague, le cycliste est roi. Quelque 200 000 personnes se rendent chaque jour dans le centre-ville à bicyclette.

Das öffentliche Verkehrssystem in Kopenhagen ist sehr gut ausgebaut und leistungsfähig.

Le système de transports en commun de Copenhague est extrêmement efficace et performant.

Viele Studenten und junge Leute ziehen es vor, anstatt mit Bussen und Bahnen mit Skates in die Uni zu fahren.

Beaucoup d'étudiants et de jeunes préfèrent aller à la fac en roller au lieu de prendre le métro ou le bus.

Der Zug wird wegen des Streiks mit erheblicher Verspätung eintreffen.

Le train sera sérieusement retardé par la grève.

Er hat den letzten Bus verpasst und hat keine andere Möglichkeit, als zu Fuß zu laufen oder ein Taxi zu nehmen.

Il a manqué le dernier bus et n'a pas eu d'autre solution que de marcher à pied ou de prendre un taxi.

Er fährt jeden Tag mit dem Zug nach Köln zur Arbeit.

Il prend le train tous les jours pour aller travailler à Cologne.

Die im Fünf-Minuten-Takt ankommenden Vorortzüge sind proppenvoll.

Les trains de banlieue qui arrivent toutes les cinq minutes sont bondés.

Das Verkehrschaos wird jeden Tag schlimmer, und er hat es aufgegeben, mit dem Auto zur Arbeit zu fahren.

La circulation, c'est la galère tous les jours et il a renoncé à utiliser sa voiture pour se rendre à son travail.

An den Verkehrsunfällen in der Stadt sind auch immer mehr Radfahrer beteiligt.

Il y a de plus en plus de cyclistes qui sont concernés par les accidents en ville.

Die Umstellung auf mehr Straßenbahnen erfordert Investitionen in Millionenhöhe.

Il faut investir des millions pour introduire plus de tramways.

Der Ausbau oder die Sanierung des öffentlichen Verkehrssystems bringt auch immer Verkehrsstörungen wegen Bauarbeiten mit sich.

La rénovation ou l'élargissement du système de transports en commun signifie évidemment aussi des perturbations de la circulation à cause des travaux.

24. DIE SICHERHEIT IM STRASSENVERKEHR
LA SÉCURITÉ ROUTIÈRE

der Verkehrsteilnehmer (-)	*l'usager de la route*
das Fahrzeug (e)	*le véhicule*
der Autounfall (¨e)	*l'accident de voiture*
eine gefährliche Stelle	*un point noir*
das Verkehrsopfer (-)	*la victime de la route*
der tödliche Unfall (¨e)	*l'accident mortel*
der Schwerverletzte (adj)	*qqn de grièvement blessé*
der Frontalzusammenstoß (¨e)	*la collision frontale*
in jn rein/fahren (u, a) / mit jm zusammen=prallen	*rentrer de plein fouet dans une voiture*
ein Fahrzeug rammen	*rentrer dans une voiture*
die Karambolage (n)	*le carambolage*
die Verkehrskriminalität	*la délinquance routière*
der unvorsichtige Fahrer (-)	*le conducteur imprudent*
der Raser (-)	*le chauffard*
die Straßenverkehrsordnung	*le code de la route*
die Verkehrssünde (n)	*l'infraction au Code de la route*
die Aggressivität am Steuer	*l'agressivité au volant*
eine Ampel überfahren (u, a)	*brûler un feu*
die weiße Linie überfahren (u, a)	*franchir la ligne blanche*
die Vorfahrt lassen (ie, a) / haben	*céder le passage / avoir la priorité*
sich an=schnallen / den Sicherheitsgurt an=legen	*attacher sa ceinture de sécurité*
ein Fahrzeug überholen	*dépasser, doubler une voiture*
die Zivilstreife (n)	*la voiture banalisée*
die Radarfalle (n)	*le radar automatique*
die Radarkontrolle (n)	*le contrôle radar*
die Geschwindigkeitsbegrenzung überschreiten (i, i)	*dépasser la limitation de vitesse*
wegen Geschwindigkeitsüberschreitung angehalten werden	*se faire arrêter pour excès de vitesse*
die Geldstrafe (n) für zu schnelles Fahren	*l'amende pour excès de vitesse*
die Holperschwelle (n) / die Straßenschwelle	*le ralentisseur*
die verkehrsberuhigte Zone	*la zone de circulation limitée*
das Tempolimit (s)	*la limitation de vitesse*
der Alkoholtest (s)	*l'alcootest, l'éthylomètre*
der Alkoholgehalt im Blut	*l'alcoolémie*
zum TÜV fahren (u, a)	*passer au contrôle technique obligatoire*

LES MOTS AU SERVICE DES IDÉES

Die meisten Autounfälle könnten durch verantwortliches Verhalten am Steuer vermieden werden.

La plupart des accidents de voiture pourraient être évités si les automobilistes se comportaient de façon responsable.

Warum nicht alle Wagen mit einer Blackbox (Flugdatenschreiber) ausstatten wie die Flugzeuge?

Pourquoi ne pas équiper toutes les voitures de boîtes noires semblables à celles des avions ?

Nicht technische Mängel, sondern menschliches Versagen, meist im Verein mit überhöhter Geschwindigkeit oder Alkohol – oft beidem –, steht an erster Stelle der Unfallursachen.

L'erreur humaine, plus que les défaillances mécaniques, est la première cause d'accident, généralement aggravée par la vitesse ou l'alcool et souvent par les deux.

Er hätte vor der Führerscheinprüfung mehr Fahrstunden nehmen sollen.

Il aurait dû prendre plus de leçons de conduite avant de passer son permis.

Viele Menschen, auch wenn sie ihre Kinder lieben, fahren, als gäbe es kein Morgen: Fuß auf dem Gaspedal und Handy am Ohr.

De nombreuses personnes qui adorent leurs enfants conduisent néanmoins comme s'il n'y avait pas de lendemain, pied au plancher, téléphone portable à la main.

Warum wird Herr Biedermann zum Zombie, wenn er am Steuer sitzt?

Pourquoi M. Charmant se transforme-t-il en M. Foldingue quand il est au volant ?

Viele Länder haben inzwischen den Gebrauch des Mobiltelefons während des Fahrens verboten, außer der Fahrer benutzt eine Freisprechanlage.

De nombreux pays ont décidé d'interdire l'utilisation du portable au volant sauf si les conducteurs disposent d'un kit mains-libres.

Er fuhr ohne Führerschein und im betrunkenen Zustand.

Il conduisait sans permis et était en état d'ivresse.

Man hat ihm den Führerschein für zwei Wochen entzogen, weil er die Vorfahrt nicht beachtet hat.

Il s'est fait retirer son permis pendant deux semaines pour un refus de priorité.

Er fährt nur deshalb langsam, weil er nicht erwischt werden will.

Ce n'est que la peur du gendarme qui l'empêche de conduire trop vite.

Bei schlechten Fahrverhältnissen – beispielsweise schlechter Sicht – ist es dringend geboten, den Fuß vom Gaspedal zu nehmen.

Il est indispensable de lever le pied quand les conditions de conduite sont dangereuses, par exemple lorsque la visibilité est mauvaise.

Immer mehr Länder führen Maßnahmen zur Verkehrsberuhigung ein.

De plus en plus de pays adoptent des mesures de ralentissement de la circulation.

Die Zahl der Todesopfer auf den Straßen muss unbedingt gesenkt werden.

Il faut mettre un terme à l'hécatombe sur les routes d'une façon ou d'une autre.

25. DIE MENSCHENRECHTE
LES DROITS DE L'HOMME

das Grundrecht (e)	*le droit fondamental*
das unveräußerliche Recht (e)	*le droit inaliénable*
die Beachtung der Menschenrechte	*le respect des droits de l'homme*
die Vereinten Nationen	*les Nations unies*
ein Verteidiger der Menschenrechte	*un militant des droits de l'homme*
die Rechte der Frauen / der Kinder	*les droits de la femme / de l'enfant*
die Gleichberechtigung	*l'égalité des droits*
die Chancengleichheit	*l'égalité des chances*
das Recht auf Arbeit / auf Bildung	*le droit au travail / à l'éducation*
das Recht auf Eigentum	*le droit à la propriété*
die Bürgerrechte	*les droits civils*
die individuelle Freiheit (en)	*la liberté individuelle*
das Asylrecht	*le droit d'asile*
das Asylrecht beantragen / sich um Asyl bewerben (a, o)	*faire une demande d'asile politique*
der Asylsuchende (n) / der Asylbewerber (-)	*le demandeur d'asile*
die Verletzung der Menschenrechte	*la violation des droits de l'homme*
js Rechte mit Füßen treten (a, e)	*bafouer les droits de qqn*
die politische / religiöse Unterdrückung	*la répression politique / religieuse*
die unterdrückte Minderheit (en)	*la minorité opprimée*
unterdrückt werden (u, o)	*être opprimé*
die politische / religiöse Verfolgung	*la persécution politique / religieuse*
verfolgen	*persécuter*
terrorisieren	*terroriser*
foltern / die Folter (n)	*torturer / la torture*
entführen	*kidnapper, enlever*
als Geisel festgehalten werden (u, o)	*être retenu en otage*
als Sklave gehalten werden (u, o)	*être réduit à l'esclavage*
die Diktatur (en) / der Diktator (en)	*la dictature / le dictateur*
das repressive Regime (-)	*le régime répressif*
die Zensur / die Presse zensieren	*la censure / censurer la presse*
die Freiheit (en) ein=schränken	*restreindre la liberté*
der politische Gefangene (adj)	*le prisonnier politique*
das Arbeitslager (-)	*le camp de travail*
das Verbrechen gegen die Menschlichkeit	*le crime contre l'humanité*
der Genozid (e)/ der Völkermord (e)	*le génocide*
die ethnische Säuberung (en)	*le nettoyage ethnique*

Die Allgemeine Erklärung der Menschenrechte wurde am 10. Dezember 1948 angenommen. Sie bestimmt unter anderem folgendes:

La Déclaration universelle des droits de l'homme a été adoptée le 10 décembre 1948. Entre autres choses, elle stipule que :

„Alle Menschen sind frei und gleich an Würde und Rechten geboren." (Art. 1)

« Tous les êtres humains naissent libres et égaux en dignité et en droits. »

„Jeder hat das Recht auf Leben, Freiheit und Sicherheit der Person." (Art. 3)

« Tout individu a droit à la vie, à la liberté et à la sûreté de sa personne. »

„Niemand darf in Sklaverei oder Leibeigenschaft gehalten werden; ..." (Art. 4)

« Nul ne sera tenu en esclavage ni en servitude ... »

„Niemand darf der Folter oder grausamer, unmenschlicher oder erniedrigender Behandlung oder Strafe unterworfen werden." (Art. 5)

« Nul ne sera soumis à la torture, ni à des peines ou traitements cruels, inhumains ou dégradants. »

„Alle Menschen sind vor dem Gesetz gleich und haben ohne Unterschied Anspruch auf gleichen Schutz durch das Gesetz." (Art. 7)

« Tous sont égaux devant la loi et ont droit sans distinction à une égale protection de la loi. »

„Jeder hat das Recht, sich innerhalb eines Staates frei zu bewegen ..." Art. 13)

« Toute personne a le droit de circuler librement dans un État ... »

„Jeder hat das Recht auf Gedanken-, Gewissens- und Religionsfreiheit; ..." (Art. 18)

« Toute personne a le droit à la liberté de pensée, de conscience et de religion... »

„Jeder hat das Recht auf Meinungsfreiheit und freie Meinungsäußerung; ..." (Art. 19)

« Tout individu a droit à la liberté d'opinion et d'expression... »

„Jeder (...) hat das Recht auf gleichen Lohn für gleiche Arbeit." (Art. 23, 2)

« Toute personne a droit (...) à un salaire égal pour un travail égal. »

In allen Teilen der Erde gibt es Tausende von Männern, Frauen und Kindern, deren Rechte missachtet oder mit Füßen getreten werden.

Partout dans le monde, les droits de milliers d'hommes, de femmes et d'enfants ne sont pas respectés ou sont gravement bafoués.

In Diktaturen gibt es keine Presse- und Meinungsfreiheit, und Menschen werden wegen ihrer politischen oder religiösen Ansichten verfolgt.

Dans les dictatures, la liberté d'expression et de la presse n'existe pas et les gens sont persécutés pour leur appartenance politique ou religieuse.

26. DIE RECHTE DER TIERE
LES DROITS DES ANIMAUX

das Tierheim (e)	*le refuge pour animaux*
der Tierliebhaber (-)	*l'ami des bêtes*
der Tierschutz (sg)	*la protection des animaux*
der Tierschutzverein (e)	*la société protectrice des animaux / la SPA*
der Tierschützer (-)	*le militant pour la protection des animaux*
die Grausamkeit gegenüber Tieren	*la cruauté envers les animaux*
die Tierquälerei	*la maltraitance des animaux*
die Bewegung für die Rechte der Tiere	*le mouvement pour les droits des animaux*
der Gegner (-) der Vivisektion	*le militant contre la vivisection*
das Tierprodukt (e)	*le produit d'origine animale*
der Tierversuch (e)	*l'expérimentation animale*
das Experiment (e)	*l'expérience*
ein Experiment / einen Versuch durch=führen	*faire une expérience*
Tierversuche durch=führen	*faire des expériences sur les animaux*
die Kosmetik (ka)	*les cosmétiques*
die industrielle Zucht (sg)	*l'élevage industriel*
die Industriefarm (en)	*la ferme industrielle*
das industriell gezüchtete Huhn (¨er)	*la poule de batterie*
der Käfig (e)	*la cage*
das Haustier (e)	*l'animal de compagnie*
einen Hund aus=setzen	*abandonner un chien*
eine Gans nudeln / stopfen	*gaver une oie*
das lebendige Kaninchen (-)	*le lapin vivant*
die Maus (¨e) / die Ratte (n)	*la souris / le rat*
der Pelzhandel (sg)	*le commerce de la fourrure*
der Seehund (e)	*le phoque*
das Abschlachten der Seehunde	*le massacre des phoques*
der Wal (e)	*la baleine*
der Primat (en, en) / der Menschenaffe (n, n)	*le primate*
die biomedizinische Forschung (en)	*la recherche biomédicale*
das Tierversuchslabor (e)	*le laboratoire d'expérimentations animales*
die Alternative zu den Tierversuchen	*l'alternative aux expérimentations animales*
das Verbot der Fuchsjagd	*l'interdiction de la chasse au renard*

Warum wollen wir unbedingt das Recht auf Leben, Freiheit und Schutz vor Folter auf die menschlichen Wesen beschränken?

Pourquoi voulons-nous à tout prix que le droit à la vie, à la liberté et à la protection contre la torture se limite aux humains ?

Offensichtlich gibt es Unterschiede zwischen Menschen und Tieren, aber das rechtfertigt nicht die Art und Weise, wie wir sie manchmal behandeln.

À l'évidence, il y a des différences entre les humains et les animaux, mais elles ne justifient pas la manière dont nous les traitons parfois.

Jedes Jahr werden in den USA vier Millionen Tiere, meist Nerze und Füchse, in Fallen gefangen und getötet, um dem Weltmarkt Pelze zu liefern.

Chaque année, 4 millions d'animaux, surtout des visons et des renards, sont piégés et tués aux tats-Unis, pour alimenter le marché mondial de la fourrure.

Jedes Jahr zur Seehundjagd ziehen mit Gewehren und Harpunen bewaffnete Jäger los, um Tausende von Seehundbabys zu töten.

Chaque année pendant la chasse aux phoques, des chasseurs armés de fusils et de harpons tuent des milliers de bébés phoques.

Ab 2012 werden Kälber und Säue nicht mehr in Einzelställen gehalten, die zu eng sind, als dass die Tiere sich umdrehen oder bewegen könnten.

D'ici 2012, les veaux et les truies ne seront plus enfermés dans des stalles individuelles trop étroites pour qu'ils puissent se tourner ou bouger un peu.

Manche Leute finden es unappetitlich, dass Gänse zur alleinigen Freude der Liebhaber von Gänseleberpastete genudelt werden.

Certains trouvent révoltant que les oies soient gavées pour le simple plaisir des mangeurs de foie gras.

Er versteht nicht, warum wir Tieren einen langsamen und schmerzvollen Tod zumuten, nur um die Sicherheit der Haushaltsprodukte zu testen.

Il ne voit pas pourquoi nous infligeons une mort lente et douloureuse à des animaux rien que pour tester la sécurité des produits de ménage.

Viele Tierversuche stehen im Zusammenhang mit pharmazeutischer oder medizinischer Forschung und können lebenswichtig für uns Menschen sein.

Beaucoup d'expériences sur les animaux sont liées à la recherche pharmaceutique et médicale et peuvent être vitales pour nous, les humains.

Studien an Mäusen für eine neue Impfbehandlung von Parkinson und ähnlichen Krankheiten zeigen vielversprechende Ergebnisse.

Des études font état de résultats prometteurs chez la souris dans le traitement par un vaccin de la maladie de Parkinson et d'autres maladies similaires.

Das richtige Maß zu finden zwischen dem Bedarf an Medikamenten und dem Schutz der Tiere ist ein komplexes ethisches Problem.

Satisfaire les besoins des hommes en médicaments et en même temps protéger les animaux est un problème éthique complexe.

27. DIE STERBEHILFE
L'EUTHANASIE

die Euthanasie / die Sterbehilfe	*l'euthanasie*
die passive Sterbehilfe	*l'euthanasie passive*
das Recht, in Würde zu sterben	*le droit de mourir dignement*
die medizinisch unterstützte Selbsttötung (en)	*le suicide médicalement assisté*
ein Arzt, der Sterbehilfe leistet	*un médecin qui pratique l'euthanasie*
der Befürworter (-) der Sterbehilfe	*le partisan de l'euthanasie*
der Gegner (-) der Sterbehilfe	*l'adversaire de l'euthanasie*
Sterbehilfe leisten	*pratiquer l'euthanasie*
die Palliativpflege (sg)	*les soins palliatifs*
dem Ende nahe sein / in der letzten Lebensphase sein	*être en phase terminale*
künstlich beatmet werden (u, o)	*être sous assistance respiratoire*
die künstliche Beatmung ab=stellen	*débrancher le respirateur*
künstlich am Leben halten (ie, a)	*maintenir en vie artificiellement*
das Leben unnötig verlängern	*prolonger la vie inutilement*
die Lebensverlängerung um jeden Preis	*l'acharnement thérapeutique*
die entwürdigende Behandlung (en)	*le traitement dégradant*
dem Leiden von jm ein Ende setzen	*abréger les souffrances de qqn*
das Leiden von jm erleichtern	*soulager les souffrances de qqn*
das Leben des Patienten beenden	*mettre fin à la vie du malade*
das Schmerzmittel (-)	*le calmant, l'analgésique*
das tödliche Mittel verabreichen	*administrer le médicament mortel*
friedlich sterben (a, o)	*mourir paisiblement*
einen schmerzlosen Tod sterben	*mourir sans souffrir*
die Entkriminalisierung	*la dépénalisation*
die Sterbehilfe legalisieren	*légaliser l'euthanasie*
das Leben ab=brechen (a, o)	*interrompre la vie*
eine unheilbare Krankheit	*une maladie incurable*
zwangsernährt werden (u, o)	*être alimenté de force*
eine Nahrungsinfusion beenden	*débrancher un tube d'alimentation*
die künstliche Ernährung ab=brechen (a, o)	*arrêter l'alimentation artificielle*
noch drei Monate zu leben haben	*avoir trois mois à vivre*
bettlägerig sein	*être grabataire*
im Koma liegen (a, e) / im dauerhaften Wachkoma liegen (a, e)	*être dans le coma / être dans l'état végétatif persistant*
klinisch tot sein	*être cliniquement mort*
das Recht, selbst zu entscheiden	*le droit de décider soi-même*

Über Sterbehilfe gibt es immer aufs Neue heiße Diskussionen.
La polémique fait rage régulièrement au sujet de l'euthanasie.

Sterbehilfe ist seit Jahrzehnten ein kontroverses Thema.
L'euthanasie est un sujet très controversé depuis des décennies.

Einige sagen, dass Euthanasie ein Freibrief zum Töten sei.
Certains disent que l'euthanasie est un permis de tuer.

Warum soll ein Mensch, der in einem tiefen, irreversiblen Koma liegt, künstlich am Leben gehalten werden?
Pourquoi maintenir en vie un malade qui est dans un coma profond irréversible ?

In Deutschland wird Sterbehilfe als unterlassene Hilfeleistung angesehen.
En Allemagne, l'euthanasie est considérée comme de la non assistance à personne en danger.

Die Sterbehilfe sollte als ziemlich verbreitete Praxis in vielen Ländern legalisiert werden.
On devrait légaliser l'euthanasie qui est pratiquée de longue date dans de nombreux pays.

Sollten wir uns dem Willen derer widersetzen, die zu Zeiten geistiger Klarheit, ihren Wunsch zu sterben klar ausgedrückt haben?
Doit-on s'opposer à la volonté de ceux qui ont exprimé clairement le souhait de mourir quand ils étaient sains d'esprit ?

Jemandem helfen, der keine Chancen auf gesundheitliche Besserung hat, ist menschlich, aber es können auch egoistische Motive eine Rolle spielen.
Vouloir aider quelqu'un qui n'a aucune chance de guérison est quelque chose de très humain, mais il peut y avoir aussi des motivations égoistes.

Wenn jemand unnötig unerträgliche Schmerzen erleidet, sollte es erlaubt sein, Medikamente zu geben, die den Tod herbeiführen.
Lorsque quelqu'un endure inutilement des souffrances atroces, on devrait avoir le droit de lui administrer des médicaments qui entraînent la mort.

Manchmal dürfte es besser sein, von Wiederbelebungsversuchen abzusehen.
Parfois, il vaudrait peut-être mieux ne pas essayer de réanimer les gens.

Manche Menschen, die in ihrer letzten Lebensphase sind, gehen in die Schweiz, um dort ihrem Leben ein Ende zu setzen.
Certains malades en phase terminale vont en Suisse pour mettre fin à leurs jours.

Sie geben sich selbst eine tödliche Dosis von Barbituraten und entschlafen, ohne zu leiden.
Ils s'administrent une dose mortelle de barbituriques et s'éteignent sans souffrir.

Es gibt auch Menschen, die einen Selbstmordversuch gemacht haben und später glücklich waren, dass man sie gerettet hat.
Il y a aussi des gens qui ont fait une tentative de suicide et qui ont été très heureux plus tard qu'on les ait sauvés.

28. DIE PRESSE
LA PRESSE

die vierte Gewalt (sg)	*le quatrième pouvoir*
die Zeitung (en)	*le journal*
die Morgen- / die Abendzeitung (en)	*le journal du matin / du soir*
die Lokalpresse / die bundesweite Presse (in Deutschland)	*la presse locale, la grande presse (en Allemagne)*
eine anspruchsvolle Zeitung	*un journal de qualité*
die Zeitung (en) mit hoher Auflage	*le journal à grand tirage*
die Skandal- / die Boulevardpresse	*la presse à scandale, à sensation*
das Massenblatt (¨er) / das Boulevardblatt	*le journal à sensation / le tabloïd*
die Tageszeitung (en)	*le quotidien*
die Wochenzeitung (en)	*l'hebdomadaire*
das Magazin (e) / die Zeitschrift (en)	*le magazine*
die Regenbogenpresse	*la presse people / du cœur*
die Skandalpresse	*la presse à scandale / à sensation*
die Fachzeitschrift (en)	*la revue spécialisée*
die Regionalzeitung (en) / die Regionalbeilage (n)	*le journal régional / le supplément régional*
der Zeitungsausschnitt (e)	*la coupure de journal*
der Zeitungsartikel (-)	*l'article de journal*
der Journalismus / der Journalist (en, en)	*le journalisme / le journaliste*
der Journalistenjargon	*le jargon journalistique*
die Pressekonferenz (en)	*la conférence de presse*
die Presseagentur (en)	*l'agence de presse*
die Sensationsgier (sg)	*le sensationnalisme*
die Schlagzeile (n)	*le gros titre, la manchette*
Schlagzeilen machen	*faire la une, faire les gros titres*
das Titelblatt (¨er)	*la première page*
in der Zeitung stehen (a, a)	*être dans le journal*
die Berichterstattung (en)	*la couverture médiatique*
der Medienrummel (-)	*le matraquage médiatique*
der Leitartikel (-) / das Editorial (s)	*l'éditorial*
der Chefredakteur (e)	*le rédacteur en chef*
der Herausgeber / heraus=geben (a, e)	*l'éditeur / éditer*
publizieren /veröffentlichen / drucken	*publier / imprimer*
der Leser (-) / die Leserschaft (en)	*le lecteur/ les lecteurs*
unabhängig / parteiisch / unparteiisch	*indépendant / partial / impartial*
die Pressefreiheit	*la liberté de la presse*

LES MOTS AU SERVICE DES IDÉES

Auch wenn Rundfunk und Fernsehen uns ständig auf dem neuesten Stand des Weltgeschehens halten, kaufen die Leute weiterhin jeden Tag Zeitungen.

Bien que la radio et la télévision nous informent de ce qui se passe dans le monde en temps réel, les gens continuent à acheter des journaux tous les jours.

Auch wenn die *Bild*-Zeitung keine anspruchsvolle Zeitung ist, ist sie mit einer Auflage von 3,5 Millionen die meistgekaufte Zeitung Deutschlands.

Bien que le Bild *ne soit pas un journal de qualité, c'est le quotidien allemand qui se vend le mieux avec de 3,5 millions d'exemplaires.*

Gute Schlagzeilen sind eine geschickte Art, die Leserschaft zu erhöhen.

Des titres accrocheurs sont une façon habile d'augmenter le nombre de lecteurs.

Die Rolle der Presse ist, die Menschen sachlich über das Weltgeschehen zu informieren, zur Meinungsbildung beizutragen und Kritik zu üben.

Le rôle de la presse est d'informer les gens objectivement de ce qui se passe dans le monde, de les aider à se forger une opinion et d'énoncer des critiques.

***Der Spiegel* hat oft politische oder Finanzskandale aufgedeckt.**

Le Spiegel *a souvent découvert et dénoncé des scandales politiques ou financiers.*

Die Boulevardpresse findet, dass es mehr einbringt, Gerüchte über bekannte Persönlichkeiten zu verbreiten oder Skandale zu enthüllen.

Les tabloïds pensent que cela rapporte plus de répandre des rumeurs concernant des personnalités connues ou de dévoiler des scandales.

Die Regenbogenpresse, ihre Paparazzi und die Gier des Publikums nach Sensationen haben 1997 mit zum Tod von Prinzessin Diana beigetragen.

La presse à scandales, les paparazzi et la soif de sensationnel chez le grand public ont leur part de responsabilité dans la mort de Lady Diana en 1997.

Die Journalisten werden wir nicht ändern. Sie werden immer ihre Nase überall reinstecken. Das ist ihr Job.

Les journalistes, on ne les changera pas. Il faut toujours qu'ils mettent leur nez partout. C'est leur job.

Die Macht der Presse ist groß genug, um über die Karriere so mancher Politiker oder Stars zu entscheiden.

La presse a un tel pouvoir qu'elle peut faire ou défaire la carrière d'un homme politique ou d'une star.

Die Pressefreiheit ist im Grundgesetz garantiert.

La liberté de la presse est garantie par la Loi fondamentale.

Trotz aller unvermeidlichen Exzesse ist es weit besser, in einem Land zu leben, wo die Presse nicht geknebelt wird.

Malgré les excès inévitables, il vaut beaucoup mieux vivre dans un pays où la presse n'est pas bâillonnée.

29. DIE SUCHE NACH GLÜCK
LA RECHERCHE DU BONHEUR

auf der Suche nach dem Glück sein	*être à la recherche du bonheur*
sein Glück suchen	*(re)chercher le bonheur*
die Suche nach dem Glück	*la quête du bonheur*
sein Glück versuchen	*tenter sa chance*
glücklich sein, jn glücklich machen	*être heureux, rendre qqn heureux*
zufrieden mit dem Leben / der Arbeit	*heureux dans la vie / au travail*
glücklich / zufrieden in seinem Leben	*satisfait de sa vie*
die Freude (n) / das Glück (sg)	*la joie / le bonheur*
Glück empfinden (a, u)	*sentir le bonheur*
die Lebensfreude / die gute Laune	*la joie de vivre / la bonne humeur*
gut gelaunt / fröhlich sein	*être de bonne humeur / gai, joyeux*
rundum glücklich sein	*nager dans le bonheur*
vor Freude außer sich sein	*être fou de joie*
voller Leben sein	*être plein de vie*
sich wohl fühlen	*éprouver un sentiment de bien-être*
von Natur aus optimistisch / pessimistisch sein	*être optimiste / pessimiste de nature*
der Optimist (en, en) / der Pessimist (en, en)	*l'optimiste / le pessimiste*
der Optimismus / der Pessimismus	*l'optimisme / le pessimisme*
die Dinge positiv sehen (a, e) / positiv denken (a, a)	*positiver*
eine positive Einstellung haben zu	*avoir une approche positive de*
die guten Seiten der Dinge sehen (a, e)	*voir le bon côté des choses*
die Dinge nehmen (a, o), wie sie kommen (a, o)	*prendre les choses comme elles viennent*
das Beste daraus machen	*faire contre mauvaise fortune bon cœur*
alles auf sich beziehen (o, o)	*tout ramener à soi*
die Dinge im richtigen Verhältnis sehen (a, e)	*relativiser les choses*
das Leben durch eine rosarote Brille sehen (a, e)	*voir la vie en rose*
alles schwarz sehen (a, e)	*avoir le moral à zéro, broyer du noir*
sich mies / schlecht fühlen	*ne pas avoir le moral*
den Kopf hoch halten (ie, a)	*garder le moral*
jn auf=muntern	*remonter le moral à qqn*
das ist gut für das Selbstwertgefühl	*c'est bon pour le moral*
das Leben in vollen Zügen genießen (o, o)	*croquer la vie à belles dents*

LES MOTS AU SERVICE DES IDÉES

Wie es in der amerikanischen Unabhängigkeitserklärung heißt, haben die Menschen gewisse Rechte, darunter das „auf Leben, Freiheit und die Suche des eigenen Glücks."

Comme cela est dit dans la Déclaration d'indépendance des États-Unis, les hommes ont certains droits, « parmi lesquels le droit à la vie, à la liberté et à la recherche du bonheur. »

Glück ist, was man daraus macht.

Le bonheur, c'est ce qu'on en fait.

Versuchen Sie immer eine positive Haltung zu haben, also das Glas halb voll und nicht halb leer zu sehen.

Essayez d'avoir toujours une attitude positive, c'est-à-dire de voir le verre à moitié plein plutôt qu'à moitié vide.

Wer gern lebt, lebt meist auch länger.

Celui qui est heureux de vivre a tendance à vivre plus vieux.

Viele Menschen wollen das Leben in vollen Zügen genießen, denn sie sagen sich, dass sie sich nach dem Tod ausruhen können.

Bien des gens veulent jouir pleinement de la vie, car ils se disent qu'ils auront toute la mort pour se reposer.

Trotz höherer Einkommen und besserer Gesundheit sind viele Deutsche heute nicht glücklicher als ihre Eltern oder Großeltern.

Malgré des revenus plus élevés et une meilleure santé, beaucoup d'Allemands ne sont aujourd'hui pas plus heureux que leurs parents ou leurs grands-parents.

Geld macht nicht glücklich, aber es beruhigt.

L'argent ne fait pas le bonheur, mais il rassure.

Glück hängt von Liebesbeziehungen, Zufriedenheit in der Arbeit, guter Gesundheit und harmonischen Beziehungen mit Freunden und Familie ab.

Le bonheur dépend des relations amoureuses, d'un travail gratifiant, d'une bonne santé et de liens solides avec les amis et la famille.

Wo und wie man lebt, hat einen großen Einfluss auf das Wohlbefinden.

L'endroit où l'on vit joue un rôle déterminant sur le sentiment de bien-être au même titre que le mode de vie.

In der Hektik unseres modernen Alltags vermissen viele den Sinn des Lebens, und die Therapeuten hatten nie so viel zu tun wie heute.

Dans la vie trépidante que nous menons aujourd'hui, bien des gens passent à côté du sens de la vie et les psys n'ont jamais eu autant de travail qu'aujourd'hui.

Die früheren Generationen dagegen mussten mit Kriegen und der Angst vor einem frühen Tod leben.

Les générations passées devaient quant à elles vivre avec des guerres et la peur d'une mort précoce.

Was auch passiert: Kopf hoch und lächeln. Leben und leben lassen.

Quoi qu'il advienne, restez optimiste et souriez. Vivre et laisser vivre.

30. KRIEG UND BÜRGERKRIEG
LA GUERRE ET LA GUERRE CIVILE

der Krieg (e) / der Bürgerkrieg	*la guerre, la guerre civile*
der Erste / Zweite Weltkrieg / der Kalte Krieg	*la première / seconde Guerre mondiale / la Guerre froide*
der Konfliktherd (e)	*le foyer de crise*
die Krise (n) / das Krisengebiet (e)	*la crise / la région en crise*
die Verteidigung (sg) / verteidigen	*la défense / défendre*
das Militär (sg) / die Miliz (en)	*le militaire / la milice*
kämpfen für / gegen	*lutter pour / contre*
den Feind bekämpfen	*combattre l'ennemi*
gewinnen (a, o) / verlieren (o, o)	*gagner / perdre*
die Bundeswehr	*l'armée fédérale allemande*
die kämpfende Truppe (n)	*les troupes (de combat)*
die Kampfkraft (¨e) / die Streitkräfte	*la force / les forces armées*
militärisch ein=greifen (i, i)	*intervenir militairement*
sich zurück=ziehen (o, o) / ein Rückzug	*se retirer / un retrait*
der Einsatz (¨e) / der Auslandseinsatz	*l'intervention / à l'étranger*
rüsten / die Rüstung (sg)	*s'armer / l'armement*
das Wettrüsten (sg)	*la course aux armements*
die Abschreckung (sg)	*la dissuasion*
der Kampf (¨e) / der Straßenkampf	*le combat / le combat de rue*
die Schlacht (en), der Feldzug (¨e)	*la bataille, la campagne*
die Waffe (n) / der Waffenstillstand	*l'arme / le cessez-le-feu, l'armistice*
die ABC-Waffen / die Atombombe (n)	*les armes atomiques, biologiques et chimiques / la bombe atomique*
die Rakete (n) / das Missile (s)	*la fusée / le missile, la roquette*
die Bodentruppen	*l'armée de terre*
das Kampfflugzeug (e)	*l'avion de chasse*
bombardieren	*bombarder*
Bomben ab=werfen (a, o)	*larguer des bombes*
der Angriff / an=greifen (i, i)	*l'attaque / attaquer*
der (Kriegs)Schauplatz (¨e)	*le théâtre des combats*
Opfer fordern	*faire des victimes*
die Falken / die Tauben	*les faucons / les colombes*
die UN-Friedenstruppen	*les troupes (de paix) de l'ONU*
die Blauhelme	*les casques bleus*
der Frieden	*la paix*
den Friedensvertrag ab=schließen (o, o)	*signer le traité de paix*
besetzen / die Besatzung	*occuper / l'occupation*

Das 20. Jahrhundert war das Jahrhundert der grausamsten Kriege.

Le XXème siècle fut le siècle des guerres les plus terribles.

Der Erste Weltkrieg war über lange Zeit ein sinnloser Stellungskrieg in den Gräben, der niemandem etwas gebracht hat.

La Première Guerre mondiale fut pendant une longue période une guerre de tranchées qui n'apporta rien à personne.

Der Zweite Weltkrieg hat fast 50 Millionen Menschen das Leben gekostet und viele Teile Europas in Schutt und Asche gelegt.

La Deuxième Guerre mondiale a coûté la vie à presque 50 millions de personnes et dévasté de grandes parties de l'Europe.

In den Kolonialkriegen kämpften die Völker um Unabhängigkeit und Freiheit.

Pendant les guerres coloniales, les peuples luttèrent pour leur indépendance et leur liberté.

Nach den tödlichen Angriffen auf öffentliche Institutionen und Selbstmordattentaten wurde dem Terrorismus der Krieg erklärt.

Après les attaques contres les institutions publiques et les attentats-suicides on a déclaré la guerre au terrorisme.

Auch in Irland gab es jahrelang einen blutigen Bürgerkrieg.

En Irlande aussi nous avons eu, pendant des années, une guerre civile sanglante.

Der Angriff auf die feindlichen Stellungen forderte auch in den eigenen Reihen viele Opfer.

L'attaque contre les positions de l'ennemi a fait beaucoup de victimes dans leurs propres rangs.

1990 hat die BRD bestätigt, auch im vereinten Deutschland auf die Produktion, Lagerung und Nutzung von ABC-Waffen zu verzichten.

En 1990, la RFA confirma le renoncement de l'Allemagne unie à la production, au stockage et à l'utilisation d'armes dites ABC (atomiques, bactériologiques et chimiques).

Erst nach der deutschen Wiedervereinigung hat die Regierung den Auslandseinsätzen der deutschen Bundeswehr zugestimmt.

Ce n'est qu'après la réunification que le gouvernement a donné son accord aux interventions de l'armée fédérale en dehors de ses frontières.

Der Kalte Krieg hat zu einem Wettrüsten der beiden Weltmächte geführt.

La Guerre froide a mené à une course aux armements des deux puissances mondiales.

Seitdem ersten Einsatz deutscher Streitkräfte im Ausland, 1992 in Kambodscha, haben sich viele Soldaten der Bundeswehr weltweit für Frieden und Stabilität eingesetzt.

Depuis la première intervention de troupes allemandes à l'étranger, en 1992 au Cambodge, beaucoup de soldats allemands ont contribué à la paix et à la stabilité dans le monde.

31. DER SCHUTZ DES PRIVATLEBENS
LA PROTECTION DE LA VIE PRIVÉE

der Tod des Privatlebens	*la mort de la vie privée*
die Intimität (sg)	*l'intimité*
die Vertrautheit (en)	*la familiarité*
vertraulich	*confidentiel*
in das Privatleben ein=dringen (a, u)	*s'immiscer dans la vie privée*
der Schnüffler (-)	*le fouineur*
jn aus=schnüffeln / jn aus=spionieren	*espionner qqn*
seine Nase in die Sachen anderer Leute stecken	*fourrer son nez dans les affaires des autres*
der Hacker (-)	*le pirate informatique*
das Cookie (s)	*le cookie, le mouchard électronique*
die Videoüberwachung (en)	*la vidéosurveillance*
die Überwachung (sg)	*la surveillance*
jn überwachen	*surveiller qqn*
die Überwachungskamera (s)	*la caméra de surveillance*
die Daten der Polizei zur Verfügung stellen	*mettre les informations à la disposition de la police*
eine E-Mail ab=fangen (i, a)	*intercepter un courriel*
die elektronische Post von jm überwachen	*surveiller les courriels de qqn*
Daten auf=bewahren	*conserver des informations*
dem Staat erweiterte Rechte zur Überwachung geben (a, e)	*donner à l'État des pouvoirs de surveillance renforcés*
das Sonderrecht (e)	*le pouvoir spécial*
die persönliche Freiheit (en)	*les libertés individuelles*
die persönliche Freiheit ein=schränken	*restreindre les libertés individuelles*
die Freiheit beschneiden (i, i)	*rogner les libertés*
das Privatleben anderer an=tasten	*empiéter sur la vie privée d'autrui*
das Abhören (des Telefons)	*les écoutes téléphoniques*
das Telefon von jm ab=hören	*placer qqn sur écoute téléphonique*
die Wanze (n)	*le micro caché dans une pièce*
verwanzen	*placer qqn sur table d'écoute*
sein Privatleben schützen	*protéger son intimité*
das Recht auf Privatleben	*le droit à la vie privée*
die geschützten Daten	*les données sécurisées*
das Datenschutzgesetz an=wenden	*appliquer la loi sur l'informatique et les libertés*
das Privatleben vor kommerziellem Missbrauch schützen	*protéger la vie privée des abus commerciaux*
nichts zu verbergen (a, o) haben	*n'avoir rien à cacher*

Das Recht auf ein geschütztes Privatleben ist zunehmend gefährdet.
Le droit à la protection de la vie privée est de plus en plus menacé.

Der Fortschritt bei den neuen Kommunikationsmitteln bedeutet auch erhöhte Möglichkeiten zur Überwachung und Kontrolle des Privatlebens.
Les progrès des nouveaux moyens de communication se soldent aussi par des possibilités accrues de surveillance et de contrôle de la vie privée.

Wenn das Recht auf Privatleben einmal angetastet ist, ist es schwer, das wieder rückgängig zu machen.
Une fois qu'on a attenté au droit à la vie privée, il est difficile de faire marche arrière.

Die Provider für Mobiltelefone und Internetanschlüsse müssen inzwischen die Daten aller privaten Anrufe und Mails ein Jahr lang aufbewahren.
Les opérateurs de téléphonie mobile et les fournisseurs d'accès à internet doivent désormais conserver toute information sur les appels et courriels personnels pendant un an.

Nicht alle Deutschen sind bereit, im Interesse der Bekämpfung des Terrorismus auf einige ihrer persönlichen Freiheiten zu verzichten.
Tous les Allemands ne sont pas prêts à renoncer à certaines de leurs libertés individuelles au nom de la lutte contre le terrorisme.

Der Kampf gegen den Terrorismus hat die Regierungen dazu gebracht, die Grenze zwischen nationaler Sicherheit und bürgerlichen Freiheiten neu zu überdenken.
La lutte contre le terrorisme a conduit les gouvernements à reconsidérer la frontière entre sécurité nationale et libertés individuelles.

Selbst wenn Sie sehr vorsichtig sind, sind Hacker in der Lage, Ihren persönlichen Code zu knacken und zu benutzen.
Même si vous faites très attention, des pirates informatiques sont susceptibles de découvrir votre code confidentiel et de l'utiliser.

Das Privatleben des Einzelnen schützen zu wollen, scheint in einem globalen Dorf mit Hunderten von Millionen Einwohnern etwas illusorisch.
Protéger la vie privée dans un village planétaire habité par des centaines de millions de personnes semble quelque peu illusoire.

Cookies sind ein Mittel, um die Verbraucher ohne deren Zustimmung zu beobachten.
Les cookies sont une manière d'observer les consommateurs sans leur consentement.

Einerseits ist es unbestreitbar, dass die Informatik zur Freiheit des Einzelnen beiträgt, andererseits ist sie eine permanente Bedrohung des Privatlebens und der persönlichen Freiheit.
D'un côté, il est indéniable que l'informatique contribue à la liberté de chacun, mais d'un autre côté, elle constitue une menace permanente pour la vie privée et les libertés individuelles.

32. DIE WIEDERVEREINIGUNG
LA RÉUNIFICATION

die deutsche Teilung	*la division allemande*
das geteilte, gespaltene Land	*le pays divisé, scindé*
der Kalte Krieg	*la Guerre froide*
die innerdeutsche Grenze	*la frontière intra-allemande*
der Schießbefehl an der Mauer	*l'ordre de tirer à la frontière du Mur*
die Wiedervereinigung	*la réunification*
die deutsche Einheit	*l'unité allemande*
die Wende	*le tournant (1989-1990)*
die Mauer / die Öffnung der Mauer	*le Mur / l'ouverture du Mur*
der Fall der Mauer / der Mauerfall	*la chute du Mur*
die Montagsdemonstrationen	*les manifestations du lundi (en 1989 à Leipzig)*
die Reisefreiheit	*la liberté de voyager*
die Grenze öffnen	*ouvrir la frontière*
der Ossi (s) / der Wessi (s)	*surnom de qqn de l'Est / de l'Ouest*
das Konsumbedürfnis (se)	*le besoin de consommer*
die veralteten Industrieanlagen	*les installations industrielles vétustes*
der Zwei-plus-Vier-Vertrag	*le traité des quatre alliés avec la RDA et la RFA en 1990*
der Einigungsvertrag	*le traité d'unification*
die neuen Bundesländer	*les nouveaux Länder (États fédérés)*
der Aufbau des Ostens	*la reconstruction de l'Est*
die Abwanderung in den Westen	*la migration vers l'Ouest*
die staatlichen Hilfeleistungen	*les aides de l'État*
die Förderpolitik (sg)	*la politique de subventions*
der Solidarpakt	*le Pacte de solidarité*
hohe Erwartungen haben	*nourrir de grandes attentes*
die fehlenden Arbeitsplätze	*le manque d'emplois*
der Verlust des Arbeitsplatzes	*la perte d'emploi*
frustriert / enttäuscht sein	*être frustré / déçu*
verschiedene Lebenserfahrungen	*des expériences de vie différentes*
die Arroganz der Westdeutschen	*l'arrogance des Allemands de l'Ouest*
die Frustration der Ostdeutschen	*la frustration des Allemands de l'Est*
die Infrastruktur (en) verbessern	*améliorer les infrastructures*
die Angleichung des Lebensstandards	*l'harmonisation des niveaux de vie*
sich an=passen	*s'adapter*
etwas nach=holen / auf=holen	*rattraper qqch*
der Verlust der Sicherheit	*la perte de la sécurité*

LES MOTS AU SERVICE DES IDÉES

Der Fall der Mauer war ein unerwartetes Ereignis, das als Symbol für das Ende des Kalten Krieges steht.

Événement inattendu, la chute du Mur symbolise la fin de la Guerre froide.

Mit der Vereinigung 1990 war die Teilung der deutschen Nation in zwei Staaten beendet.

La réunification en 1990 a mis fin à la division de la nation allemande en deux États.

Willy Brandt sagte nach dem Fall der Mauer den berühmten Satz: „Nun wächst zusammen, was zusammen gehört. "

Willy Brandt eut après la chute du Mur ce mot célèbre : „Désormais se rejoint ce qui doit faire un ensemble."

Die Montagsdemonstrationen in Leipzig haben zu einer friedlichen Revolution beigetragen.

Les « manifestations du lundi » à Leipzig ont contribué à une révolution pacifique.

Die Angleichung der Lebensbedingungen vollzieht sich langsamer als erwartet.

L'harmonisation des conditions de vie se fait plus lentement que prévu.

Heute spricht man von einer neuen deutschen Teilung, denn in zahlreichen Gegenden im Osten herrscht hohe Arbeitslosigkeit und soziales Elend, während andere Regionen aufblühen.

On parle aujourd'hui d'une nouvelle division allemande, car de nombreuses régions de l'Est souffrent d'un taux de chomâge élevé et de misère sociale, tandis que d'autres sont en plein essor.

Nach der Wiedervereinigung haben viele die neuen Konsummöglichkeiten genossen, dann aber ihre Arbeit verloren und sind nun hoch verschuldet.

Bien des gens ayant profité des nouvelles opportunités de consommation après la réunification ont perdu leur travail et sont maintenant très endettés.

Die Menschen im Osten Deutschlands hatten 1990 erstmals freie Wahlen.

En 1990, les Allemands de l'Est ont pour la première fois pu participer à des élections libres.

Die Akten der Stasi, der Staatssicherheit der DDR, wurden in einer Behörde zusammengeführt und der Öffentlichkeit zugänglich gemacht.

Les dossiers de la Stasi, la sécurité d'État de la RDA, furent rassemblés dans un service d'État et rendu accessibles au public.

Einige Leute – im Westen wie im Osten – haben eine Versorgungsmentalität.

Certains – à l'Ouest comme à l'Est – ont une mentalité d'assistés.

Nach dem Sturz des kommunistischen Regimes entdeckten viele die Vorteile des DDR-Staates – von Krippen bis zu billigen Wohnungen.

Après la chute du régime communiste, beaucoup découvrirent les avantages qu'offrait la RDA – depuis les crèches jusqu'aux appartements à loyers modérés.

33. DIE POLITISCHEN PARTEIEN
LES PARTIS POLITIQUES

das Parlament (e) / der Volksvertreter (-) der Abgeordnete (adj),	*le parlement / le député, l'élu*
die Wahl / die Wahlen	*l'élection / les élections*
der Bund / Bund(es)- / bundesweit	*la fédération / fédéral, national / au niveau national*
das Land / Land(es)- / landesweit	*le Land / du Land / au niveau du Land*
die Volkspartei (en) / Massenpartei	*le parti populaire / le grand parti*
die Splitterpartei	*le petit parti, le groupuscule*
die 5 %-Klausel / die 5 %-Hürde	*la clause des 5 % / la barre des 5 %*
das Parteiengesetz	*la loi sur les partis*
das Parteiverbot (e)	*l'interdiction d'un parti*
die Parteienfinanzierung (sg)	*le financement des partis*
der Parteienstaat (en)	*l'État contrôlé par les partis*
die Politik- / die Parteiverdrossenheit	*la désaffection de l'opinion publique*
die Hochburg (en)	*le fief*
eine Koalition bilden	*former une coalition*
der Protestwähler (-)	*l'électeur qui émet un vote protestataire*
die Wechselwähler (pl)	*l'électorat flottant*
das kleinere Übel wählen	*choisir le moindre mal / voter utile*
die Fraktion (en)	*le groupe parlementaire*
das Misstrauensvotum (ten)	*la motion de défiance*
die CDU / die Christdemokraten	*la CDU / les chrétiens-démocrates*
die Christlich-Soziale Union (CSU)	*l'Union chrétienne-sociale*
die SPD / die Sozialdemokraten	*le SPD / les sociaux-démocrates*
die FDP / die Freidemokraten / die Liberalen	*le FDP / les libéraux*
Bündnis 90/Die Grünen / die Grünen	*l'Alliance 90/les Verts / les Verts*
ein Realo / ein Fundi	*un réaliste / un fondamentaliste (chez les Verts)*
die SED / die PDS / die (Ex)Kommunisten	*le SED / le PDS / les (ex)-communistes*
die Linkspartei	*le parti de gauche*
Die Linke	*le parti « La Gauche »*
die NPD / die Deutschnationalen	*le Parti national-démocrate d'Allemagne*
die Deutsche Volksunion / die DVU	*l'Union du peuple allemand*
die Ampelkoalition	*la coalition SPD-FDP-les Verts*
die Jamaïkakoalition	*la coalition CDU-FDP-les Verts*

LES MOTS AU SERVICE DES IDÉES

Das deutsche Parteiensystem kannte auf Bundesebene bis 1980 die beiden Volksparteien CDU (mit der CSU) und SPD sowie die kleinere FDP.

Le système allemand des partis a connu jusqu'en 1980 au niveau national deux partis populaires, la CDU (avec la CSU) et le SPD, ainsi que le petit FDP.

Seit Jahrzehnten bilden die CSU, die es nur in Bayern gibt, und die CDU im Bundestag eine Fraktionsgemeinschaft.

Depuis des décennies, la CSU, qui n'existe qu'en Bavière, et la CDU, forment un groupe parlementaire commun au Parlement allemand.

Aufgrund der Fünf-Prozent-Sperrklausel können nur Parteien mit mindestens 5 % der Wählerstimmen im Bundestag vertreten sein.

À cause de la clause des 5 %, seuls les partis ayant obtenu au moins 5 % des voix peuvent être représentés au Parlement allemand.

Die Zahl der Wechselwähler ist in den letzten zwei Jahrzehnten gestiegen.

L'électorat flottant a augmenté au cours des deux dernières décennies.

Mit dem Auftreten der Grünen 1980 und der PDS nach der Vereinigung 1989/90 hat sich die Parteienlandschaft stark verändert.

Avec l'arrivée des Verts en 1980 et du PDS après la réunification de 1990, le système des partis a considérablement évolué.

Der Wahlerfolg der PDS in dem Ostberliner Wahlkreis war nicht erstaunlich. Er ist eine ihrer Hochburgen.

Le succès électoral du PDS dans la circonscription de Berlin-Est n'était pas étonnant. C'est l'un de ses fiefs.

Die WASG ist 2004 aus dem Protest gegen die Sozialpolitik der letzten rot-grünen Regierung entstanden.

La WSAG est née en 2004 de la protestation contre la politique sociale du dernier gouvernement de coalition entre le SPD et les Verts.

Die PDS schloss sich 2007 mit der WASG zur Partei Die Linke zusammen.

Le PDS a fusionné en 2007 avec la WASG pour devenir le parti « La Gauche ».

Die FDP erhält nur selten mehr als zehn Prozent der Stimmen, ist aber manchmal in Gefahr, an der Fünf-Prozent-Hürde zu scheitern.

Le FDP dépasse rarement 10 % des voix et reste parfois sous la barre des 5 %.

Die FDP hatte lange eine Schlüsselstellung: Sie entschied darüber, welche der beiden großen Parteien die Regierungsmacht übernehmen konnte.

Pendant longtemps, le FDP avait une position-clé : il décidait qui des deux grands partis pouvait accéder au gouvernement.

Mit 7,3 % schaffte die NPD 2006 den Einzug in den Schweriner Landtag.

Avec 7,3 % des voix, le NPD a réussi à entrer au Landtag de Schwerin en 2006.

Die rechtsextremen Parteien werden ständig vom Bundesamt für Verfassungsschutz überwacht.

Les partis d'extrême droite sont régulièrement surveillés par l'Office fédéral pour la protection de la Constitution.

34. DAS BILDUNGSSYSTEM
LE SYSTÈME ÉDUCATIF

das Schulsystem (e)	*le système éducatif*
die Schulpflicht	*la scolarité obligatoire*
ein schulpflichtiges Kind	*un enfant d'âge scolaire*
der Schulbesuch (von Kindern)	*la scolarisation des enfants*
die Alphabetisierungskampagne (n)	*la campagne d'alphabétisation*
lesen, schreiben und rechnen können	*savoir lire, écrire et compter*
der Analphabet (en, en) / das Analphabetentum / der Analphabetismus	*l'analphabète / l'illettrisme, l'analphabétisme*
die öffentliche Schule (n)	*l'école publique*
die Grundschule (n)	*l'école primaire (de 6 à 10 ans)*
die Hauptschule (n)	*l'école secondaire générale (de 10 à 15/16 ans)*
die Realschule (n)	*le collège d'enseignement général (de 10 à 16 ans)*
das Gymnasium (ien)	*le lycée (de 10 à 18 ans)*
die Gesamtschule (n)	*l'école générale intégrée (réunit les trois filières scolaires)*
eine Privatschule (n)	*une école privée*
die Lehre (n)	*l'apprentissage*
das duale System	*le système dual*
die Berufsschule (n) / die berufsbildende Schule	*l'école professionnelle, le lycée professionnel*
die Schule schwänzen / den Unterricht schwänzen	*sécher les cours*
das Hochschulwesen (sg)	*l'enseignement supérieur*
die Hochschulausbildung / das Studium	*les études supérieures*
die Universität (en) besuchen	*aller à l'université*
die Studiengebühr (en)	*les frais de scolarité (à l'université)*
das Stipendium (ien)	*la bourse*
das Studium / studieren	*les études / faire des études, étudier*
Computerkurse machen	*suivre des cours d'informatique*
Wissen erwerben (a, o)	*acquérir des connaissances*
eine Prüfung ab=legen / machen	*passer un examen*
eine Prüfung bestehen (a, a)	*réussir un examen*
der Zulassungswettbewerb (e)	*le concours d'entrée*
das Diplom (e) (in Betriebswirtschaft)	*le diplôme (d'économie)*
das Staatsexamen (-)	*l'examen d'État (juristes, médecins professeurs etc.)*
der (Hochschul/Schul) Abschluss (¨e)	*le diplôme*
das E-Learning / die Online-Schulung	*la formation en ligne*

Die Anzahl der Schulabgänger, die Lesen, Schreiben und Rechnen nicht beherrschen, erreicht heute alarmierende Ausmaße.

Le nombre d'élèves qui quittent le système scolaire sans maîtriser la lecture, l'écriture et le calcul atteint maintenant un niveau alarmant.

In Deutschland haben heute ungefähr 34 Prozent aller 20-Jährigen das Abitur.

Environ 34 % des jeunes Allemands de 20 ans ont aujourd'hui leur baccalauréat.

Es müsste viel mehr Geld für Bildung aufgewendet werden, damit es mehr Lehrer und kleinere Klassen gibt.

Il faudrait investir beaucoup plus d'argent dans l'éducation pour qu'il y ait plus de professeurs et des classes moins chargées.

Die Probleme der Disziplin und des Schulschwänzens zu lösen, gehört heute zu den Prioritäten der Schulpolitik.

Le traitement des problèmes de discipline et d'absentéisme dans les écoles compte parmi les priorités de l'éducation.

Eine ganze Anzahl von Familien zieht um, um in einem günstigeren Schulbezirk zu wohnen.

Un nombre non négligeable de familles déménagent pour habiter dans un secteur de recrutement scolaire plus favorable.

Viele junge Deutsche wählen heute als zweite Fremdsprache Spanisch anstatt Französisch, weil es angeblich leichter zu erlernen ist.

Beaucoup de jeunes Allemands optent aujourd'hui pour l'espagnol comme deuxième langue étrangère au lieu du français, parce qu'on dit qu'il est plus facile à apprendre.

Wieder einmal befürchten einige Kritiker das Absinken des Bildungsniveaus in Frankreich und Deutschland.

De nouveau, quelques observateurs craignent une baisse de niveau en France et en Allemagne.

Die Anforderungen an die jungen Studienanwärter werden sich in den nächsten Jahren weiter verändern. Mehr Sprach- und Informatikkenntnisse für alle Fächer sind gefragt.

Les exigences concernant les jeunes bacheliers et les étudiants vont continuer à évoluer ces prochaines années. Dans toutes les matières, on demande plus de connaissances en langues et en informatique.

Der Anteil an Schülern ausländischer Herkunft, die eine höhere Schulbildung haben, bleibt seit Jahren relativ niedrig.

Depuis des années, la proportion d'élèves d'origine étrangère qui réussissent leur scolarité dans le secondaire reste relativement faible.

Immer mehr Erwachsene versuchen über Weiterbildungseinrichtungen einen besseren Schulabschluss zu erreichen.

De plus en plus d'adultes essayent de décrocher de meilleurs diplômes grâce à des organismes de formation continue.

35. DIE RELIGION
LA RELIGION

der Gläubige (adj) / (tief) gläubig sein	*le croyant / être (très) croyant*
in die Kirche gehen (i, a)	*être pratiquant (chrétien)*
die religiösen Regeln befolgen	*pratiquer une religion*
der Glauben (-)	*la croyance religieuse*
die religiöse Sekte (n)	*la secte religieuse*
der Glaube (ns, n) / an Gott glauben	*la foi / croire en Dieu*
Christus / Jesus Christus	*le Christ / Jésus-Christ*
der Protestant (en, en) / der Protestantismus	*le protestant / le protestantisme*
der Katholik (en, en) / der Katholizismus	*le catholique / le catholicisme*
evangelisch / katholisch sein	*être protestant / catholique*
beten / sein Gebet sprechen (a, o)	*prier / dire ses prières*
die Kirche (n) / die Moschee (n)	*l'église/ la mosquée*
der (buddhistische) Tempel (-) / die (protestantische) Kirche (n)	*le temple*
die Synagoge (n)	*la synagogue*
der Atheismus / der Atheist (en, en)	*l'athéisme / l'athée*
das Christentum / der Christ (en, en)	*le christianisme/ le chrétien*
die Ehelosigkeit / das Zölibat	*le célibat*
der Islam / der Muslim (e)	*l'islam / le musulman*
die Pilgerfahrt (en) nach Mekka	*le pèlerinage à la Mecque*
der Fundamentalismus / der Fundamentalist (en)	*l'intégrisme / l'intégriste*
der Fanatismus / der Fanatiker (-)	*le fanatisme / le fanatique*
das (muslimische) Kopftuch	*le foulard islamique*
der Heilige Krieg / der Djihad	*le djihad*
der Hinduismus / der Buddhismus	*l'hindouisme / le bouddhisme*
das Judentum / der Jude (n, n), die Jüdin (nen)	*le judaïsme / le juif, la juive*
das Heilige Land	*la Terre sainte*
die orthodoxe Kirche	*l'Église orthodoxe*
die Bibel / der Koran / die Thora	*la Bible / le Coran / la Torah*
die religiöse Toleranz	*la tolérance religieuse*
die Religionsfreiheit	*la liberté de culte*
der weltliche Charakter / die Laizität	*la laïcité*
weltlich / laizistisch	*laïque*
die Trennung von Staat und Kirche	*la séparation de l'Église et de l'État*
der Religionsunterricht in Schulen	*les cours de religion à l'école*
die Kirchensteuer	*l'impôt ecclésiastique*

Das Christentum ist die Religion mit der größten Anhängerschaft in der Welt. Der Islam hat die am schnellsten zunehmende Anhängerschaft.
Le christianisme est la religion qui a le plus de fidèles dans le monde. L'islam est celle qui progresse le plus vite.

Weltweit rund 850 Millionen Menschen bezeichnen sich als laizistisch, nicht religiös, agnostisch oder atheistisch ausgerichtet.
Quelque 850 millions de personnes dans le monde se définissent comme laïques, non-croyantes, agnostiques ou athées.

Nicht nur in Frankreich nimmt die Zahl der regelmäßigen Kirchenbesucher ständig ab.
Le nombre de pratiquants qui vont à l'église ne cesse de baisser, et cela pas seulement en France.

Selbst manche strenge Katholiken finden, die Kirche müsse sich modernisieren.
Même certains catholiques purs et durs considèrent que l'Église devrait évoluer.

Die Stellungnahmen des Papstes zur Empfängnisverhütung tragen kaum dazu bei, das Ansehen der Kirche zu verbessern.
Les prises de position du Pape sur la contraception ne contribuent guère à redorer le blason de l'Église.

In Frankreich war der Priestermangel noch nie so groß wie heute.
La France n'a jamais autant manqué de prêtres qu'aujourd'hui.

Erklärt sich die Krise bei den Berufungen zur Priesterschaft daraus, dass Priester Ehelosigkeit und Keuschheit geloben müssen?
La crise des vocations peut-elle s'expliquer par le fait que les prêtres doivent faire vœu de célibat et de chasteté ?

Die katholische Kirche hat sich immer der Priesterordinierung von Frauen widersetzt.
L'Église catholique a toujours été opposée à l'ordination des femmes.

Nichts rechtfertigt Gewalt, weder im Namen Gottes noch im Namen Allahs.
Rien ne justifie la violence, que ce soit au nom de Dieu ou de celui d'Allah.

Die Religion sollte Achtung vor dem Leben haben und es nicht vernichten.
La religion devrait respecter la vie, pas la supprimer.

Tony Blair sagte, die Attentate vom 11. September „hatten nicht mehr mit dem wahren Islam zu tun als die Kreuzzüge mit dem wahren Christentum".
Tony Blair a dit que les attentats du 11 septembre « ne reflétaient pas plus le véritable islam que les croisades ne reflétaient le véritable christianisme. »

Religiöse Organisationen sind in unserer harten, gleichgültigen Welt oft die letzte Rettung für viele, die zu kurz gekommen sind.
Les organisations religieuses offrent à beaucoup de défavorisés une bouée de sauvetage dans un monde dur et indifférent.

36. DER ZUSTAND DES PLANETEN
L'ÉTAT DE LA PLANÈTE

der kranke Planet	*la planète malade, mal en point*
sich in traurigem Zustand befinden (a, u)	*être dans un piètre état*
Anzeichen von Verschlimmerung zeigen	*montrer des signes de détérioration*
gefährdet sein / in Gefahr sein	*être en danger*
die Zahlen sind beunruhigend	*les chiffres sont préoccupants*
die Störung der Ökosysteme	*la dégradation des écosystèmes*
der Rückgang der Biovielfalt	*le recul de la biodiversité*
das Ökosystem bedrohen	*menacer l'écosystème*
eine ernste Gefahr / eine ernste Bedrohung dar=stellen für	*présenter un risque sérieux / une menace sérieuse pour*
die Belastungsgrenze erreichen	*atteindre le point de rupture*
durch menschliche Aktivitäten bedroht sein	*être menacé par l'activité humaine*
die menschliche Gier	*la cupidité humaine*
die Ressourcen der Erde erschöpfen	*épuiser les ressources de la terre*
die Natur überlasten	*accabler la nature*
die globale Erderwärmung	*le réchauffement de la planète*
das Abschmelzen der Polkappen	*la fonte des calottes glaciaires*
die Meeresverschmutzung	*la pollution marine*
die Zerstörung der Korallenriffe	*la destruction des récifs coralliens*
der Rückgang des Fischbestands	*la diminution du cheptel piscicole*
die Überfischung	*la surpêche*
vom Aussterben bedroht sein	*être en voie d'extinction*
das verfügbare Trinkwasser wird knapp	*l'eau douce disponible se fait rare*
das Abholzen der Wälder	*la déforestation*
die Waldflächen schrumpfen schnell	*les forêts disparaissent rapidement*
die Verschmutzung durch Autoabgase	*la pollution automobile*
umweltzerstörenden Praktiken ein Ende setzen	*mettre un terme aux pratiques destructrices*
ein Ökosystem wieder her=stellen	*rétablir un écosystème*
der Tag der Erde	*la Journée de la terre*
der Umweltgipfel (-)	*le Sommet de la terre*
die Erde retten	*sauver la Terre*
ein neues Gleichgewicht mit der Natur finden (a, u)	*trouver un nouvel équilibre avec la nature*
eine umweltschonende Technologie benutzen	*utiliser une technologie qui respecte l'environnement*

LES MOTS AU SERVICE DES IDÉES

Wieso haben wir es so weit kommen lassen?

Comment avons-nous laissé les choses en arriver là ?

Schon seit fünfzig Jahren gibt uns die Erde Alarmzeichen.

Notre planète nous envoie des signaux de détresse depuis déjà cinquante ans.

Der Mensch hat zwei Drittel der natürlichen Abläufe zerstört, von denen das Leben auf der Erde abhängt.

L'homme a détruit les deux-tiers des processus naturels dont dépend la vie sur terre.

Der Mensch verschmutzt zuerst und zahlt dafür hinterher.

L'homme pollue d'abord et paie plus tard.

Unsere Gattung ist jetzt eine Bedrohung für die rund zehn Millionen anderen Arten auf der Erde – und für sich selbst.

Notre espèce est maintenant à elle seule un risque pour les quelque dix millions d'autres espèces de la planète et aussi pour elle-même.

Die zunehmende Verstädterung des Landes, die Bodenverschmutzung und der Wassermangel lassen für die Zukunft nichts Gutes erwarten.

Le recul des terres arables au profit de l'urbanisation, la pollution des sols et le manque d'eau ne laissent augurer rien de bon pour l'avenir.

Sümpfe, Wälder, Savannen und andere Lebensräume, die Luft, Wasser und nahrhafte Substanzen recyceln, haben irreparable Schäden.

Les marécages, forêts, savanes et autres habitats qui recyclent l'air, l'eau et les substances nutritives pour les êtres vivants sont irrémédiablement endommagés.

Die Landschaften wurden den Bedürfnissen von Landwirtschaft und Industrie entsprechend umgestaltet.

Les paysages ont été transformés pour répondre aux besoins de l'agriculture et de l'industrie.

Die Ressourcen unseres Planeten beginnen abzunehmen, was unser Wohlbefinden und letztlich unser Überleben gefährdet.

Les ressources de la planète commencent à diminuer, menaçant notre bien-être et, au final, notre survie.

Die Beschädigung der Ökosysteme zu beenden, könnte zur größten Herausforderung werden, vor der die Menschheit jemals gestanden hat.

Mettre un terme à la dégradation des écosystèmes de la planète pourrait s'avérer le plus grand défi auquel l'humanité ait jamais été confrontée.

Die Armen der Welt mit Energie zu versorgen, ohne die Erde noch weiter zu zerstören, ist die größte Herausforderung dieses Jahrhunderts.

Fournir de l'énergie aux pauvres sans continuer à détruire la planète est le plus grand défi de ce siècle.

Wir haben keine Wahl: Weitermachen wie bisher kommt nicht in Frage.

On n'a pas le choix : on ne peut plus continuer comme avant.

37. DAS UMWELTBEWUSSTSEIN
LA PRISE DE CONSCIENCE ÉCOLOGIQUE

das Umweltministerium (ien)	*le ministère de l'Environnement*
der Umweltminister (-)	*le ministre de l'environnement*
die Umweltpolitik (sg)	*la politique de l'environnement*
das Umweltmanagement	*la gestion de l'environnement*
der Umweltschutz	*la protection de l'environnement*
die Umwelt schützen / schonen	*protéger / préserver l'environnement*
der Naturschutz	*la préservation de la nature*
umweltbewusst sein	*être conscient des problèmes de l'environnement*
umweltfreundlich sein	*être bon pour l'environnement*
sich betroffen fühlen	*se sentir concerné, touché*
die Menschen für ein Problem sensibilisieren	*sensibiliser les gens à un problème*
die Öffentlichkeit mobilisieren	*mobiliser l'opinion publique*
eine Sensibilisierungskampagne (n)	*une campagne de sensibilisation*
die Umweltfrage (n)	*la question environnementale*
die Ökologie	*l'écologie*
ökologisch	*écologique*
der Umweltschützer (-)	*le défenseur de l'environnement / l'écologiste*
der Umweltschutzverband (¨e) / die Umweltinitiative (n)	*l'association de défense de l'environnement*
die Grünen	*les Verts*
ein Grüner werden (u, o)	*se convertir à l'écologie*
den Planeten wieder gesund machen	*guérir la planète*
eine ungeheure Aufgabe	*une tâche redoutable*
die Umwelt belasten	*nuire à l'environnement*
umweltschädlich / umweltbelastend sein	*être nuisible à l'environnement*
die Ressourcen der Natur an=greifen (i, i)	*puiser dans les ressources de la nature*
die Umweltauswirkungen	*l'impact sur l'environnement*
umweltfeindlich	*qui nuit à l'environnement*
das Verursacherprinzip	*le principe du pollueur-payeur*
Friends of the Earth / der WWF	*les Amis de la Terre / le WWF*
einen Protestmarsch veranstalten	*organiser une marche de protestation*
umweltfreundliche Produkte und Produktionsweisen fördern	*encourager des produits et des modes de production bons pour l'environnement*

LES MOTS AU SERVICE DES IDÉES

Die Umwelt schützen bedeutet, die menschliche Gattung zu retten.

Protéger l'environnement, c'est sauver l'espèce humaine.

Auch wenn uns militante Greenpeace-Vertreter mitunter wie Spinner vorkommen, müssen wir zugeben, dass sie uns für wichtige Probleme die Augen geöffnet haben.

Même si nous prenons parfois les militants de Greenpeace pour des illuminés, force est de reconnaître qu'ils nous ont ouvert les yeux sur des problèmes importants.

Wenn wir nicht vieles anders machen, stürzt die Welt in eine Katastrophe.

Si nous ne changeons pas notre façon de faire, le monde court au désastre.

Nur wenige bestreiten, dass wir unsere Lebensweise ändern müssen, aber sehr wenige Menschen tun etwas dazu.

Rares sont ceux qui contestent qu'il faut changer notre façon de vivre, mais très peu de gens agissent.

Für die große Mehrheit der Weltbevölkerung ist Umweltschutz weniger wichtig als Essen, ein Dach über dem Kopf und Arbeit.

Pour la grande majorité de la population mondiale, protéger l'environnement est moins important que de se nourrir, de se loger et d'avoir un travail.

In dem Maße wie der wirtschaftliche Reichtum der Welt zunimmt, verarmt ihre Umwelt.

À mesure que le monde s'enrichit sur le plan économique, son environnement s'appauvrit.

Umweltschädliche Projekte sollten systematisch aufgegeben werden.

Les projets nocifs pour l'environnement devraient être systématiquement abandonnés.

Durch effektivere Nutzung der Erdressourcen als bisher kann jeder einzelne weniger verbrauchen und weniger verschmutzen.

Mieux utiliser les ressources de la planète que nous ne l'avons fait jusqu'à présent permettra à chacun de consommer moins et de moins polluer.

Wenn wir Umweltschutz weltweit wollen, müssen wir alle unseren Beitrag liefern, als Gemeinschaft und jeder einzeln.

Si nous voulons protéger l'environnement à l'échelle mondiale, nous devons tous apporter notre contribution, collectivement aussi bien qu'individuellement.

Wenn wir uns um unsere Umwelt richtig kümmern, werden uns die Gaben der Natur weiter geschenkt.

Si nous prenons soin de notre environnement comme il se doit, nous continuerons à bénéficier des dons de la nature.

Machen wir uns ein für alle Mal klar, dass man mit der Natur nicht ewig umgehen kann wie man will!

Comprenons une fois pour toutes qu'on ne peut pas jouer indéfiniment avec la nature.

38. DIE GLOBALE ERDERWÄRMUNG
LE RÉCHAUFFEMENT DE LA PLANÈTE

der Klimawechsel (-)	*le changement climatique*
der Klimaforscher (-) / der Klimatologe (n, n)	*le climatologue*
die Erde erwärmt sich	*le monde se réchauffe*
der Planet erstickt	*la planète suffoque*
der abrupte Klimawandel	*le bouleversement climatique*
die Klimatendenzen ändern	*modifier les tendances climatiques*
die wetterbedingte Katastrophe (n)	*la catastrophe liée à la météo*
extreme Wetterbedingungen	*des conditions météo extrêmes*
das Katastrophenszenario (ien)	*le scénario catastrophe*
von menschlichen Aktivitäten verursacht sein	*être causé par l'activité humaine*
die Lage verschlimmern	*aggraver la situation*
verwüsten	*dévaster*
das Schrumpfen der Ozonschicht	*la diminution de la couche d'ozone*
das Treibhausgas (e)	*le gaz à effet de serre*
die Treibhausgasemission (en)	*l'émission de gaz à effet de serre*
Gase, die die Wärme zurück=halten (ie, a)	*des gaz qui retiennent la chaleur*
Kohlendioxid ab=geben (a, e)	*rejeter du gaz carbonique*
CO_2 absorbieren / auf=nehmen (a, o)	*absorber le gaz carbonique*
die Trockenheit (en)	*la sécheresse*
der Permafrost / die Polkappe (n)	*le permafrost / la calotte glaciaire*
das Abschmelzen der Gletscher	*la fonte des glaciers*
die Polareisschicht wird dünner	*la glace polaire s'amenuise*
die Schneedecke schrumpft	*la couche de neige diminue*
der Rückzug der Gletscher	*le recul des glaciers*
die Überflutung (en) der Küsten	*l'inondation des côtes*
das Ansteigen des Meeresspiegels	*l'augmentation du niveau de la mer*
die Hitzewelle (n)	*la vague de chaleur, la canicule*
das Kyoto-Protokoll	*le protocole de Kyoto*
das Verursacherprinzip an=wenden	*faire payer les pollueurs*
die eigene CO_2-Emission senken	*réduire ses émissions de CO_2*
nicht erneuerbare Energien	*des énergies non renouvelables*
die alternative Energiequelle (n)	*l'énergie de substitution*
CO_2 in der Meerestiefe speichern	*stocker le CO_2 dans les océans*
die Lage in den Griff bekommen (a, o)	*redresser la situation*

LES MOTS AU SERVICE DES IDÉES

Die Aussichten sind bedrohlich. Ein verändertes Erdklima könnte die Ökosysteme der ganzen Welt zerstören.

Les perspectives sont inquiétantes. Un changement climatique pourrait détruire les écosystèmes du monde entier.

Ein abrupter Klimawandel wäre eine Katastrophe für alle lebenden Arten der Welt.

Un changement brutal du climat serait désastreux pour toutes les espèces du monde.

Bis 2020 wird es doppelt so viele heiße Sommer geben. Die weltweiten Durchschnittstemperaturen dürften bis 2100 um 1,4 bis 6 Grad ansteigen.

Il y aura deux fois plus d'étés chauds d'ici 2020. La température moyenne de la planète risque fort d'augmenter de 1,4 à 6 degrés d'ici 2100.

Das Ozonloch über der Antarktis war noch nie so groß.

Le trou dans la couche d'ozone au dessus de l'Antarctique n'a jamais été aussi gros.

Die Eisflächen am Nordpol sind in 40 Jahren um 15 % geschrumpft.

La superficie des glaces du pôle Nord a diminué de 15 % en 40 ans.

Der Rückgang des Packeises wird sich in den kommenden 50 Jahren beschleunigen.

La diminution de la banquise va s'accélérer au cours des 50 prochaines années.

Viele ältere Leute werden aufgrund zu starker Hitze sterben.

Beaucoup de personnes âgées mourront en raison d'une trop forte chaleur.

Nur geringfügig über Meereshöhe liegende Gebiete drohen unbewohnbar zu werden.

Des régions proches du niveau de la mer risquent fort de devenir inhabitables.

Die steigenden Temperaturen könnten die Verbreitung der Malaria begünstigen.

Des températures en hausse pourraient favoriser la propagation du paludisme.

Die Wissenschaftler sind sich darin einig, dass die Erderwärmung unausweichlich ist.

Les scientifiques s'accordent à dire que le réchauffement de la planète est irréversible.

Die für diese Lage am wenigsten Verantwortlichen werden darunter am meisten leiden.

Ce sont ceux qui sont le moins responsables de la situation qui en pâtiront le plus.

Eine durchschnittliche deutsche Familie erzeugt jährlich 25 Tonnen CO_2.

La famille allemande moyenne produit environ 25 tonnes de CO_2 par an.

Der Gedanke, dass wir die Natur nicht ignorieren dürfen, setzt sich durch.

L'idée qu'on ne peut pas ignorer la nature commence à faire son chemin.

Die Lage würde besser, wenn sich die Verbrauchergewohnheiten änderten.

La situation s'améliorerait si les consommateurs changeaient leurs habitudes.

39. DIE WELTMEERE IN GEFAHR
LES OCÉANS EN DANGER

das Meer (e) / die See (n) / der Ozean (e)	*la mer / l'océan*
der Atlantische Ozean / der Atlantik	*l'océan Atlantique*
der Pazifische / Stille Ozean / der Pazifik	*l'océan Pacifique*
die Nordsee	*la mer du Nord*
der Ärmelkanal	*la Manche*
das Rote Meer	*la mer Rouge*
das Mittelmeer	*la Méditerranée*
das Südliche Eismeer	*l'océan Antarctique, austral*
das Nördliche Eismeer	*l'océan Arctique*
der Indische Ozean	*l'océan Indien*
das Küstengebiet (e)	*la zone côtière*
die Meeresverschmutzung	*la pollution marine*
die Meere verschmutzen	*polluer les mers*
die Tanks (der Schiffe) reinigen	*dégazer*
die Ölpest (sg)	*la marée noire*
der Öltanker (-) / der Supertanker	*le pétrolier / le pétrolier géant*
das Korallenriff (e)	*le récif corallien*
die Korallenbleiche	*le blanchissement du corail*
die Muschel (n)	*le coquillage*
die Alge (n)	*l'algue*
die Fischereiindustrie (n)	*l'industrie de la pêche*
die weltweiten Fischreserven	*les réserves mondiales de poisson*
den Fischbestand wieder auf=stocken	*reconstituer le cheptel piscicole*
der Rückgang der Fischbestände	*la diminution du cheptel piscicole*
sich reproduzieren	*se reproduire, frayer*
der Kabeljau (s)	*la morue*
der Thunfisch (e)	*le thon*
der Lachs (e) / der Salm (e)	*le saumon*
der Kohlfisch (e), der Seehecht (e)	*le colin, le merlu*
die Überfischung	*la surpêche*
das Fischerboot (e)	*le bateau de pêche*
der Fischtrawler (-) (Supertrawler)	*le chalutier (géant)*
die Meere leer fischen	*vider les mers à force de pêcher*
riesige Netze schleppen	*traîner d'immenses filets*
über den Meeresgrund schaben	*racler le fond des mers*
die hochmoderne Ausrüstung	*l'équipement sophistiqué*
das Fischfanggebiet (e)	*la zone de pêche*
den Fischfang untersagen	*fermer la pêche*

Betroffen sind wir alle. Die Zukunft der Menschheit hängt ganz und gar vom Zustand der Weltmeere ab.

Nous sommes tous concernés. L'avenir de l'humanité dépend totalement de l'état des océans.

Seit undenklichen Zeiten schien es außerhalb unserer Macht zu liegen, das Meer auch nur im Geringsten zu verändern; das ist heute nicht mehr so.

Pendant une éternité, changer la mer en quoi que ce soit a semblé hors de notre pouvoir ; ce n'est plus le cas maintenant.

Das Meer ist voller Öl, das aus Millionen von Schiffsmotoren stammt.

La mer est pleine de pétrole déversé par des millions de moteurs de bateau.

Das Meer ist ein Opfer der Erd- und Luftverschmutzung.

La mer est victime de la pollution terrestre et aérienne.

Der Mensch belastet das Weltmeer mit Millionen Tonnen von Festabfällen.

L'homme souille l'océan de millions de tonnes de déchets solides.

Vor fünfzig Jahren hätten Albatrosse niemals Zahnbürsten, Flaschenverschlüsse, Spielzeug oder andere auf dem Meer treibende Abfälle verschlungen, um zu überleben.

Il y a cinquante ans, les albatros n'auraient jamais ingurgité des brosses à dents, des capsules de bouteilles, des jouets et autres détritus flottants pour survivre.

Die Meere der ganzen Welt waren voller Fische. Wegen der Schleppnetze schrumpfen die Fischbestände heute erheblich.

Les mers du monde entier regorgeaient de poissons. Aujourd'hui, les filets dérivants des pêcheurs amenuisent considérablement le cheptel piscicole.

Die Kabeljaubestände in der Nordsee sind so niedrig, dass zwei oder drei Jahre unzureichende Fischbrut katastrophale Folgen haben könnten.

Les réserves de morue de la Mer du Nord sont si basses qu'un frai insuffisant pendant deux ou trois ans pourrait s'avérer désastreux.

Zu lange wurden die Appelle von Wissenschaftlern ignoriert, die die Einführung von Fangquoten verlangten.

Les appels des scientifiques pour que soient introduits des quotas de pêche ont été ignorés pendant trop longtemps.

Eine Radikallösung wäre, die Fischer dafür zu bezahlen, dass sie nicht fischen, während sich die Bestände erholen können.

Une solution radicale pourrait être de payer les pêcheurs pour qu'ils ne pêchent pas pendant que les réserves se reconstituent.

Die Korallenriffe sind bedroht durch Wasserverschmutzung, Bodenerosion, Düngemittel, Fischen mit Sprengstoff und unbedachtes Tauchen.

Les récifs coralliens sont menacés par la pollution de l'eau, l'érosion du sol, les engrais, la pêche à l'explosif et la plongée sous-marine irréfléchie.

40. DIE WASSERKRISE
LA CRISE DE L'EAU

das blaue Gold	*l'or bleu*
der Wasserbedarf (sg)	*les besoins en eau*
der Wassermangel / die Wasserknappheit	*la pénurie d'eau*
der Trinkwassermangel / die Trinkwasserknappheit	*le manque d'eau potable*
Durst haben / verdursten	*avoir soif / mourir de soif*
es fehlt an Wasser	*on manque d'eau*
der Wasserspiegel (-)	*le niveau hydrostatique*
die Grundwasserleiter (pl)	*les nappes phréatiques*
das Grundwasser (sg)	*la nappe phréatique*
das Meerwasser (sg)	*l'eau de mer*
das Süßwasser (sg)	*l'eau douce*
der (künstliche) See (n)	*le lac (artificiel)*
der Strom (¨e)	*le fleuve*
der Fluss (¨e)	*la rivière*
der Wasserlauf (¨e)	*le cours d'eau*
der Bach (¨e)	*le ruisseau*
die Feuchtzone (n)	*la zone humide*
der Sumpf (¨e)	*le marécage*
schrumpfen	*diminuer, rétrécir*
aus=trocknen	*s'assécher*
die Regenzeit (en)	*la saison des pluies*
das Regenwasser (-)	*l'eau de pluie*
die Trockenheit (en)	*la sécheresse*
die Überschwemmung (en)	*l'inondation*
die Bewässerung (sg)	*l'irrigation*
der Staudamm (¨e)	*le barrage*
einen Fluss stauen	*construire un barrage sur un fleuve*
Wasser speichern	*stocker de l'eau*
die (Meerwasser)Entsalzungsanlage (n)	*l'usine de dessalement (de l'eau de mer)*
entsalzen	*dessaler*
weniger vergeuden	*réduire le gaspillage*
Wasser recyceln	*recycler l'eau*
Regenwasser sammeln	*récupérer l'eau de pluie*
der Wasserkrieg	*la guerre de l'eau*
durch Wasser übertragene Krankheiten	*des maladies véhiculées par l'eau*
das Problem an=gehen (i, a)	*s'attaquer au problème*

LES MOTS AU SERVICE DES IDÉES

Die Erde ist zu zwei Dritteln mit Wasser bedeckt, aber 97 % davon bestehen aus ungenießbarem Meerwasser.

Les deux-tiers de la planète sont recouverts d'eau, mais 97 % de celle-ci est de l'eau de mer non potable.

Für die Menschen war Wasser immer eine Selbstverständlichkeit. Woher aber soll man das Wasser für eine ständig wachsende Weltbevölkerung nehmen?

Les gens ont toujours considéré l'eau comme un dû. Mais où trouvera-t-on l'eau pour satisfaire les besoins d'une population mondiale qui ne cesse de s'accroître ?

Der weltweite Wasserverbrauch soll sich in den nächsten 50 Jahren verdreifachen.

La consommation mondiale d'eau devrait tripler dans les 50 prochaines années.

Das Wasser ist ungleich verteilt. Manche Länder haben mehr, als sie brauchen, während es in anderen äußerst knapp ist.

La répartition de l'eau douce est inégale. Certains pays en ont plus qu'il ne leur en faut alors que d'autres en manquent cruellement.

Die traurige Wahrheit ist, dass es an vielen Stellen der Erde nicht genug Wasser gibt und dass es dort, wo es welches gibt, vergeudet, schlecht verwaltet und verschmutzt wird.

La cruelle vérité, c'est que dans beaucoup d'endroits du monde, il n'y a pas assez d'eau et que là où il y en a, elle est gaspillée, mal gérée et polluée.

Die Industrie ist es gewohnt, Wasser bedenkenlos zu verbrauchen.

L'industrie a l'habitude d'utiliser l'eau à tort et à travers.

Globale Erwärmung bedeutet in den kommenden Jahren Durst für viele.

Le réchauffement de la planète est synonyme de soif pour beaucoup dans les années à venir.

Das Wasser spielt eine zentrale Rolle in den Beziehungen Israels mit seinen Nachbarn und ist ein erhebliches Hindernis für den Frieden im Nahen Osten.

L'eau est au cœur des relations entre Israël et ses voisins et constitue un obstacle considérable à la paix au Proche-Orient.

Wasser steht im Mittelpunkt jedes Versuchs, die Armut zu beseitigen.

L'eau est au centre de toute tentative visant à éradiquer la pauvreté.

Meerwasserentsalzung wird immer beliebter in Ländern, wo der Wasserspiegel der Flüsse sinkt und die Süßwasserreserven schrumpfen.

Le dessalement de l'eau de mer est de plus en plus en vogue dans les pays où le niveau des rivières baisse et où les réserves d'eau douce s'amenuisent.

Wenn uns das Erdöl ausgeht, können wir alternative Energien benutzen. Wenn wir kein Trinkwasser mehr haben, gehen wir zugrunde.

Si nous sommes à court de pétrole, nous pouvons utiliser des énergies alternatives. Si nous n'avons plus d'eau potable, nous sommes condamnés.

41. DIE BEDROHTEN ARTEN
LES ESPÈCES EN DANGER

die Art (en)	*l'espèce*
bedroht sein	*être menacé*
aus=sterben (a, o)	*disparaître*
im Aussterben sein	*être en voie d'extinction*
vom Aussterben bedroht sein	*être menacé de disparition*
aus=rotten	*exterminer*
der Tiger (-)	*le tigre*
der bengalische / sibirische Tiger (-)	*le tigre du Bengale / de Sibérie*
das Tigerfell (e)	*la peau de tigre*
der Lebensraum des Tigers	*le territoire du tigre*
ein Reservat (e) für Tiger	*une réserve de tigres*
der Naturpark (s)	*la réserve naturelle*
der Zoo (s)	*le zoo*
der Elefant (en, en)	*l'éléphant*
der Stoßzahn (¨e) des Elefanten	*la défense d'éléphant*
das Elfenbein	*l'ivoire*
der Elfenbeinhandel (sg)	*le commerce de l'ivoire*
das Verbot des Elfenbeinhandels	*l'interdiction du commerce de l'ivoire*
der Bär (en, en)	*l'ours*
der Nerz (e)	*le vison*
die Seeschildkröte (n)	*la tortue de mer*
der Schildkrötenpanzer (-)	*la carapace de tortue*
das Rhinozeros (se) / das Nashorn (¨er)	*le rhinocéros*
das Horn des Rhinozeros	*la corne de rhinocéros*
das Flusspferd (e) / das Nilpferd	*l'hippopotame*
der Hai (e) / der Haifisch (e)	*le requin*
der Stör (e)	*l'esturgeon*
der Delphin (e)	*le dauphin*
der Meeresvogel (¨) / der Seevogel	*l'oiseau de mer*
der Koalabär (en, en)	*le koala*
der Riesenpanda (s)	*le panda géant*
der illegale Tierhandel (sg)	*le trafic d'animaux*
die Wilderei (sg) / wildern	*le braconnage / braconner*
der Wilderer (-)	*le braconnier*
jagen / der Jäger (-)	*chasser / le chasseur*
schmuggeln	*faire de la contrebande*
der Schmuggel / der Schmuggler (-)	*la contrebande / le contrebandier*
den illegalen Handel bekämpfen	*réprimer le commerce illégal*
der Tierschützer (-)	*le défenseur des droits des animaux*

Menschliche Gier bedroht die Existenz zahlreicher Arten.

La cupidité humaine menace l'existence de nombreuses espèces.

Einen Handel mit bedrohten Tier- und Pflanzenarten zu erlauben hieße, die afrikanische Flora und Fauna zu vernichten.

Permettre un commerce des espèces menacées anéantirait la faune et la flore africaines.

Der illegale Handel mit Tieren ist ein Wirtschaftszweig mit weltweit 15 Milliarden Dollar Umsatz im Jahr.

Le trafic d'animaux est une industrie mondiale de 15 milliards de dollars par an.

Man schätzt, dass in Brasilien jedes Jahr 38 Millionen Lebewesen – Schmetterlinge, Alligatoren, Panther oder Affen – eingefangen werden.

On estime que 38 millions d'animaux perdent leur liberté au Brésil chaque année, que ce soient des papillons, des alligators, des panthères ou des singes.

Nigeria, Senegal und die Elfenbeinküste wurden beschuldigt, am illegalen Elfenbeinhandel beteiligt zu sein.

Le Nigeria, le Sénégal et la Côte d'Ivoire ont été montrés du doigt, car ils alimenteraient le commerce illégal de l'ivoire.

Mit wachsender Bevölkerung sind viele Länder mit der Zerstörung von Biotopen und damit der Lebensgrundlage für einige Arten konfrontiert.

Avec l'évolution démographique, de nombreux pays sont confrontés à la destruction de biotopes, qui sont essentiels à la survie de certaines espèces.

Die Erde hat im 20. Jahrhundert über 90 % ihrer Population an Tigern verloren; rund 5000 sind noch übrig.

Le monde a perdu plus de 90 % de sa population de tigres au cours du XXe siècle ; il en reste environ 5 000.

Trotz eines Moratoriums zum kommerziellen Walfang werden jedes Jahr über 1000 Wale zu kommerziellen Zwecken getötet.

Malgré un moratoire sur la pêche commerciale de la baleine, plus de 1 000 d'entre elles sont tuées chaque année à des fins commerciales.

Die Wale und Delphine im Nordatlantik sind vom Aussterben bedroht, da sie mit Schiffen kollidieren und sich in Fischernetzen verfangen.

Les baleines et les dauphins de l'Atlantique nord sont menacés de disparition, car ils heurtent les navires et se prennent dans les filets de pêche.

Umweltschützer sagen, der Einsatz von Sprengstoff und Sonargeräten zum Aufspüren von Minen und U-Booten bedrohe die Meeresfauna.

Les défenseurs de l'environnement disent que l'usage d'explosifs et du sonar pour détecter les mines et les sous-marins menace les animaux marins.

Allein der Mensch kann dem schlimmsten Artensterben seit dem Verschwinden der Dinosaurier ein Ende setzen und für das Überleben zahlreicher Arten sorgen.

Seul l'homme peut mettre un terme à la pire vague d'extinction depuis la disparition des dinosaures et assurer la survie de nombreuses espèces.

42. DIE BEDROHTEN WÄLDER
LES FORÊTS EN DANGER

den Wald retten / schützen	*sauver, protéger la forêt*
der Regenwald im Amazonasgebiet	*la forêt équatoriale amazonienne*
der tropische Urwald (¨er)	*la forêt tropicale*
ein Nebelwald	*une forêt nuageuse*
der Lebensraum (¨e), das Biotop (e)	*l'habitat, le biotope*
die Biodiversität / die Biovielfalt	*la biodiversité*
das Ökosystem (e)	*l'écosystème*
die Fotosynthese (sg)	*la photosynthèse*
die Sequoie (n) / ein Mammutbaum	*le / un séquoia*
die Zeder (n) / die Platane (n)	*le cèdre / le platane*
die Kiefer (n) / die Pinie (n)	*le pin*
Mahagoni	*(de) l'acajou*
die Abholzung der Wälder / die Waldzerstörung	*la déforestation*
bedroht sein	*être menacé*
den Wald roden	*défricher, essarter la forêt*
der Waldbrand (¨e)	*l'incendie de forêt*
Bäume fällen / schlagen (u, a)	*abattre des arbres*
der Baumstumpf (¨e)	*la souche d'arbre*
das Fällen / Schlagen von Bäumen	*l'abattage des arbres*
der Baumstamm / das Rundholz	*le tronc / le rondin*
der Holzfäller (-)	*le bûcheron*
das Bauholz (¨er) / das Zimmerholz	*le bois de charpente*
das Feuerholz (¨er)	*le bois de chauffage*
der Bauholzlieferant (en, en)	*le fournisseur de bois de charpente*
eine Sägemühle / sägen	*une scierie / scier*
die Motorsäge (n)	*la tronçonneuse*
die Wiederaufforstung (sg)	*la reforestation*
das Aufforstungsprogramm (e)	*le programme de plantation d'arbres*
der Förster (-)	*le forestier*
der Waldarbeiter (-)	*l'ouvrier forestier*
die Bewirtschaftung des Waldes	*la gestion de la forêt*
die Forstwirtschaft (en)	*la sylviculture*
Bodenerosion verhindern	*empêcher l'érosion du sol*
die Erdrutschgefahr vermindern	*réduire le risque de glissement de terrain*
Kohlendioxid binden (a, u)	*absorber du gaz carbonique*
die Kohlenstoffsenke (n)	*le puits de carbone*
die „grüne Lunge" der Erde	*les poumons de la planète*

Zwei Drittel des weltweiten Waldbestandes sind unwiderruflich vernichtet und jedes Jahr verschwindet eine Fläche von der Größe Niedersachsens, Baden-Württembergs und Bayerns.

Les deuxtiers des forêts dans le monde ont définitivement disparu et une étendue de la superficie de la Basse-Saxe, du Brandebourg et de la Bavière disparaît chaque année.

Millionen Bäume werden jedes Jahr geschlagen, um zu Papierbrei und dann zu Papier verarbeitet zu werden.

Des millions d'arbres sont abattus chaque année pour être réduits en pâte à papier et transformés en papier.

Ecuador verliert seine Bäume schneller als jedes andere Land in Südamerika: 150 000 Hektar Urwald werden jedes Jahr geschlagen.

L'Équateur perd ses arbres plus vite que partout ailleurs en Amérique du Sud : 150 000 hectares de forêt vierge sont abattus tous les ans.

Fast 20 % der brasilianischen Amazonaswälder wurden gefällt, um Ackerflächen Platz zu machen.

Près de 20 % de la forêt amazonienne brésilienne ont été abattue pour faire place à des terres arables.

Falls sich die Waldzerstörung im derzeitigen Ausmaß fortsetzt, könnte der brasilianische Regenwald in weniger als 50 Jahren vollständig verschwunden sein.

Si la déforestation continue au rythme actuel, la forêt équatoriale brésilienne pourrait avoir disparu complètement dans moins de 50 ans.

Die Wälder des Amazonasbeckens könnten zur Kornkammer der Welt werden.

La forêt du bassin amazonien pourrait devenir le grenier à blé du monde.

Die wachsende Abhängigkeit der brasilianischen Landwirte von Soja droht den Regenwald zu zerstören.

Le fait que les fermiers brésiliens dépendent de plus en plus du soja menace de détruire la forêt équatoriale.

Das Schrumpfen der Amazonaswälder ist eine Katastrophe für die Biovielfalt und die weltweite Klimaentwicklung.

L'amenuisement de la forêt amazonienne est un désastre pour la biodiversité et pour l'évolution climatique de la planète.

Amazonien ist eine riesige Lunge, die 20 % des Sauerstoffs der Erde erzeugt und Lebensraum für 30 % aller Pflanzen- und Tierarten bietet.

L'Amazone est un vaste poumon qui produit 20 % de l'oxygène de la planète et abrite 30 % de toutes les espèces végétales et animales.

Die Wälder können als die Maschine gelten, mit der die Natur das Kohlendioxid recycelt. Das Problem ist, dass wir die Maschine verbrennen.

Les forêts peuvent être considérées comme la machine qu'utilise la nature pour recycler le gaz carbonique. Le problème, c'est que nous brûlons la machine.

43. DIE KATASTROPHEN
LES CATASTROPHES

die Naturkatastrophe (n)	*la catastrophe naturelle*
die Klimakatastrophe (n)	*la catastrophe climatique*
eine vom Menschen verursachte Katastrophe	*une catastrophe causée par l'homme*
die Flugzeugkatastrophe (n)	*la catastrophe aérienne*
die Flugzeugkollision (en)	*la collision en plein vol*
der Verkehrsunfall (¨e)	*l'accident de la route*
kollidieren / zusammen=stoßen (ie, o) mit	*entrer en collision avec*
entgleisen / die Entgleisung (en)	*dérailler / le déraillement*
der Schiffbruch (¨e)	*le naufrage*
sinken (a, u) / unter=gehen (i, a)	*couler, sombrer*
zum Katastrophengebiet erklärt	*déclaré zone sinistrée*
die Überschwemmung (en) / die Überflutung (en)	*l'inondation*
Hochwasser haben / führen	*être en crue*
über seine/ihre Ufer treten (a, e)	*sortir de son lit*
das Unwetter (-), der Sturm (¨e)	*le mauvais temps, la tempête*
der Orkan (e)	*l'ouragan*
(ein) starker Wind (e)	*un vent violent*
mit 160 Stundenkilometer wehen	*souffler à 160 km à l'heure*
der Tornado (s) / der Wirbelsturm (¨e)	*la tornade*
der Hurrikan (e) / der tropische Wirbelsturm (¨e)	*le cyclone*
der Taifun (e)	*le typhon*
der Monsun (e)	*la mousson*
die Trockenheit (sg)	*la sécheresse*
der Waldbrand (¨e)	*l'incendie de forêt*
die Hitzewelle (n) / die Kältewelle	*la canicule / la vague de froid*
der Vulkanausbruch (¨e)	*l'éruption volcanique*
der Erdrutsch (e)	*le glissement de terrain*
das Erdbeben (-)	*le tremblement de terre*
das Erdbeben von Stärke 7,8 auf der Richterskala	*le tremblement de terre de 7,8 sur l'échelle de Richter*
das Nachbeben (-)	*la réplique*
die Springflut (en) / der Tsunami (s)	*le raz-de-marée / le tsunami*
die Lawine (n)	*l'avalanche*
verwüsten	*dévaster*
obdachlos sein	*être sans abri*
den Gefahren / Risiken vor=beugen	*prévenir les risques*

Gegen die Launen der Natur können wir nicht viel tun.

On ne peut pas faire grand chose contre les caprices de la nature.

In weniger als zehn Jahren forderten Naturkatastrophen 880 000 Todesopfer.

En moins de dix ans, les catastrophes naturelles ont fait 880 000 victimes.

Rund zehn Millionen Menschen leben heute unter ständiger Bedrohung durch Küstenüberflutungen.

Une dizaine de millions de personnes sont aujourd'hui sous la menace permanente d'inondations côtières.

26. Dezember 2004: Die Welt sah ungläubig, wie riesige Killerwellen über die südasiatischen Küsten hereinbrachen.

26 décembre 2004: le monde a regardé avec incrédulité les vagues tueuses géantes déferler sur les côtes du sud de l'Asie.

Durch das Erdbeben wurden ganze Dörfer ausradiert.

Des villages entiers ont été rayés de la carte par le tremblement de terre.

Kalifornien lebt seit langem unter der Drohung eines „Supererdbebens".

La Californie est obsédée depuis longtemps par la menace d'un « méga-séisme ».

Japan liegt in einem gefährdeten Gebiet und hat darum erdbebensichere Gebäude errichtet.

Le Japon est dans une zone à risque et a construit en conséquence des immeubles capables de résister aux tremblements de terre.

Manche Wissenschaftler meinen, dass wir nach relativer Ruhe in den letzten 30 Jahren vielleicht in einen neuen Zyklus der Wirbelsturmaktivität eingetreten sind.

Certains scientifiques pensent que nous sommes peut-être entrés dans un nouveau cycle d'activité cyclonique après une accalmie relative ces 30 dernières années.

Hitzewellen töten geräuschlos – vor allem ältere Menschen, Kleinkinder und chronisch Kranke.

Les canicules, qui touchent surtout les personnes âgées, les enfants en bas âge ou les malades souffrant d'une affection chronique, tuent sans bruit.

Schon vor über zwanzig Jahren sagten Klimatologen voraus, die Häufigkeit der Klimakatastrophen werde zunehmen.

Il y a déjà plus de vingt ans, les climatologues prédisaient que les catastrophes climatiques seraient plus fréquentes.

Waldbrände werden durch den Platzbedarf des Menschen verursacht, durch Brandstiftung und die Notwendigkeit der Vegetation, zu brennen.

Les incendies de forêt sont dus au fait que l'homme occupe toujours plus d'espace, aux pyromanes et à la végétation qui a besoin de brûler.

Die Aktivität des Menschen verändert das natürliche Gleichgewicht der Erde.

L'activité de l'homme modifie l'équilibre naturel de la terre.

44. DIE ÜBERFLUTUNGEN
LES INONDATIONS

die Überflutung (en) / überfluten	*l'inondation / inonder*
die Überschwemmung (en) / überschwemmen	*l'inondation / inonder*
das Hochwasser (-)	*la crue*
der steigende Wasserstand (¨e)	*le niveau de l'eau qui monte*
eine angekündigte Tragödie	*une tragédie annoncée*
eine unausweichliche Katastrophe	*une catastrophe inévitable*
vor Überflutung geschützt sein	*être protégé contre une inondation*
schlecht auf eine Überflutung vorbereitet sein	*être mal équipé pour résister à une inondation*
ganze Landstriche verheeren	*dévaster des régions entières*
eine Stadt unter Wasser setzen	*inonder une ville*
die Straßen überfluten	*inonder les rues*
die Flutwelle wird den Deich ein=reißen (i, i) / erdrücken	*le raz-de-marée démolira / écrasera la digue*
die Stromversorgung lahm=legen	*paralyser le réseau électrique*
die Felder überschwemmen	*inonder les champs*
enorme Sachschäden an=richten	*causer d'énormes dégâts matériels*
unter dem Meeresspiegel gebaut	*bâti en dessous du niveau de la mer*
das Katastrophengebiet (e)	*la région sinistrée*
zahlreiche Todesopfer fordern	*faire de très nombreuses victimes*
vom Wasser davongetragen werden	*être emporté par l'eau*
im Haus gefangen sein	*être prisonnier dans sa maison*
plündern / die Plünderung (en) / der Plünderer (-)	*piller / le pillage / le pillard*
das Katastrophenmanagement	*la gestion d'une catastrophe*
das Ausmaß der Katastrophe falsch / richtig ein=schätzen	*mal / bien évaluer l'ampleur de la catastrophe*
die Verantwortung auf jn anders ab=wälzen	*rejeter la responsabilité sur qqn d'autre*
zu den eigenen Fehlern stehen (a, a)	*faire son mea culpa*
die Hilfsmaßnahme (n)	*le secours, l'aide*
der Rettungsarbeiter (-)	*le sauveteur*
eine Epidemie befürchten	*craindre une épidémie*
die Evakuierung der Stadt an=ordnen	*ordonner l'évacuation de la ville*
das Wasser ab=pumpen	*pomper l'eau*
die Folgen der Überflutung	*les conséquences de l'inondation*
nachhaltige wirtschaftliche Auswirkungen haben	*avoir des répercussions économiques durables*
Vorsorgemaßnahmen treffen (a, o)	*prendre des mesures de prévention*

LES MOTS AU SERVICE DES IDÉES

August 2002: im Flussgebiet der Elbe gab es eine riesige Überflutung.

Août 2002 : une énorme inondation a eu lieu dans le bassin de l'Elbe.

Die Jahrhundertflut stellte sich als die schlimmste Naturkatastrophe in der Geschichte der Bundesrepublik heraus.

Cette inondation du siècle s'est avérée être la plus grande catastrophe naturelle de l'histoire de la République fédérale.

Als der Druck des Hochwassers die Deiche brechen ließ, wurden zahlreiche Gemeinden und Städte, darunter Meißen und Dresden, überflutet.

Quand les digues ont cédé à la pression de la crue, de nombreuses communes et villes, parmi lesquelles Meissen et Dresde, ont été inondées.

In mehreren Städten erreichte der Fluss einen Pegelstand von sieben Metern, und in einigen Gemeinden musste der Strom abgeschaltet werden.

Dans plusieurs villes, le fleuve a atteint un niveau d'étiage de 7 mètres, et dans quelques communes on a dû couper l'électricité.

In Niedersachsen, Sachsen-Anhalt und Brandenburg kämpften die Bewohner und tausende freiwillige Helfer gegen die vernichtende Kraft der gewaltigen Wassermassen an.

En Basse-Saxe, en Saxe-Anhalt et dans le Brandebourg les habitants et des milliers de volontaires ont combattu la force destructrice des énormes masses d'eau.

Die Deutsche Bahn hatte 700 km zerstörte Gleise zu beklagen.

Les chemins de fer allemands ont déploré la destruction de 700 km de rails.

Um die 100 Helfer waren von den Fluten eingeschlossen und mussten aus der Luft gerettet werden. 20 Menschen kamen in den Fluten um.

Une centaine de secouristes ont été encerclés par la crue et ont dû être sauvés par voie aérienne. 20 personnes ont péri dans les flots.

Viele Familien verloren ihr ganzes Hab und Gut, Geschäfte ihren Bestand.

Beaucoup de familles ont perdu tous leurs biens et les commerces leurs réserves.

Die Zeit nach der Flutkatastrophe war noch schlimmer: die Menschen kehrten in ihre zerstörten Häuser zurück und begannen mit monatelangen Aufräumungsarbeiten.

Les temps qui ont suivi la catastrophe ont été encore plus difficiles : les gens sont rentrés dans leurs maisons dévastées et ont commencé les travaux de déblaiement, qui ont pris des mois.

Das Hochwasser hat Schäden in Höhe von mindestens 22,6 Milliarden Euro verursacht und einen großen Katastrophenschutz-Einsatz ausgelöst.

La crue a causé des dégâts s'élevant à au moins 22,6 millards d'euros – et a conduit à une intervention d'envergure par l'organisme de secours en cas de catastrophe.

Aber zur selben Zeit wurde auch in China für viele Gebiete der Notstand ausgerufen, und in Indien ging die Angst vor einer tödlichen Epidemie um.

Dans le même temps toutefois, la Chine a déclaré l'état d'urgence dans plusieurs régions, et l'Inde a redouté la survenue d'une épidémie mortelle.

45. DIE KUNSTSTOFFINVASION
L'INVASION DU PLASTIQUE

die Verschmutzung durch Kunststoff (e)	*la pollution due au plastique*
die Plastiktüte (n) / die Plastikflasche (n)	*la poche / la bouteille en plastique*
das Kunststoffkügelchen (-)	*la boulette de plastique*
der Plastiktütenhersteller (-)	*le producteur de sacs plastiques*
die Polyethylenindustrie (sg)	*l'industrie du polyéthylène*
die Kanalisation verstopfen	*boucher les égouts*
die Auswirkungen von Überflutungen verschlimmern	*aggraver les effets des inondations*
die Umwelt bedrohen	*être une menace pour l'environnement*
Verantwortungslosigkeit gegenüber der Umwelt	*l'irresponsabilité environnementale*
an der Wasseroberfläche treiben (i, i)	*dériver à la surface de l'eau*
auf den Straßen herum=liegen (a, e)	*joncher les rues*
in den Straßen herumgeweht werden (u, o)	*voltiger dans les rues*
in den Bäumen hängen (i, a)	*être accroché dans les arbres*
in den Bäumen flattern	*claquer au vent dans les arbres*
die Landschaft verschandeln	*défigurer le paysage*
den Blick verschandeln	*gâcher la vue*
die Sichtverschmutzung (sg)	*la pollution visuelle*
eine Tüte / Tasche weg=werfen (a, o)	*jeter une poche / un sac*
eine Tüte in den Müll werfen (a, o)	*mettre un sac à la poubelle*
die Lebensdauer einer Plastiktüte	*la durée de vie d'un sac en plastique*
nicht biologisch abbaubar	*qui n'est pas biodégradable*
Die Tüten zersetzen sich nicht.	*Les sacs ne se désagrègent pas.*
biologisch abbaubar sein	*être biodégradable*
eine zu 100 % biologisch abbaubare Tüte auf den Markt bringen (a, a)	*lancer un sac 100 % biodégradable*
die Plastiktütensteuer (n)	*la taxe sur les sacs en plastique*
den Kunden bezahlen lassen (i, a)	*faire payer à un client*
die wiederverwendbare Tüte (n)	*le sac réutilisable*
einen Anreiz zur Wiederverwendung der Tüten schaffen (u, a)	*inciter les gens à réutiliser des sacs*
einschneidende Maßnahmen treffen (a, o)	*prendre des mesures draconiennes*
den Gebrauch ein=schränken	*réduire l'utilisation*

LES MOTS AU SERVICE DES IDÉES

Die Plastiktüte ist zum Volksfeind Nummer eins geworden.
Le sac plastique est devenu l'ennemi public numéro un.

Seit sie in den 70er Jahren aufkam, wurde die Plastiktüte zu einem Teil unseres Alltags.
Depuis son apparition dans les années 70, le sac plastique fait partie intégrante de notre vie.

Die genaue Lebensdauer einer Plastiktüte ist unbekannt.
On ne connaît pas la durée de vie exacte d'un sac plastique.

Die Studie einer irischen Supermarktkette ergibt, dass Plastiktüten eine Lebensdauer von einer Million Jahren haben können.
Une étude menée par un supermarché irlandais a montré que la durée de vie d'un sac plastique pouvait être d'un million d'années.

In den meisten Haushalten sind Dutzende von Plastiktüten in eine Schublade gestopft.
La plupart des foyers ont des dizaines de sacs plastiques entassés dans un tiroir.

In China werden Plastiktüten „weiße Verschmutzung“ und in Irland „Hexenhöschen“ genannt.
En Chine, on appelle les sacs plastiques « la pollution blanche » et en Irlande, « des culottes de sorcières ».

Für Fauna und Flora können Plastiktüten eine tödliche Gefahr darstellen.
Les sacs plastique peuvent constituer un risque mortel pour la faune et la flore.

Durch Kunststoffe werden jedes Jahr zahllose Seevögel getötet.
Les matières synthétiques tuent chaque année un nombre incalculable d'oiseaux marins.

Meeresschildkröten verwechseln Plastiktüten mit wohlschmeckenden Quallen.
Les tortues de mer prennent les sacs plastiques pour de délicieuses méduses.

Plastiktüten machen weniger als ein Prozent der Deponieabfälle aus.
Les sacs plastique représentent moins de 1 % des détritus arrivant dans les déchetteries.

Die meisten Lebensmittel, die wir in Supermärkten kaufen, sind zu aufwendig verpackt.
La plupart des aliments que nous achetons dans les supermarchés est suremballée.

Die US-Amerikaner werfen stündlich drei Millionen Plastikflaschen weg.
Les Américains jettent 3 millions de bouteilles en plastique toutes les heures.

Regierungen der ganzen Welt haben sich dem Kampf für die Ausrottung der Plastiktüte angeschlossen.
Les gouvernements du monde entier se sont associés au combat pour l'éradication du sac plastique.

Plastiktüten sind nicht das schlimmste Umweltproblem in der Welt.
Les sacs plastiques ne sont pas le pire problème environnemental du monde.

46. VERGEUDUNG UND RECYCLING
GASPILLAGE ET RECYCLAGE

der Müll (sg) / der Abfall (¨e)	*les déchets, les ordures, les détritus*
der Hausmüll (sg) / die Hausabfälle	*les ordures ménagères*
die Essensabfälle	*les déchets alimentaires*
die Industrieabfälle	*les déchets industriels*
die Chemieabfälle	*les déchets chimiques*
der Giftmüll (sg)	*les déchets toxiques*
die nuklearen Abfälle	*les déchets nucléaires*
radioaktive Abfälle	*des déchets radioactifs*
organische Abfälle	*des déchets organiques*
der Müllschredder (-)	*le broyeur à ordures*
die Abfallverarbeitung (sg)	*le traitement des déchets*
das Abfallmanagement (sg)	*la gestion des déchets*
die Mülltrennung (sg)	*le tri sélectif des ordures*
der Müllbeutel (-)	*le sac poubelle*
die Müllentsorgung (sg) / die Müllabfuhr (sg)	*le traitement des ordures / le ramassage des ordures*
der Mülleimer (-)	*la poubelle*
die Mülltonne (n)	*la grande poubelle (pour la rue)*
der Müllmann (¨er) / der Müllfahrer (-)	*l'éboueur*
Müll / Abfälle deponieren	*déposer des ordures*
die Mülldeponie (n)	*la décharge publique*
eine wilde Müllkippe (n) / Müllhalde (n)	*une décharge sauvage*
der Papierkorb (¨e)	*la corbeille à papier*
etwas weg=werfen (a, o)	*jeter qqch.*
etwas vergeuden / verschwenden	*gaspiller qqch.*
die Wegwerfgesellschaft (sg)	*la société de gaspillage*
Energie verschwenden	*gaspiller l'énergie*
etwas wieder verwenden	*réutiliser qqch.*
das Recyclingbewusstsein wecken	*sensibiliser au recyclage*
die Recyclingindustrie (n)	*l'industrie du recyclage*
die Reststoffverwertungsanlage (n)	*l'usine de recyclage*
das Recyclingprogramm (e)	*le programme de recyclage*
Glas recyceln	*recycler du verre*
der Altglas- / Altpapiercontainer (-)	*le conteneur pour la collecte du verre usagé / du papier*
das Umweltschutzpapier (e)	*le papier recyclé*
der recycelbare Karton (s)	*le carton recyclable*

Die Briten werfen über 30 % der Lebensmittel weg, die sie kaufen. Dies stellt einen Wert von 13 bis 26 Milliarden Euro dar.

Les Britanniques jettent plus de 30 % de la nourriture qu'ils achètent. Ce qui représente une somme de 13 à 26 milliards d'euros.

Man hat errechnet, dass eine vierköpfige Familie in Österreich jedes Jahr zwei Tonnen Müll wegwirft, davon allein 0,6 Tonnen Lebensmittel.

On a calculé qu'en Autriche une famille de 4 personnes jette chaque année 2 tonnes d'ordures, dont 0,6 tonne de nourriture.

Ein paar Millionen Tonnen Lebensmittel landen jedes Jahr auf unseren Mülldeponien.

Quelques millions de tonnes de nourriture finissent chaque année sur nos sites d'enfouissement.

Fürs Abfallrecycling sind einige Industriestaaten auf Entwicklungsländer angewiesen.

Certains États industrialisés sont tributaires des pays en développement pour le recyclage de leurs déchets.

Jedes Jahr werden über sieben Millionen Tonnen Altpapier für Recyclingzwecke gesammelt.

On collecte chaque année plus de 7 millions de tonnes de papier usagé pour le recycler.

Jede Tonne Recycling-Zeitungspapier rettet zwölf Bäume.

Chaque tonne de papier journal recyclé permet de sauver douze arbres.

Die Vergeudung in Unternehmen ist fast unvorstellbar.

Le gaspillage dans les entreprises atteint des proportions quasiment inconcevables.

In tausenden Büros werden jedes Jahr Millionen Plastikbecher weggeworfen. Manche werden jetzt zu Kugelschreibern verarbeitet.

Dans des milliers de bureaux, les gens jettent tous les ans des millions de gobelets en plastique, dont certains sont maintenant transformés en crayons à bille.

Bei Recyclingprodukten ist zu bedenken, dass es nichts bringt, sie herzustellen, wenn die Leute sie nicht kaufen.

L'une des choses qu'il convient de prendre en compte concernant les produits recyclés, c'est qu'il ne sert à rien de les produire si les gens ne les achètent pas.

Millionen Handys werden jedes Jahr weggeworfen, obwohl dadurch giftige Abfälle in die Natur gelangen können.

Des millions de téléphones portables sont jetés chaque année, bien que cela puisse entraîner le rejet de déchets toxiques dans la nature.

Zur Sensibilisierung der Menschen für Recyclingfragen bietet sich insbesondere die Schule an, denn die Schüler geben die Informationen zu Hause weiter.

L'école est un lieu privilégié pour sensibiliser les gens au recyclage, car les élèves font passer le message à la maison.

47. DAS ERDÖL
LE PÉTROLE

das schwarze Gold	*l'or noir*
die Mineralöl- / die Ölindustrie (n)	*l'industrie pétrolière*
ein nicht erneuerbarer Energieträger	*une énergie non renouvelable*
das Rohöl / das Benzin	*le pétrole brut / l'essence*
das (leichte) Heizöl (sg)	*le fioul domestique*
der Diesel / Dieselkraftstoff (sg)	*le gazole*
das Barrel (-) Erdöl	*le baril de pétrole*
das Erdöl erzeugende Land (¨er)	*le pays producteur de pétrole*
das Erdöl verbrauchende Land (¨er)	*le pays consommateur de pétrole*
der Erdölproduzent (en)	*le pays producteur de pétrole*
der Erdölverbraucher (-)	*le pays consommateur de pétrole*
das Erdöl exportierende Land (¨er)	*le pays exportateur de pétrole*
das Erdöl importierende Land (¨er)	*le pays importateur de pétrole*
die OPEC-Staaten	*les pays de l'OPEP*
die Ölförderländer	*les pays producteurs de pétrole*
exportieren / aus=führen	*exporter*
importieren / ein=führen	*importer*
die (Mineral)Ölgesellschaft (en)	*la compagnie pétrolière*
das Ölbohrloch (¨er) / die Ölquelle (n)	*le puits de pétrole*
die Bohranlage (n)	*la plate-forme pétrolière*
das Bohren nach Erdöl / die Exploration (en)	*l'exploration pétrolière*
die Erdölreserven / Erdölressourcen	*les réserves / ressources pétrolières*
die Erdölraffinage / die Raffinerie (n)	*le raffinage du pétrole / la raffinerie*
unerschöpflich sein	*être inépuisable*
das Ölfeld (er)	*le champ pétrolifère*
die Pipeline (s)	*l'oléoduc*
das Erdölderivat (e)	*le dérivé du pétrole*
der Öltanker (-) / der Tanker	*le pétrolier (le navire)*
der Erdölschock (s) / die Ölkrise (n)	*le choc pétrolier / la crise pétrolière*
das Ölembargo (s)	*l'embargo sur le pétrole*
die Erdölknappheit	*la pénurie de pétrole*
Das Öl wird knapp.	*Il y a une pénurie de pétrole.*
das Ölfördermaximum	*le pic de production*
die Ölpreiserhöhung (en) / -steigerung (en)	*l'augmentation du prix du pétrole*
die Energierechnung (en)	*la facture énergétique*
vom Erdöl abhängig sein	*être dépendant du pétrole*
die Abhängigkeit vom Erdöl	*la dépendance du pétrole*
den Ölverbrauch senken	*réduire la consommation de pétrole*

Die Erdölressourcen sind begrenzt und werden irgendwann erschöpft sein.
Les ressources pétrolières sont limitées et seront un jour épuisées.

Die Ölreserven der Erde werden schneller erschöpft sein, als man annahm.
Les réserves de pétrole mondiales seront épuisées plus tôt qu'on ne le pensait.

Die weltweite Erdölproduktion wird bald nach 2010 sinken.
La production mondiale de pétrole déclinera peu après 2010.

Weltweit rund 80 % der Energie stammen aus Kohle-, Öl- und Gaskraftwerken.
Environ 80 % de l'énergie mondiale provient des centrales fonctionnant au charbon, au pétrole et au gaz.

Erdöl dient nicht nur als Kraftstoff. Es liefert uns über 6000 verschiedene Produkte wie Asphalt, Kunststoffe und Düngemittel.
Le pétrole n'est pas utilisé uniquement pour le carburant. Il nous fournit plus de 6 000 produits différents, tels que goudron, matières plastiques et engrais.

Der Preis pro Barrel Rohöl steigt immer weiter und manche Experten meinen, er könnte 120 Dollar erreichen.
Le prix d'un baril de brut ne cesse de grimper et certains experts pensent qu'il pourrait atteindre 120 dollars.

Die Ölkrise könnte andauern und die Preise scheinen nicht sinken zu wollen.
La crise pétrolière risque de durer et les prix ne sont pas près de baisser.

Die Rekordpreise für Öl sind eine echte Bedrohung für die Weltwirtschaft und beeinträchtigen das Realeinkommen der Haushalte.
Les prix records du pétrole sont une menace réelle pour l'économie mondiale et amputent les revenus des ménages.

Zu den menschlichen Aktivitäten, die zur Erderwärmung beitragen, zählt insbesondere das Verbrennen fossiler Energieträger.
Au rang des activités humaines contribuant au réchauffement de la planète figure notamment la combustion d'énergies fossiles.

Sowohl in ökologischer als auch ökonomischer Hinsicht wird es uns besser gehen, wenn wir Mittel finden, weniger Erdöl zu verbrauchen.
Aussi bien du point de vue écologique qu'économique, si nous trouvons des moyens de consommer moins de pétrole, l'humanité ne s'en trouvera que mieux.

Die Welt ist dem Erdöl ausgeliefert. Das Ende der billigen fossilen Energieträger wird das Ende einer Lebensweise bedeuten.
Le pétrole tient le monde à sa merci. La fin des énergies fossiles bon marché mettra un terme à tout un mode de vie.

Die Erschöpfung der Erdölressourcen könnte sich letztlich als ein Segen für die Menschheit erweisen.
Pour l'humanité, l'épuisement des ressources pétrolières pourrait s'avérer un mal pour un bien.

48. DIE AUTOABGASE
LA POLLUTION AUTOMOBILE

das Gas (e) / die Abgase	*le gaz / les gaz d'échappement*
die Giftwolke (n)	*le nuage toxique*
die Luftverschmutzung (sg)	*la pollution atmosphérique*
die Abgasbelastung (sg)	*la pollution automobile*
der Schadstoff (e)	*le polluant*
das Ozon / das Ozonloch	*l'ozone / le trou dans la couche d'ozone*
das Stickstoffmonoxid / das Stickstoffdioxid	*le monoxyde / le dioxyde d'azote*
das Schwefeldioxid	*le dioxyde de soufre*
das Kohlendioxid / CO_2	*le gaz carbonique*
der Smog	*le smog*
das Benzin	*l'essence*
der Diesel / der Dieselkraftstoff	*le gazole*
das bleifreie Benzin	*l'essence sans plomb*
das Flüssiggas / LPG	*le GPL*
der Kraftstoffverbrauch (sg)	*la consommation de carburant*
das Smog-Warnsystem (e)	*le système d'alerte anti-pollution*
die Luftqualität überwachen	*surveiller la qualité de l'air*
der Smogalarm	*l'alerte au smog*
das Smog-Alarmprogramm (e)	*le plan anti-pollution d'urgence*
die Smog-Alarmstufe 3	*le niveau 3 de pollution*
der Smog-Spitzenwert (e)	*le pic de pollution*
Rekordwerte für Luftverschmutzung	*des niveaux records de pollution*
die Atemwege reizen	*irriter les voies respiratoires*
Atemschwierigkeiten haben	*avoir des problèmes respiratoires*
smogbedingte Probleme	*des problèmes liés au smog*
das Asthma	*l'asthme*
atmen / nach Luft ringen (a, u)	*respirer / avoir du mal à respirer*
die Augen reizen	*irriter les yeux*
das Ethanol	*l'éthanol*
der Biokraftstoff (e)	*le biocarburant, le pétrole vert*
die Zuckerrübe (n)	*la betterave à sucre*
die Sonnenblume (n)	*le tournesol*
das sparsame Auto (s)	*la voiture qui consomme peu*
das schluckfreudige Auto (s)	*la voiture qui consomme beaucoup*
das Elektroauto (s)	*la voiture électrique*
das Hybridfahrzeug (e)	*la voiture hybride*
der Pkw mit Brennstoffzelle (n)	*la voiture à pile à combustible*
das Wasserstofffahrzeug (e)	*la voiture à hydrogène*

An windstillen Tagen ist Paris regelmäßig von einer gesundheitsschädlichen, gelbgrauen Wolke bedeckt.

Les jours où il n'y a pas de vent, Paris est régulièrement recouvert d'un linceul gris-jaune nuisible à la santé.

Um bei Smog-Spitzenwerten für bessere Luft zu sorgen, haben die Behörden keine andere Wahl, als Verkehrsbeschränkungen vorzuschreiben.

Pour assainir l'air lors des pics de pollution, les autorités n'ont d'autre choix que d'imposer des restrictions à la circulation.

Eine Lösung ist, die Autofahrer nur jeden zweiten Tag in die Innenstadt fahren zu lassen.

Une solution consiste à n'autoriser l'accès au centre-ville aux automobilistes qu'un jour sur deux.

Irgendwann wird der Verkehr in den Stadtzentren ganz verboten werden müssen.

Le jour viendra où il faudra interdire complètement la circulation dans le centre des villes.

Hybridfahrzeuge – die sowohl mit Benzin als auch elektrisch fahren – beginnen, sich durchzusetzen.

Les voitures hybrides, qui roulent à la fois à l'essence et à l'électricité, commencent à s'imposer.

Brennstoffzellenfahrzeuge – die weithin als die Autos der Zukunft gelten – werden frühestens in zehn Jahren verfügbar sein.

Les voitures à piles à combustible, considérées un peu partout comme les voitures de demain, ne seront pas au point avant au moins dix ans.

Um mit herkömmlichen Benzinfahrzeugen konkurrieren zu können, müssen Brennstoffzellenfahrzeuge erst viel preiswerter werden.

Si elles veulent concurrencer les voitures à essence traditionnelles, les voitures à piles à combustible devront être beaucoup moins chères.

Ein gut ausgebautes öffentliches Verkehrssystem und Fahrgemeinschaften können erheblich dazu beitragen, die Abgasbelastung in den Städten zu verringern.

Des transports en commun plus efficaces et le covoiturage peuvent contribuer à réduire sérieusement la pollution automobile dans les villes.

Sollte man vielleicht jedes Mal die öffentlichen Verkehrsmittel gratis benutzen können, wenn die Luft wirklich nicht mehr zu atmen ist?

Pourquoi ne pas instaurer systématiquement la gratuité des transports en commun quand l'air devient vraiment irrespirable ?

Wenn wir nicht irgendwann ersticken wollen, müssen wir vermutlich auf alle Autofahrten verzichten, die nicht unerlässlich sind.

Si nous ne voulons pas périr d'asphyxie à l'avenir, il nous faudra probablement renoncer à tous les voyages en voiture qui ne sont pas indispensables.

49. DIE ERNEUERBAREN ENERGIEN
LES ÉNERGIES RENOUVELABLES

die alternative Energie (n)	*l'énergie de substitution, alternative*
erneuerbare / regenerative / nachwachsende Energien	*des énergies renouvelables*
das Energieproblem an=gehen (i, a)	*relever le défi énergétique*
der wachsende Energiebedarf (sg)	*le besoin énergétique croissant*
das nachhaltigere Energiesystem (e)	*le système énergétique plus durable*
der Energieverbrauch (sg)	*la consommation d'énergie*
die Energieproduktion (sg)	*la production d'énergie*
die Energieversorgung (sg)	*les approvisionnements en énergie*
die Energienachfrage (sg)	*la demande d'énergie*
Energie erzeugen	*produire de l'énergie*
Energie verbrauchen	*consommer de l'énergie*
Elektrizität erzeugen	*produire de l'énergie*
Energie speichern	*stocker de l'énergie*
mit Energie versorgen / Energie liefern	*fournir de l'énergie*
die Energie nutzen	*exploiter de l'énergie*
Energie um=wandeln	*transformer l'énergie*
Energie verschwenden / sparen	*gaspiller / économiser l'énergie*
die Energiekrise (n)	*la crise de l'énergie*
die Energieeinsparung (en)	*les économies d'énergie*
Energie ein=sparen	*faire des économies d'énergie*
die Post-Oil-Gesellschaft (en)	*l'après-pétrole*
die Windenergie / das Windrad (¨er)	*l'énergie éolienne / l'éolienne*
die Windkraftanlage (n) / der Windpark (s)	*la ferme éolienne*
die Turbine (n)	*la turbine*
die Elektrizität aus Wasserkraft	*l'hydroélectricité*
der Staudamm (¨e)	*le barrage*
der Wasserstoff (e)	*l'hydrogène*
die Solarenergie / die Sonnenenergie	*l'énergie solaire*
die Sonnenwärme	*la chaleur du soleil*
der Sonnenkollektor (en)	*le panneau solaire, capteur solaire*
die Bioenergie	*la bioénergie*
das Biogas	*le biogaz*
Biomasse verbrennen (a, a)	*brûler la biomasse*
die Geothermie	*la géothermie*
die Erdwärme	*la chaleur provenant de la terre*
die heiße Quelle (n)	*la source chaude*
die Gezeitenenergie	*l'énergie marée-motrice*

LES MOTS AU SERVICE DES IDÉES

Erdöl, Gas, Kohle und Kernkraft sind nicht die einzigen Energien.

Il existe d'autres énergies que le pétrole, le gaz naturel, le charbon et le nucléaire.

Der saubere, leistungsfähige Wasserstoff ist eine viel gepriesene Alternativenergie.

Propre et performant, l'hydrogène est une énergie de substitution dont on vante beaucoup les mérites.

Bis 2050 wird sich der weltweite Energiebedarf verdoppeln.

D'ici 2050, les besoins énergétiques de la planète seront multipliés par deux.

Wir stehen vor der immensen Aufgabe, die wachsende Energienachfrage zu befriedigen, ohne die Umwelt zu schädigen.

Nous avons une mission considérable à accomplir, à savoir répondre à la demande croissante d'énergie sans détériorer l'environnement.

Die Welt braucht eine Energie, die schadstoffarm ist und wenig Kohlendioxidemissionen verursacht.

Le monde a besoin d'une énergie peu polluante et rejetant peu de gaz carbonique.

Die europäischen Staaten wenden sich mehr und mehr der Windenergie zu, deren Rentabilität und Nachhaltigkeit sind jedoch noch nicht gesichert.

Les pays européens se tournent de plus en plus vers l'énergie éolienne, mais l'on s'interroge encore sur sa rentabilité et sa durabilité.

Manche klagen darüber, dass Windkraftanlagen sehr hässlich seien.

Certains se plaignent de ce que les éoliennes sont très laides.

Die Sonnenenergie ist kostenlos, erneuerbar und geräuschlos, in Gegenden, die häufig bewölkt sind, jedoch nur begrenzt nutzbar.

L'énergie solaire est gratuite, renouvelable et silencieuse, mais d'un usage limité dans les régions nuageuses.

Solarzellen sind eine der wenigen Technologien, die eine regenerative Energie nutzen und sich in die Stadtlandschaft einfügen.

Les cellules photovoltaïques sont l'une des rares technologies s'appuyant sur une source d'énergie renouvelable à pouvoir s'intégrer dans le paysage urbain.

Die Geothermie ist die aus dem Erdinneren stammende Wärme. In Island werden damit die meisten Gebäude geheizt.

La géothermie provient de la chaleur du noyau terrestre. En Islande, la plupart des bâtiments sont chauffés par cette énergie.

Schon immer träumte der Mensch davon, die Gezeiten und Ströme der Weltmeere zur Energieerzeugung für die Erde zu nutzen.

L'homme a toujours rêvé d'exploiter les marées et les courants des océans pour fournir de l'énergie à la planète.

Beim Verbrauch fossiler Energien kommen die Dinge endlich in Bewegung.

Les choses commencent à changer pour ce qui est de la consommation d'énergies fossiles.

50. DIE ATOMENERGIE
L'ÉNERGIE NUCLÉAIRE

die Atom- / Nuklearphysik	*la physique nucléaire*
die Kernfusion (en) / die -fission (en)	*la fusion / la fission nucléaire*
der Kernreaktor (en) / Atomreaktor	*le réacteur nucléaire*
der Atomtest (s)	*l'essai nucléaire*
das Atomtestgebiet (e)	*la zone d'essais nucléaires*
der Atombunker (-)	*l'abri atomique*
die Atombombe (n)	*la bombe atomique*
die Atomwaffe (n)	*l'arme nucléaire*
die atomare Abschreckung (sg)	*la dissuasion nucléaire*
die atomare Abrüstung (sg)	*le désarmement nucléaire*
der Atommüll / die radioaktiven Abfälle	*les déchets nucléaires / radioactifs*
eine radioaktive Wolke frei=setzen	*libérer un nuage radioactif*
der radioaktive Fallout	*les retombées radioactives*
verstrahlt werden (u, o)	*être irradié*
die Kernenergie / die Atomenergie	*l'énergie nucléaire*
der Teilchenbeschleuniger (-)	*l'accélérateur de particules*
der schnelle Brüter (-)	*le surgénérateur*
der Riss in einem Kernreaktor	*la fissure dans un réacteur nucléaire*
das Kernkraftwerk (e)	*la centrale nucléaire*
die Atommülllagerung (-lagerstätte)	*le dépôt des déchets nucléaires*
ein Kernkraftwerk betreiben (ie, ie)	*faire fonctionner une centrale*
die atomwaffenfreie Zone (n)	*la zone dénucléarisée*
das Plutonium	*le plutonium*
das (angereicherte) Uran	*l'uranium (enrichi)*
die Wiederaufbereitungsanlage (n) für Nuklearabfälle	*l'usine de retraitement des déchets nucléaires*
der Kernbrennstoff (e) /	*le combustible nucléaire*
der Brennstab (¨e)	*la barre d'uranium*
die Kernkraftkapazitäten eines Landes	*la capacité nucléaire d'un pays*
Elektrizität erzeugen	*produire de l'électricité*
die Stromerzeugung	*la production d'électricité*
die Energiekosten senken	*réduire le coût de l'énergie*
den Energiebedarf decken	*satisfaire les besoins énergétiques*
sich auf Kernenergie um=stellen	*se convertir au nucléaire*
auf Kernenergie verzichten	*renoncer au nucléaire*
die Beseitigung der radioaktiven Abfälle	*l'élimination des déchets radioactifs*
der Atomkraftgegner	*le militant antinucléaire*

Die Kernkraft wurde 25 Jahre lang als die für den Menschen gefährlichste Energie heftig kritisiert, inzwischen ist sie wieder auf dem Vormarsch.

Considéré comme la source d'énergie la plus dangereuse pour l'homme, le nucléaire a été vilipendé pendant 25 ans, mais il regagne à présent du terrain.

Manche möchten, dass Frankreich noch stärker auf Kernkraft setzt.

Certains souhaiteraient que la France mise encore plus sur l'énergie nucléaire.

Die Verfechter der Kernkraft sagen, dies sei heute die einzige konkrete Möglichkeit, etwas gegen den Klimawandel zu tun.

Les partisans du nucléaire disent que c'est aujourd'hui la seule façon concrète de lutter contre les changements climatiques.

Weltweit rund 17 % der Elektrizität stammen aus Kernkraftwerken.

Les centrales nucléaires fournissent environ 17 % de l'électricité mondiale.

Angesichts der globalen Stromnachfrage, die in die Höhe schnellen dürfte, ist Kernkraft nicht nur eine Alternative, sondern überlebensnotwendig.

Avec la demande mondiale en électricité qui devrait augmenter en flèche, le nucléaire n'est plus seulement une alternative mais une nécessité pour survivre.

Auch bei der Erzeugung von Kernenergie wird CO_2 freigesetzt, jedoch deutlich weniger als bei der Verbrennung fossiler Brennstoffe.

La production d'énergie nucléaire libère aussi du CO_2 mais nettement moins que l'utilisation de combustibles fossiles.

Falls sich herausstellt, dass die Windenergie nicht die gesetzten Ziele erreicht, wird der Druck, neue Kernkraftwerke zu bauen, enorm sein.

S'il s'avère que l'énergie éolienne n'atteint pas ses objectifs, alors la pression pour construire de nouvelles centrales nucléaires sera énorme.

Einige Umweltschützer, die der Kernkraft traditionell feindlich gegenüberstehen, sagen, die globale Erwärmung veranlasse sie dazu, die Dinge neu zu überdenken.

Certains écologistes traditionnellement hostiles au nucléaire disent que le réchauffement de la planète les conduit à reconsidérer les choses.

Seit Tschernobyl im Jahre 1986 macht man sich immer Sorgen um die Sicherheit der Kernkraftwerke.

Depuis Tchernobyl en 1986, la sécurité des centrales nucléaires est un sujet de préoccupation permanent.

Sehr viele Menschen in Russland erkrankten nach Tschernobyl an Leukämie oder Hautkrebs.

Un grand nombre de gens en Russie ont été atteints de leucémie ou de cancer de la peau après Tchernobyl.

Die verbrauchten Brennstäbe aus Kernkraftwerken bleiben jahrhundertelang giftig und es gibt keine risikofreien Endlagerstätten.

Le combustible nucléaire utilisé dans les centrales reste toxique pendant des siècles et il n'existe pas de sites de stockage permanent tout à fait sûrs.

51. DIE WIRTSCHAFTLICHE LAGE
LA SITUATION ÉCONOMIQUE

die Wirtschaft (sg) / die Ökonomie	*l'économie*
die Weltwirtschaft	*l'économie mondiale*
die wirtschaftliche Aktivität (en)	*l'activité économique*
das wirtschaftliche Wachstum (sg)	*la croissance économique*
die Wirtschaftsreform (en)	*la réforme économique*
die Wirtschaftspolitik (sg)	*la politique économique*
die Wirtschaftskrise (n)	*la crise économique*
in einer Krise sein	*être en crise*
eine angeschlagene Wirtschaft	*une économie mal en point*
die wirtschaftlichen Schwierigkeiten	*les difficultés économiques*
die wirtschaftliche Stagnation (en)	*la stagnation économique*
stagnieren	*stagner*
der Rückgang (sg) der wirtschaftlichen Entwicklung	*le ralentissement de l'économie*
der Abschwung (sg)	*la dépression*
die Rezession (en)	*la récession*
die Flaute (n)	*le marasme économique*
die Konjunktur (en)	*la conjoncture*
der Anstieg (sg) der Preise	*la montée des prix*
die Stagflation (en)	*la stagflation (inflation + récession)*
die Inflation (sg) / die Inflationsrate	*l'inflation / le taux d'inflation*
die Lebenshaltungskosten (pl)	*le coût de la vie*
die Kaufkraft (sg)	*le pouvoir d'achat*
der Lebensstandard (sg)	*le niveau de vie*
eine Krise überwinden (a, u)	*surmonter une crise*
der wirtschaftliche Aufschwung (¨e)	*la reprise économique, le redressement économique*
die Wirtschaft an=kurbeln	*relancer l'économie*
die konjunkturelle Entwicklung (en)	*la conjoncture économique*
der Wirtschaft einen Auftrieb geben (a, e)	*donner du tonus à l'économie*
das Wirtschaftswachstum stärken	*soutenir la croissance économique*
der Handelsbilanzüberschuss (¨e)	*la balance commerciale excédentaire*
das Handelsdefizit (e)	*le déficit commercial / la balance commerciale déficitaire*
(ein) Defizit haben	*être en déficit*
die Sparmaßnahme (n)	*la mesure d'austérité*
das Einfrieren der Löhne und Preise	*le blocage des prix et des salaires*
die Aktienkurse fallen (ie, a) / steigen (ie, ie)	*la Bourse baisse / monte*

Die wirtschaftlichen Aussichten sind düster.
Les perspectives économiques sont sombres.

Die wirtschaftlichen Indikatoren kündigen einen Aufschwung an.
Les clignotants économiques annoncent une reprise économique.

Fachleute befürchten eine Konjunkturüberhitzung in China.
Les experts craignent une surchauffe de l'économie chinoise.

Die Wirtschaft erlebt zurzeit einen Konjunkturrückgang.
L'économie entre dans une période de récession.

Die Schließung der Fabrik war ein harter Schlag für die lokale Wirtschaft.
La fermeture de l'usine a été un coup sévère pour l'économie locale.

Das Wachstum in der Textilindustrie war bisher recht bescheiden.
La croissance dans le secteur du textile a été assez timide jusqu'à aujourd'hui.

Die Rezession hat zahlreiche Unternehmen in die Knie gezwungen.
La récession a mis de nombreuses entreprises à genoux.

Die europäische Wirtschaft hinkt hinter der amerikanischen her.
L'économie européenne est à la traîne par rapport à l'économie américaine.

Die letzten Erhöhungen der Löhne und Gehälter könnten eine Inflationsspirale auslösen.
Les récentes augmentations de salaires pourraient entraîner une spirale inflationniste.

Die Aktienkurse könnten fallen, wenn die konjunkturelle Entwicklung sich weiter verschlechtert.
Les actions pourraient dégringoler si la conjoncture économique continuait de se détériorer.

Die Wirtschaft des Landes erlebt eine schwere Rezession.
L'économie du pays connaît une grave récession.

Endlich geht es wieder aufwärts mit der französischen Wirtschaft.
L'économie française commence enfin à repartir.

Solche Maßnahmen müssten die wirtschaftliche Entwicklung ankurbeln.
De telles mesures devraient donner un coup de fouet à l'économie.

Dank dem Programm der Regierung zur Sanierung der Wirtschaft hat sich die Konjunktur verbessert.
Grâce au plan de relance du gouvernement, la situation économique s'est rétablie.

Trotz mancher Krisen hatte die deutsche Wirtschaft meistens einen bedeutenden Exportüberschuss.
Malgré de multiples crises, l'économie allemande a presque toujours affiché un important excédent d'exportations.

Eine blühende Wirtschaft ist immer gut für die Moral eines Landes.
Une économie prospère fait toujours du bien au moral d'un pays.

52. DIE ARBEITSLOSIGKEIT
LE CHOMAGE

die Arbeitslosigkeit	*le chômage*
die Arbeitslosenrate (n)	*le taux de chômage*
die Arbeitslosenzahl (en)	*le(s) chiffre(s) du chômage*
arbeitslos sein	*être au chômage*
der Arbeitslose (adj)	*le chômeur*
die Langzeitarbeitslosen	*les chômeurs de longue durée*
der Arbeitsmarkt (¨e)	*le marché de l'emploi, du travail*
der Arbeitssuchende (adj)	*le demandeur d'emploi*
eine Arbeit suchen	*chercher du travail*
sich um eine Stelle bewerben (a, o)	*postuler pour un emploi*
die Arbeitssuche	*la recherche d'emploi*
der Arbeitsplatzbewerber (-)	*le postulant à un emploi*
der Lebenslauf (¨e)	*le CV*
die Kurzarbeit	*le chômage partiel*
die Entlassung aus wirtschaftlichen Gründen	*le licenciement pour raisons économiques*
entlassen werden (u, o)	*être licencié*
rausgeschmissen / gefeuert werden	*être mis à la porte, être viré*
die Entlassung (en) / entlassen (ie, a)	*le licenciement / licencier*
Stellen ein=sparen / streichen (i, i) /ab=bauen	*supprimer des emplois*
der Personalabbau (sg)	*la compression de personnel*
Arbeitsplätze schaffen (u, a)	*créer des emplois*
die Arbeitsbeschaffungsmaßnahme (n) / die ABM-Stelle (n)	*l'emploi à durée déterminée dans le cadre de la réinsertion des demandeurs d´emploi*
die berufliche Ausbildung	*la formation professionnelle*
eine Fortbildung machen	*être en formation continue*
das Praktikum (ka)	*le stage (de l'étudiant)*
das Fortbildungsseminar (e)	*le stage (du salarié)*
in der Probezeit sein	*être à l'essai*
das Arbeitsamt (¨er) / die Arbeitsagentur (en)	*l'agence pour l'emploi, l'ANPE*
die feste Stelle (n) / Arbeit(sstelle)	*l'emploi stable*
Arbeitslosengeld bekommen (a, o)	*toucher les allocations chômage*
Anspruch auf Arbeitslosengeld haben	*avoir droit aux allocations chômage*
das Hartz-IV-Geld (sg)	*l'allocation de fin de droits*
der Hartz-IV-Empfänger (-)	*le RMIste*
die Jugendarbeitslosigkeit	*le chômage des jeunes*
der Job	*le petit boulot*

Arbeitslosigkeit gehört seit fast 30 Jahren zu den größten sozialen Problemen der Industrieländer und trifft Alt und Jung gleichermaßen.
Depuis presque 30 ans l'un des plus grands problèmes sociaux des pays industrialisés, le chômage, touche les jeunes comme les vieux.

Die meisten Menschen fühlen sich nutzlos, wenn sie keine Arbeit finden.
La plupart des gens ont un sentiment d'inutilité quand ils n'arrivent pas à trouver du travail.

Einige sagen, dass die finanzielle staatliche Hilfe die Arbeitslosen nicht immer dazu anhält, selbst Arbeit zu suchen.
Certains disent que les aides financières de l'État dont bénéficient les chômeurs ne les incitent pas toujours à chercher du travail.

Man hat mehr Chancen eine Arbeit zu bekommen, wenn man flexibel ist.
On a plus de chances de trouver du travail si l'on est prêt à s'adapter.

In einigen Ländern müssen Arbeitslose jeden Job annehmen, der ihnen angeboten wird, sonst verlieren sie ihren Anspruch auf Arbeitslosengeld.
Dans certains pays, les chômeurs doivent accepter tout emploi qui leur est proposé, sinon ils perdent leurs droits aux allocations chômage.

2000 Arbeitsplätze wurden gestrichen, um Kosten zu senken und Gewinne zu erhöhen.
2 000 emplois ont été sacrifiés afin de réduire les coûts et d'augmenter les profits.

Der Personalabbau, der von der Geschäftsleitung angekündigt wurde, war ein schlimmer Schock für alle Beschäftigten des Unternehmens.
Les mesures de compression de personnel annoncées par la direction ont été un choc terrible pour tous les travailleurs de l'entreprise.

Seit der Werkschließung sind 450 Arbeiter arbeitslos.
Suite à la fermeture de l'usine, 450 travailleurs sont au chômage.

Er wurde zu einem Fortbildungsseminar geschickt.
Il a été envoyé en stage de formation.

Für jede Regierung ist der Rückgang der Arbeitslosigkeit vorrangiges Ziel.
La baisse du chômage est la priorité numéro un de tout gouvernement.

Die Bundeskanzlerin weiß genau, dass sie die Arbeitslosigkeit bekämpfen muss, wenn sie die nächsten Bundestagswahlen gewinnen will.
La Chancelière sait très bien qu'elle devra faire baisser le chômage si elle veut gagner les prochaines élections législatives en Allemagne.

Ist Jobsharing, also das Teilen des Arbeitsplatzes, eine Lösung?
Le partage d'un poste de travail est-il une solution ?

Französische Unternehmer scheinen von den Vorteilen der 35-Stunden-Woche im Kampf gegen die Arbeitslosigkeit weniger überzeugt zu sein als die Gewerkschaften.
Les patrons français ne semblent pas autant convaincus que les syndicats de ce que la semaine de 35 heures soit un remède au chômage.

53. DIE ARBEITSWELT
LE MONDE DU TRAVAIL

die Beschäftigung (en) /	*l'emploi*
die Arbeit / der Arbeitsplatz (¨e)	*le travail / l'emploi*
die Vollbeschäftigung	*le plein emploi*
die Arbeit / die Stelle (n)	*le travail / l'emploi*
die Arbeitskräfte (pl.)	*la main-d'œuvre*
die Schichtarbeit (sg)	*le travail posté, les trois-huit*
die Arbeitsbedingungen	*les conditions de travail*
die Arbeitszeiten	*les horaires de travail*
der Arbeitstag (e)	*la journée de travail*
der Werktag (e)	*le jour ouvrable*
die 35-Stunden-Woche	*la semaine de 35 heures*
die Arbeitszeitverkürzung	*la réduction du temps de travail*
Überstunden machen	*faire des heures supplémentaires*
Vollzeit / Teilzeit arbeiten	*travailler à plein temps / à temps partiel*
der unqualifizierte Arbeiter (-)	*l'ouvrier non qualifié*
der Arbeiter (-) / der Facharbeiter (-)	*l'ouvrier / l'ouvrier qualifié*
der Angestellte (adj)	*l'employé de bureau*
die Zeitarbeit / die Interim-Arbeit	*le travail intérimaire*
der Beschäftigte (adj)	*le salarié*
der Lohn (¨e)	*le salaire, la paie (ouvriers)*
das Gehalt (¨er)	*le traitement (employés / fonctionnaires)*
die Löhne und Gehälter	*les salaires*
die Sicherheit des Arbeitsplatzes	*la sécurité de l'emploi*
die Arbeitsplatzaussichten	*les perspectives d'emploi*
eine Arbeit finden (a, u)	*trouver du travail*
der Broterwerb (e)	*le gagne-pain*
die befristete Stelle (n)	*un emploi avec un CDD*
eine unbefristete / feste Stelle (n)	*un emploi fixe, avec un CDI,*
der (hohe) Beamte (adj)	*le (haut) fonctionnaire*
der Staatsdienst (sg)	*la fonction publique*
der öffentliche Sektor	*le secteur public*
der private Sektor	*le secteur privé*
eine gut / schlecht bezahlte Arbeit	*un emploi bien / mal rémunéré*
der verantwortliche Posten (-)	*le poste à responsabilité*
die berufliche Laufbahn (en) / die Karriere (n)	*la carrière*
die Karriereaussichten	*les perspectives de carrière*
der Karriereplan (¨e)	*le plan de carrière*

LES MOTS AU SERVICE DES IDÉES

Schlechte Aussichten für diejenigen, die sich nicht an die ständig veränderten Ansprüche der Industrie anpassen können!

Malheur à ceux qui ne savent pas s'adapter aux perpétuels changements des besoins de l'industrie.

Unqualifizierte Arbeiter haben immer weniger Chancen, in unserer hochtechnisierten Arbeitswelt einen Job zu finden.

Les ouvriers non qualifiés ont de plus en plus de mal à trouver du travail dans une société où la technologie prime.

Einige junge Leute sind weit eher bereit als ihre Eltern, die Sicherheit des Arbeitsplatzes gegen eine Beförderung aufzugeben.

Certains jeunes semblent bien plus disposés que leurs parents à renoncer à la sécurité de l'emploi pour avoir de l'avancement.

Heute wissen Berufsanfänger, dass sie ihre Arbeit mehrmals im Leben wechseln werden.

Aujourd'hui, les jeunes gens qui commencent leur carrière savent qu'ils changeront d'emploi plusieurs fois pendant leur vie active.

Gefragt, welchen Beruf sie später gern ergreifen würden, antwortet die große Mehrheit der jungen Franzosen, dass sie Beamte werden wollen.

Quand on leur a demandé ce qu'ils aimeraient faire plus tard, une large majorité des jeunes Français a répondu qu'ils voulaient devenir fonctionnaires.

Die Unterschiede zwischen dem öffentlichen und dem privaten Sektor beschäftigt Politiker und Industrielle seit geraumer Zeit.

Les différences entre secteur public et secteur privé préoccupe les hommes politiques et les industriels depuis longtemps.

Viele Arbeitsverträge beinhalten eine relativ lange Probezeit.

Beaucoup de contrats de travail sont assortis d'une période d'essai assez longue.

Amerikanische Firmenchefs können leichter Beschäftigte einstellen und entlassen als deutsche Firmenchefs.

Les patrons américains peuvent plus facilement embaucher et débaucher que les patrons allemands.

Was ist er von Beruf? Wie verdient er seinen Lebensunterhalt?

Quel est son métier ? Comment gagne-t-il sa vie ?

Gegen die großen Arbeitsmarktreformen der letzten Regierung, die Hartz-IV-Reform, gab es überall in der BRD große Demonstrationen, und einige Punkte wurden verändert.

Suite aux nombreuses manifestations en Allemagne contre les réformes du dernier gouvernement concernant le marché du travail (la réforme Hartz IV), certains aménagements ont été apportés.

Arbeiter und Angestellte in Frankreich und Deutschland ziehen kürzere Arbeitszeiten vor, um mehr Freizeit zu haben.

En France et en Allemagne, beaucoup de travailleurs et employés préfèrent faire moins d'heures pour avoir plus de temps pour eux.

54. DIE WELT DER UNTERNEHMEN
LE MONDE DE L'ENTREPRISE

das Unternehmen (-) / der Betrieb (e)	*l'entreprise*
die Firma (en) / die Gesellschaft (en)	*la firme / la société*
das multinationale Unternehmen	*la (société) multinationale*
das Staatsunternehmen	*l'entreprise publique*
privatisieren / die Privatisierung (en)	*privatiser / la privatisation*
das mittelständische Unternehmen	*la PME*
der Mittelstand (sg)	*les PME*
ein Unternehmen leiten	*diriger une entreprise*
einen Betrieb führen	*gérer une société*
der Generaldirektor (en) / der Vorstandsvorsitzende (AG)	*le PDG*
das Personal / die Beschäftigten	*le personnel*
die Direktion (en) / die Geschäftsleitung (en)	*la direction*
der leitende Angestellte (adj) / die Führungskraft (¨e)	*le cadre dirigeant / le cadre supérieur*
der höhere Angestellte (adj)	*le cadre moyen*
der Arbeitgeber (-)	*l'employeur*
der Beschäftigte (adj)	*le salarié*
der Chef (s) / der Firmenchef	*le patron / le chef d'entreprise*
der Unternehmensgeist / die Initiative	*l'esprit d'entreprise, d'initiative*
der Unternehmer (-)	*l'entrepreneur*
der Unternehmensgründer (-)	*le créateur d'entreprises*
ein Unternehmen gründen	*fonder, créer une entreprise*
die Geschäftswelt (sg)	*le monde des affaires*
der Erwerb (e) / erwerben (a, o)	*l'acquisition / acquérir*
der Zusammenschluss (¨e)	*la fusion*
die Fusion (en) / fusionieren mit	*la fusion / fusionner avec*
ein Unternehmen auf=kaufen	*racheter une entreprise*
eine Firma schlucken	*absorber une entreprise*
das Übernahmeangebot (e)	*l'offre publique d'achat, l' OPA*
Profit (e) / Gewinn (e) machen	*faire des bénéfices*
(einen) Verlust (e) machen	*enregistrer, subir une perte*
der Aktionär (e)	*l'actionnaire*
ein wettbewerbsfähiges Unternehmen	*une entreprise compétitive*
der Zusammenbruch (¨e) / der Bankrott (e)	*la faillite, la banqueroute*
Pleite machen / bankrott gehen (i, a)	*faire faillite*
um=strukturieren	*restructurer, réorganiser, redresser*
die Umstrukturierung (einer Firma)	*la restructuration (d'une entreprise)*

In den USA ist man eher als in Europa bereit, das Eingehen von Risiken zu honorieren und einen Bankrott zu verzeihen.

La société américaine est plus encline à récompenser la prise de risque et à pardonner l'échec que la société européenne.

Alles wird getan, um jemanden beim Aufbau einer Firma zu unterstützen.

Tout est fait pour encourager ceux qui veulent monter une affaire.

Papierkram und Bürokratie ersticken noch immer zahlreiche unternehmerische Initiativen in vielen europäischen Ländern.

Dans de nombreux pays européens, la paperasserie et la bureaucratie contribuent à étouffer l'esprit d'entreprise.

Der Betrieb war in den roten Zahlen und hatte keine andere Wahl als die radikale Umstrukturierung durch Kostensenkung und Personalabbau.

L'entreprise était en déficit et ils n'ont pas eu d'autre choix que de la restructurer radicalement en réduisant les coûts et en dégraissant les effectifs.

Die Einführung neuer Spitzentechnologie hat die Produktivität und die Wettbewerbsfähigkeit des Unternehmens erhöht.

L'introduction d'une nouvelle technologie de pointe a augmenté la productivité et la compétitivité de l'entreprise.

Hunderte von kleinen Firmen werden jedes Jahr von multinationalen Konzernen geschluckt.

Des centaines de petites entreprises sont absorbées tous les ans par des multinationales.

Geschürt von einem erbitterten Konkurrenzkampf, ist kein Ende der Übernahmewelle abzusehen.

Alimentée par une concurrence féroce, la folie des fusions ne semble pas pouvoir être arrêtée.

Firmen müssen oft bedeutende Summen ausgeben, um neue Marktanteile zu gewinnen.

Les entreprises doivent souvent débourser des sommes considérables pour gagner de nouvelles parts de marché.

Sein Familienunternehmen wurde unrentabel. Deshalb beschloss er, es zu schließen.

Son entreprise familiale n'était plus rentable. Aussi a-t-il décidé de mettre la clé sous la porte.

Er hat sein Unternehmen aus dem Nichts aufgebaut.

Il a bâti son entreprise en partant de rien.

Wer heute ein Unternehmen gründet, hat eine wesentlich geringere jährliche Steuerlast als früher, und die Kosten der Arbeitskräfte sind ebenfalls niedriger.

Pour ceux qui créent une entreprise aujourd'hui, l'impôt annuel sur les sociétés est nettement moins élevé qu'avant, tout comme le coût de la main-d'œuvre.

55. GEWERKSCHAFTEN UND LÖHNE
SYNDICATS ET SALAIRES

der Beschäftigte (adj)	*le salarié*
der Verdienst / der Lohn (¨e)	*le salaire / le salaire, la paie*
das Gehalt (¨er)	*le salaire, le traitement*
der Stundenlohn (¨e)	*le salaire horaire*
der Mindestlohn (¨e)	*le salaire minimum, le SMIC*
niedrige / hohe Löhne / Gehälter	*les bas salaires / les salaires élevés*
gut / schlecht bezahlt werden (u, a)	*être bien / être mal payé*
befördert werden (u, a)	*être promu*
das Jahreseinkommen (-)	*le revenu annuel*
ein hohes Einkommen haben	*avoir des revenus élevés*
ein Haushalt mit niedrigem Einkommen	*un foyer à faible revenu*
das Netto- / Bruttoeinkommen (-)	*le revenu net (après impôts) / brut*
das Honorar (e)	*les honoraires*
die Einkommensquelle (n)	*la source de revenu*
die Lohnpolitik (sg)	*la politique des salaires*
die Lohn- / Gehaltsforderung (en)	*la revendication salariale*
die Lohn- / Gehaltserhöhung (en)	*l'augmentation de salaire*
Löhne und Gehälter ein=frieren (o, o)	*geler les salaires*
die Tarifverhandlung (en)	*la négociation tarifaire*
der Tarifvertrag (¨e)	*la convention collective*
der Tarifkonflikt (e)	*le litige tarifaire, le conflit social*
einen Konflikt bei=legen	*résoudre un conflit*
der Arbeitgeber (-) / der Arbeitnehmer (-)	*l'employeur / le salarié*
die Gewerkschaft (en)	*le syndicat*
die Industriegewerkschaft (IG)	*le syndicat d'industrie (par branche)*
die Tarifpartner / die Sozialpartner	*les partenaires sociaux*
das Gewerkschaftsmitglied (er) / der Gewerkschafter (-)	*le syndiqué*
der Gewerkschaft bei=treten (a, e)	*se syndiquer*
der Gewerkschaftsvertreter (-)	*le délégué syndical*
die Personalvertretung (en)	*les délégués du personnel*
die Mitbestimmung	*la cogestion*
der Betriebsrat (¨e)	*le comité d'entreprise*
die Urabstimmung (en)	*le vote, la consultation de la base*
der Streik (s) / streiken	*la grève / être, se mettre en grève*
zu einem Streik auf=rufen (ie, u)	*lancer un mot d'ordre de grève*
eine Demonstration / demonstrieren	*une manifestation / manifester*

Wenn es darum geht, eine Arbeit anzunehmen, ist der Lohn oder das Gehalt für die meisten Leute eines der wichtigsten Kriterien.

Au moment d'accepter un emploi, le salaire est le principal critère pour la plupart des gens.

Warum viel Geld verdienen, wenn man keine Zeit hat, es auszugeben?

À quoi bon gagner beaucoup d'argent quand on n'a pas le temps de le dépenser ?

Er arbeitete zwölf Stunden am Tag und hatte ein sehr hohes Einkommen. Heute ist er sein eigener Herr und glücklicher, obwohl er nicht so viel verdient.

Il travaillait 12 heures par jour et avait un salaire très élevé. Maintenant qu'il est à son compte, il est beaucoup plus heureux bien qu'il ne gagne pas autant.

Der Betriebsrat spielt eine wichtige Rolle bei der Organisation der Arbeit.

Le comité d'entreprise joue un rôle important pour l'organisation du travail.

Die EU kann nicht mit den Billiglohn-Ländern konkurrieren.

L'Union européenne ne peut pas rivaliser avec les pays à bas salaires.

Viele Länder haben einen Mindestlohn festgelegt, um den Lebensstandard von Arbeitern mit niedrigem Lohn aufrechtzuerhalten.

De nombreux pays ont instauré des salaires minimums afin de protéger le niveau de vie des travailleurs qui ont des emplois mal rémunérés.

Die französischen Gewerkschaften haben an Einfluss verloren, aber sie können noch immer die Wirtschaft des Landes zum Stillstand bringen.

Même si les syndicats français ont perdu de leur influence, ils restent néanmoins capables de paralyser l'économie du pays.

Die Gewerkschaften meinen, dass die Löhne und Gehälter mit den steigenden Lebenshaltungskosten nicht mithalten und haben zum Streik aufgerufen.

Les syndicats soutiennent que les salaires ne suivent pas l'augmentation du coût de la vie et ont lancé un mot d'ordre de grève.

Manchmal ist es besser, sich auf eine Tariferhöhung zu einigen, als einen langen Streik zu riskieren.

Mieux vaut parfois se mettre d'accord sur une augmentation des salaires que de risquer une grève dure.

Die Mitgliederzahlen der Gewerkschaften in der BRD sind in den letzten 15 Jahren zurückgegangen und liegen unter 50 % der Beschäftigten.

Le nombre de syndiqués a diminué ces 15 dernières années en Allemagne ; il est désormais passé sous la barre des 50 % de salariés.

Die Arbeiter und Angestellten finden es immer weniger akzeptabel, dass Firmenchefs extrem hohe Gehälter bekommen, besonders wenn man ihnen Lohn- und Gehaltserhöhungen verweigert.

Les travailleurs ont de plus en plus de mal à accepter les salaires astronomiques que touchent les PDG, surtout quand ils se voient refuser une augmentation.

56. DAS SOZIALE NETZ
LA PROTECTION SOCIALE

der Wohlfahrtsstaat (en)	*l'État providence*
das soziale Netz	*le filet de protection (sociale)*
die Sozialversicherung (sg)	*la Sécurité sociale*
die Krankenversicherung (sg)	*l'assurance maladie*
die Sozialleistungen	*les avantages sociaux, les prestations sociales*
das Hartz-IV-Geld / die Sozialhilfe	*le RMI*
Sozialhilfe bekommen (a, o) / beziehen (o, o)	*bénéficier de l'aide sociale*
die Hilfe (n) / der Zuschuss (¨e)	*l'aide / l'aide financière*
der Anspruch (¨e) auf Sozialhilfe	*le droit à l'aide sociale*
der Sozialhilfeempfänger (-)	*le bénéficiaire de l'aide sociale*
jd, der Anspruch auf etwas hat	*un ayant-droit*
einen Antrag stellen	*faire une demande*
das Sozialamt (¨er)	*les services d'aide sociale*
die Sozialfürsorge (sg)	*l'aide sociale*
die Sozialarbeit	*l'assistance sociale*
der Sozialarbeiter (-)	*le travailleur social*
die medizinische Versorgung / das öffentliche Gesundheitswesen (sg)	*la santé publique, le système de santé publique*
einen Anspruch auf medizinische Versorgung haben	*avoir droit à une couverture maladie*
eine unentgeltliche medizinische Versorgung bekommen (a, o)	*bénéficier de soins gratuits / être soigné gratuitement*
das Krankengeld (die Krankengeldzahlungen)	*les prestations de l'assurance maladie (après six semaines)*
die Leistungen der Sozialversicherung	*les prestations de la Sécurité sociale*
eine Zusatzversicherung haben	*avoir une mutuelle*
eine Privatversicherung haben	*avoir une assurance privée*
sich versichern	*s'assurer, prendre une assurance*
die Pflegeversicherung (sg)	*l'assurance-dépendance*
die Arbeitslosenversicherung (sg)	*l'assurance chômage*
die Rentenversicherung (sg)	*l'assurance vieillesse*
eine Entschädigung bekommen (a, o)	*toucher une indemnité*
das Kindergeld (-zahlungen)	*les allocations familiales*
das Wohngeld (-zahlungen)	*les allocations (de) logement*
das Arbeitslosengeld	*les allocations (de) chômage*
der Beitrag (¨e) / das Beitragsgeld (er)	*la cotisation / les cotisations*
Beiträge zahlen	*cotiser*
der Beitragszahler (-)	*celui qui cotise*

LES MOTS AU SERVICE DES IDÉES

Deutschland hat ein breites und kostenintensives Sozialversicherungssystem, das die am stärksten gefährdeten sozialen Gruppen schützen und alle in Krisensituationen absichern soll.

L'Allemagne a un filet de protection sociale étendu et coûteux, conçu pour protéger les plus vulnérables et les mettre à l'abri du besoin en cas de crise.

In Frankreich wie in Deutschland versucht der Staat, seinen Bürgern von der Wiege bis zum Grab in Krisenzeiten zur helfen.

En France comme en Allemagne, l'État essaie d'aider les gens d'un bout à l'autre de leur vie lorsqu'ils sont en situation de crise.

Mit dem Altern der Bevölkerung werden die Lasten für die Staatskasse immer größer.

Avec le vieillissement de la population, les charges qui pèsent sur les caisses de l'État sont de plus en plus lourde.

Die enormen Kosten der Sozialversicherung sind ein großes wirtschaftliches Problem in vielen europäischen Ländern.

Le coût énorme de la protection sociale en Europe est un grand problème économique dans beaucoup de pays européens.

Einige nutzen die vielfältigen Hilfen des Sozialstaates aus, obwohl sie sich selbst versorgen könnten.

Certains exploitent l'État providence en vivant de l'aide sociale, alors qu'ils pourraient vivre de leurs propres moyens.

Die Reformen der letzten Bundesregierung – die bedeutendste war die sogenannte Hartz-IV-Reform – sehen mehr Kontrolle und striktere Kriterien für die Vergabe von Sozialleistungen vor.

Les réformes du dernier gouvernement allemand, dont la plus importante était la réforme Hartz IV, prévoient plus de contrôles et des critères plus stricts pour l'attribution des prestations sociales.

Es gibt immer Missbrauch, aber auch Ungerechtigkeiten.

Il y a toujours de l'abus mais aussi des injustices.

Durch die Gesundheitsreform der 90er Jahre wurden die Krankenversicherungen in Deutschland saniert.

En Allemagne, la réforme du système de santé a permis de rééquilibrer les caisses de l'assurance maladie.

Wegen der seit über zwanzig Jahren hohen Arbeitslosigkeit sind die Einnahmen der Sozialversicherung gesunken, während die Ausgaben gestiegen sind.

Le chômage assez élevé qui perdure depuis 20 ans a diminué les recettes et augmenté les dépenses relevant de l'assurance sociale.

Ein Grund für den Anstieg der Gesundheitskosten ist die fortwährende Verbesserung medizinischer Technologien und Behandlungsmethoden.

L'accroissement des dépenses de santé est dû à l'amélioration constante des techniques et des traitements médicaux.

57. DIE RENTE
LA RETRAITE

das Alter (sg) / die Altersvorsorge (sg)	*l'âge / la prévoyance vieillesse*
die Senioren (pl)	*le troisième âge*
in den Ruhestand / in Rente gehen (i, a)	*partir (prendre sa) en retraite*
im Ruhestand sein / in Rente sein	*être en retraite*
ein pensionierter Lehrer	*un professeur en retraite*
der Pensionär (e) / der Rentner (-)	*le retraité*
die Pension (en) / die Rente (n)	*la pension (fonctionnaire) / la retraite (employé, ouvrier)*
das Rentenalter (sg)	*l'âge de la retraite*
im Rentenalter sein	*avoir l'âge de la retraite*
die Frührente (n)	*la préretraite*
die vorgezogene Rente (n)	*la retraite anticipée*
in Frührente gehen (i, a)	*partir en préretraite*
seine Rente / Pension bekommen (a, o)	*toucher sa retraite*
seinen Rentenbeitrag / seine Rentenversicherung zahlen	*cotiser pour sa retraite*
eine Zusatzrentenversicherung (en) zahlen	*prendre une retraite complémentaire*
das Erwerbsleben verlassen (ie, a)	*quitter la vie professionnelle / active*
eine volle Rente beziehen (o, o)	*bénéficier d'une retraite à taux plein*
eine staatliche Rente (n)	*une retraite versée par l' État*
(die) Betriebsrente (n) / die betriebliche Altersvorsorge (sg)	*la pension de retraite versée par la société*
die gesetzliche Rente (n)	*la retraite garantie par la loi*
der Pensionsfonds (-)	*le fonds de pension*
die Rentenkosten (pl)	*le coût de la retraite*
das Rentenalter erhöhen	*reculer l'âge de la retraite*
die Beiträge erhöhen	*augmenter les cotisations*
die Rentenzahlungen senken	*diminuer les pensions*
länger arbeiten	*travailler plus longtemps*
bis 65 arbeiten	*travailler jusqu'à 65 ans*
für seine Rente sparen	*économiser pour sa retraite*
der Generationenvertrag	*le contrat entre générations*
die Rente der älteren Generation finanzieren	*financer la retraite de leurs aînés*
einen Generationskonflikt aus=lösen	*déclencher un conflit entre les générations*
eine Last sein für	*être un fardeau pour*
den Staat ein Vermögen kosten	*coûter une fortune à la nation*

Viele Menschen träumen vom Ruhestand, und wenn sie aufhören zu arbeiten, wissen sie nicht, was sie mit ihrer freien Zeit anfangen sollen.

Beaucoup de gens rêvent de la retraite, et ils ne savent plus quoi faire de leur temps libre dès qu'ils arrêtent de travailler.

Wenn sie sich dem Rentenalter nähern, können sich manche Menschen schlecht mit dem Gedanken anfreunden, nicht mehr zu arbeiten.

Quand ils approchent de l'âge de la retraite, certaines personnes ont du mal à se faire à l'idée de ne plus travailler.

Er ging in Rente, sobald er konnte, um das Leben in vollen Zügen zu genießen, solange er körperlich noch in Form war.

Il est parti à la retraite dès qu'il a pu, afin de profiter pleinement de la vie tant qu'il était encore en bonne forme physique.

In Rente zu sein ist wunderbar, solange man die Mittel hat, es sich gut gehen zu lassen.

Ê tre à la retraite, c'est merveilleux si vous avez les moyens pour en profiter.

Europas Rentnern ging es noch nie so gut wie heute, aber für die nächste Generation gilt: wir müssen der Realität ins Auge blicken.

Les retraités européens n'ont jamais eu la vie aussi belle qu'aujourd'hui, mais pour la prochaine génération, l'heure est venue de voir la réalité en face.

Die Zeitbombe der Renten tickt.

La bombe à retardement des retraites ne va pas tarder à exploser.

Die Rentenfinanzierungssysteme drohen, aufgrund einer stark erhöhten Lebenserwartung und einer sinkenden Geburtenrate zusammenzubrechen.

Les systèmes de retraite menacent de s'écrouler en raison d'une nette augmentation de l'espérance de vie et d'une baisse de la natalité.

In den kommenden Jahren werden die Menschen länger arbeiten und stärker in die Tasche greifen müssen, um ihre Renten zu finanzieren.

Dans les années à venir, les gens devront travailler plus longtemps et mettre davantage la main à la poche pour financer leurs retraites.

In Italien muss eine immer kleinere Gruppe von Erwerbstätigen für eine ständig steigende Zahl von Rentenempfängern zahlen.

En Italie, une population active toujours moins nombreuse doit payer pour un nombre de retraités toujours plus élevé.

Einige Regierungen schlagen vor, das allgemeine Rentenalter von 60 auf 65 Jahre hochzusetzen. Dieses Thema bleibt politisch heiß umstritten.

Certains gouvernements proposent de faire passer l'âge obligatoire de la retraite de 60 à 65 ans. Ce sujet est de la dynamite politique.

Die Krise in der Rentenfinanzierung wird sich hinziehen. Die Regierungen werden aktiv und die Wähler werden Änderungen akzeptieren müssen.

La crise des retraites n'est pas prête de disparaître. Les gouvernements mènent une politique volontariste et les électeurs devront accepter des changements.

58. DIE SCHATTENWIRTSCHAFT
L'ÉCONOMIE SOUTERRAINE

die Schattenwirtschaft (sg)	*l'économie parallèle*
der Schwarzmarkt (sg)	*le marché noir*
die Schwarzmarktzigaretten (-)	*les cigarettes de contrebande*
der Schmuggel (sg)	*la contrebande*
die Fälschung (en)	*la contrefaçon*
der Schwarzmarkthändler (-)	*le vendeur au marché noir*
das Schwarzgeld (er)	*l'argent du marché noir*
die Geldwäsche (sg)	*le blanchiment d'argent*
der Tausch (sg)	*le troc*
die Schwarzarbeit (sg)	*le travail au noir*
schwarz arbeiten	*travailler au noir*
der Schwarzarbeiter (-)	*le travailleur au noir*
einen Nebenverdienst haben / sich ein Zubrot verdienen	*avoir un petit boulot à côté*
einen Nebenjob machen	*faire un petit boulot en plus*
zwei Arbeitsplätze haben	*avoir deux emplois*
nebenbei Reparaturen machen	*faire des réparations chez les particuliers*
Gartenarbeit machen	*faire du jardinage*
Friseur in Privathaushalten sein	*coiffer à domicile*
Putzjobs machen	*faire du ménage chez les particuliers*
sich etwas dazu verdienen	*avoir des à-côtés*
seinen Lohn auf=bessern	*arrondir ses fins de mois*
das versteuerbare Einkommen (sg)	*le revenu imposable*
nicht versteuerbares Einkommen	*des revenus exemptés d'impôts*
seinen Verdienst an=geben (a, e)	*déclarer ses gains*
keine Steuern bezahlen	*ne pas payer d'impôts*
Steuer hinterziehen (o, o)	*frauder le fisc*
der Steuerhinterzieher (-)	*le fraudeur du fisc*
die Steuerhinterziehung (sg)	*la fraude fiscale /*
die Steuerflucht (sg)	*l'évasion fiscale,*
schummeln / betrügen (o, o)	*tricher*
keine Mehrwertsteuer bezahlen	*ne pas payer la TVA*
die Schattenwirtschaft ein=schränken	*réduire l'économie parallèle*
gegen die Schattenwirtschaft vor=gehen (i, a)	*sévir contre l'économie souterraine*
der Verlust (e) an Steuereinkommen	*la perte de recettes fiscales*
wegen Steuerhinterziehung verurteilt werden (u, o)	*être condamné pour fraude fiscale*
einen Schwarzarbeiter an=zeigen	*dénoncer un travailleur au noir*

In den meisten Ländern gibt es einen blühenden Schwarzmarkt.
Le marché noir est florissant dans la plupart des pays.

Schwarzarbeit ist in vielen Ländern eine wichtige Freizeitbeschäftigung geworden.
Le travail au noir est devenu une sorte de passe-temps important dans beaucoup de pays.

Niemand weiß genau, welche Ausmaße die Schattenwirtschaft hat, aber sie nimmt täglich zu.
Personne ne connaît exactement l'étendue actuelle de l'économie souterraine, mais elle se développe tous les jours.

In Italien umfasst die Schattenwirtschaft wohl an die 25 % des Bruttoinlandprodukts.
En Italie, l'économie parallèle représente peut-être 25 % du produit national brut.

Hohe Steuern, geringe Verdienste und strenge Vorschriften treiben einige Leute in die Schattenwirtschaft.
Des impôts élevés, des revenus faibles et des réglementations strictes contraignent certaines personnnes à s'engager dans l'économie souterraine.

Er macht manchmal Autoreparaturen in Schwarzarbeit.
Il fait parfois des réparations automobiles au noir.

Er hat so seine Tricks, um sich etwas dazu zu verdienen.
Il a bien des façons de se faire quelques à-côtés.

Für den offiziellen Arbeitsmarkt ist die Dynamik der Schattenwirtschaft stimulierend.
La vitalité de l'économie souterraine donne du tonus au marché officiel du travail.

Ohne die Schattenwirtschaft gäbe es noch mehr Personen ohne Arbeit.
Sans l'économie parallèle, il y aurait encore beaucoup plus de chômeurs.

Für die Regierungen bedeutet die Existenz der Schattenwirtschaft einen Steuereinkommensverlust von Milliarden.
Pour les gouvernements, l'économie parallèle représente des milliards d'euros de recettes fiscales en moins.

Viele Unternehmen, die sich an die Gesetze halten, stöhnen unter der Last der Sozialabgaben, die Firmen mit Schwarzarbeitern umgehen.
Les entreprises qui respectent la loi se plaignent des charges sociales qui les accablent et auxquelles échappent les entreprises employant des ouvriers au noir.

In Frankreich beschlossen die Steuerinspektoren, gegen Schwarzarbeit im Hoch- und Tiefbau sowie im Gaststättengewerbe Razzien durchzuführen.
En France, les inspecteurs des impôts ont décidé d'effectuer des opérations coup de poing contre le travail au noir dans les secteurs du BTP et de la restauration.

Er hinterzieht ganz legal Steuern: er nahm seinen Wohnsitz im Ausland.
Il fraude le fisc légalement : il a élu domicile à l'étranger.

59. GELD UND SCHULDEN
L'ARGENT ET LES DETTES

das Geld / (das) Mammon /	*l'argent / le dieu Argent*
die Kohle / die Knete / der Zaster	*le fric / l'oseille*
Geld verdienen	*gagner de l'argent*
gut verdienen	*bien gagner sa vie*
viel Geld verdienen	*gagner beaucoup d'argent*
im Geld schwimmen (a, o)	*rouler sur l'or*
Geld machen	*faire de l'argent*
knapp sein / knapp bei Kasse sein / wenig Geld haben	*être à court d'argent / manquer d'argent*
pleite sein / blank sein	*être fauché*
Geld aus=geben (a, e)	*dépenser de l'argent*
Geld verschwenden	*gaspiller de l'argent*
Geld aus dem Fenster werfen (a, o)	*jeter son argent par les fenêtres*
ein Gefäß ohne Boden	*un panier percé*
das Geld locker sitzen haben	*être dépensier*
eine sparsame Person	*une personne économe*
Geld sparen / Geld zurück=legen	*économiser de l'argent*
der Verbrauch (sg) / der Konsum (sg)	*la consommation*
die Konsumgesellschaft (sg)	*la société de consommation*
konsumieren / verbrauchen	*consommer*
der Konsument (en, en) / der Verbraucher (-)	*le consommateur*
der Konsumartikel (-)	*l'article de consommation*
die (dauerhaften) Konsumgüter	*les biens de consommation (durables)*
das Konsumverhalten	*le comportement du consommateur*
der Konsumverzicht	*le refus de la surconsommation*
die Kaufkraft	*le pouvoir d'achat*
mit Scheck / in bar bezahlen	*payer par chèque / en liquide*
der Kredit (e) / auf Raten zahlen	*le crédit / acheter à crédit*
monatlich ab=bezahlen	*payer par mensualités*
die Kreditkarte (n)	*la carte de crédit*
das Scheckbuch (¨er)	*le carnet de chèques*
sich Geld leihen (ie, ie) von (bei) jm	*emprunter de l'argent à qqn*
jm Geld leihen (ie, ie)	*prêter de l'argent à qqn*
jm Geld schulden	*devoir de l'argent à qqn*
(stark) verschuldet sein	*être (très) endetté*
überschuldet sein	*être surendetté*
seine Schulden zurück=zahlen	*rembourser ses dettes*
die Schulden erlassen (ie, a)	*annuler les dettes*

Wenn's um Geld geht, hört die Liebe auf.
L'argent est le nerf de la guerre.

In unserer heutigen Gesellschaft wird Ihr Erfolg am Geld, das Sie verdienen, gemessen.
Dans la société d'aujourd'hui, on mesure votre succès à l'argent que vous gagnez.

Das Einzige, was die Leute interessiert, ist, mehr Geld zu verdienen.
La seule chose qui intéresse les gens, c'est de gagner plus d'argent.

Wir leben in einer materialistischen Gesellschaft und werden von klein auf an das Besitzstandsdenken gewöhnt.
Nous vivons dans une société matérialiste et on nous apprend dès notre plus jeune âge à avoir le goût de la propriété.

Viele Konsumgüter sind darauf angelegt, schnell überholt zu sein, was die Geldgier der Menschen fördert.
L'obsolescence programmée de nombreux biens de consommation contribue à rendre les gens obsédés par l'argent.

Er sollte begreifen, dass Geld nicht auf Bäumen wächst.
Il devrait se rendre compte que l'argent ne tombe pas du ciel.

Er sollte ein bisschen Geld zur Seite legen für härtere Zeiten.
Il devrait économiser un peu d'argent en prévision des temps difficiles.

Viele Leute leben heute weit über ihre Verhältnisse.
De nos jours, beaucoup de gens vivent largement au-dessus de leurs moyens.

Viele geben ihr Geld aus, ohne nachzudenken und sind am Monatsende knapp bei Kasse.
Beaucoup de gens dépensent leur argent à tort et à travers et ont du mal à joindre les deux bouts.

Er verdient nicht viel Geld, aber er kommt über die Runden.
Il ne gagne pas énormément mais il arrive à s'en sortir.

Es gibt Leute, die ihr Leben lang versuchen, es den Nachbarn gleich zu tun.
Il y en a qui passent toute leur vie à essayer de faire aussi bien que le voisin.

Er denkt nur ans Geld. Natürlich musste er seinen Bruder übertrumpfen und ein brandneues Auto kaufen.
Il ne pense qu'à l'argent. Bien sûr, il fallait qu'il fasse mieux que son frère et il a décidé d'acheter une voiture flambant neuve.

Mit Kreditkarten verlieren viele Menschen den Überblick über ihre Ausgaben, und einige kommen nie aus der Kreditfalle heraus.
Avec les cartes de crédit, beaucoup de gens ne savent plus où ils en sont de leur dépenses, et certains ne parviennent jamais à se sortir du piège du crédit.

Je mehr Geld man hat, umso mehr Geld gibt man aus, da ständig neue Bedürfnisse entstehen.
Plus on a d'argent, plus on en dépense, car on se crée toujours de nouveaux besoins.

60. DIE WERBUNG
LA PUBLICITÉ

die Werbung (sg)	*la publicité, la pub*
die Anzeige (n) / das Inserat (e)	*l'annonce*
die Zeitungs- / die Fernseh- / die Radiowerbung	*la publicité dans un journal / à la télévision / à la radio*
der Werbespot (s)	*le spot publicitaire (TV ou radio)*
die Werbepause (n)	*la page de pub (TV ou radio)*
das Plakat (e)	*l'affiche*
die Reklametafel (n) / das Reklameschild (er)	*le panneau publicitaire*
der Prospekt (e)	*le prospectus*
die Werbepost / die Reklamepost	*le courrier publicitaire*
eine Anzeige / ein Inserat in die Zeitung setzen	*mettre une annonce dans un journal*
die Stellenanzeige (n)	*l'offre d'emploi*
Stellenangebote (pl)	*« offres d'emploi » (la rubrique)*
Stellengesuche (pl)	*« demandes d'emploi » (la rubrique)*
die Kleinanzeige (n)	*la petite annonce*
die Kontaktanzeige (n)	*la rubrique rencontres / le courrier du cœur (la rubrique)*
die Werbekampagne (n)	*la campagne publicitaire*
die Werbestrategie (n)	*la stratégie publicitaire*
der Slogan (s) / der Werbespruch (¨e)	*le slogan publicitaire/ le slogan*
ein zugkräftiger Slogan	*un slogan accrocheur*
eine ansprechende Anzeige	*une publicité attirante*
der Inserent (en, en) (in der Presse) / der Werber (-)	*l'annonceur*
für ein Produkt werben (a, o)	*faire de la publicité pour un produit*
der Werbefachmann (-fachleute) / der Werbeberater (-)	*le publicitaire / le conseiller en publicité*
über ein Produkt informieren	*informer les gens sur un produit*
den Verbraucher beeinflussen	*influencer le consommateur*
die Verbraucher zum Kauf an=regen	*inciter les consommateurs à acheter*
die Botschaft (en) / die Message (s)	*le contenu d'un message*
eine Botschaft / eine Message rüber=bringen (a, a)	*transmettre un message*
der Sponsor (en)	*le sponsor, le parrain*
ein sportliches Ereignis sponsern	*parrainer un événement sportif*
das Sponsoring	*le parrainage*
die Messe (n)	*la foire*
aus=stellen, die Ausstellung (en)	*exposer, l'exposition*

Werbung ist die Kunst, die menschliche Intelligenz so lange auszuschalten, wie man braucht, um Geld zu verdienen.

La publicité est la science qui consiste à arrêter l'intelligence humaine suffisamment longtemps pour avoir le temps de gagner de l'argent.

Werbefachleute suchen nach Dingen wie Sex, Sonne und Süden, um die Leute zum Träumen zu bringen und dazu, Produkte zu kaufen.

Les annonceurs cherchent des valeurs, comme la mer, le sexe et le soleil, pour faire rêver les gens et les inciter à acheter des produits.

Werbung spielt mit unseren Ängsten, Eitelkeiten und Wünschen, um uns davon zu überzeugen, Dinge zu kaufen, die wir nicht brauchen.

Pour nous persuader d'acheter des choses dont nous n'avons pas besoin, la publicité joue sur nos craintes, notre vanité et nos désirs.

Werbung schafft die Illusion, dass alle Schönheitsfehler und persönlichen Mängel zum Verschwinden gebracht werden können.

La publicité crée l'illusion que toutes les imperfections et tous les défauts personnels peuvent être éliminés.

Werbung ist überall. Sie wird uns aufgezwungen, im Fernsehen, im Radio, im Kino, in den Zeitschriften, auf Bussen und den Trikots der Sportler.

La publicité est omniprésente. Elle nous est imposée à la télévision, à la radio, au cinéma, dans les magazines, sur les bus et sur les maillots des sportifs.

Es ist absolut unerträglich, wenn ein Film im Fernsehen zum x-ten Mal unterbrochen wird, um eine Werbung für Zahnpasta zu bringen.

Il est absolument insupportable de voir un film à la télévision saucissonné par une publicité vantant une marque de dentifrice.

Am erfolgreichsten ist eine Werbung, die eine fest umrissene Zielgruppe hat, deren Geschmack, Ängste und Wünsche klar definiert sind.

Les pubs les plus réussies sont celles qui visent une audience cible bien précise, dont les goûts, les craintes et les désirs ont été clairement identifiés.

Viel Werbung ist speziell auf Jugendliche ausgerichtet.

De nombreuses publicités sont spécialement ciblées sur les jeunes.

Jedes Kind sieht Fernsehwerbung, und so ist es kein Wunder, dass die Firmen jährlich Millionen aufwenden, um sie als Kunden zu gewinnen.

Chaque enfant regarde des publicités à la télévision. Pas étonnant que les entreprises investissent des millions pour en faire leurs clients.

Werbung hält die Wirtschaft in Gang. Straßen, Fernsehen und Zeitschriften wären ohne Werbung langweilig.

La publicité permet à l'économie de tourner. Les rues, la télé et les magazines seraient monotones s'il n'y avait pas de publicité.

Der Mensch ist gierig nach Neuem und nach starken Gefühlen. Werbung nährt diese Bedürfnisse.

L'homme a soif de nouveauté et de sensations fortes. La publicité existe pour entretenir ce besoin.

61. DER WELTHANDEL
LE COMMERCE MONDIAL

der Handel (sg)	*le commerce / les échanges commerciaux*
Handel treiben (ie, ie) mit jm	*commercer avec qn*
mit Kaffee handeln	*faire le commerce du café*
der Waffenhandel / der Kaffeehandel	*le commerce des armes / du café*
der (Groß)Händler (-)	*le négociant, le grossiste*
der Kaufmann (-leute)	*le commerçant*
der Handelspartner (-)	*le partenaire commercial*
die Welthandelsorganisation / die WTO	*l'organisation mondiale du commerce l'OMC*
die Organisation für wirtschaftliche Zusammenarbeit und Entwicklung / die OECD	*l'OCDE*
das Handelsabkommen	*l'accord commercial*
der Binnenhandel / der Außenhandel	*le commerce intérieur / extérieur*
der Großhandel / der Einzelhandel	*le commerce de gros / de détail*
die Handelsbeziehung (en)	*la relation commerciale*
die Handelsbilanz (en)	*la balance commerciale*
das Handelsdefizit (e)	*le déficit commercial*
ein Überschuss in der Handelsbilanz	*un excédent commercial*
aus=führen / exportieren	*exporter*
ein=führen / importieren	*importer*
der Exporteur (e) / der Importeur	*l'exportateur / l'importateur*
der Export (e) / die Ausfuhr (en)	*l'exportation*
der Import (e) / die Einfuhr (en)	*l'importation*
ein Wein exportierendes Land	*un pays exportateur de vin*
die Marktnische (n)	*le créneau sur le marché*
die protektionistische Politik (sg) / der Protektionismus (sg)	*le protectionnisme / la politique protectionniste*
der freie Handel	*le libre-échange*
der Zoll (¨e) / die Zollgebühren	*la douane / les droits de douane*
der Handelskrieg (e)	*la guerre commerciale*
Zollschranken errichten	*(ériger) des barrières douanières*
die Exportquote (n) / die Importquote	*le quota d'exportation, d'importation*
Quoten fest=legen	*imposer des quotas*
die Handelssanktion (en)	*la sanction commerciale*
ein Embargo verhängen / auf=heben (o, o)	*imposer / lever un embargo*
der Boykott auf chinesische Produkte	*le boycott sur les produits chinois*
ein Produkt boykottieren	*boycotter un produit*

Pro Minute werden weltweit schätzungsweise zehn Millionen $ umgesetzt.
On évalue à 10 millions de dollars la valeur des échanges commerciaux dans le monde à chaque minute.

Der Außenhandel ist die Basis für den Wohlstand eines Landes.
Le commerce international est essentiel pour la prospérité d'un pays.

Die 49 ärmsten Länder haben nur einen Anteil von 0,4 % am Welthandel.
Les 49 pays les plus pauvres du monde représentent 0,4 % du commerce mondial.

Bei den letzten Verhandlungen der WTO hatte die EU über 500 Delegierte.
L'Union européenne avait plus de 500 délégués lors des dernières négociations de l'OMC.

Wenn Afrika, Südostasien, und Lateinamerika ihren Anteil an den Weltexporten um ein Prozent steigern könnten, gäbe es 128 Millionen weniger Arme.
Si l'Afrique, l'Asie du Sud-Est et l'Amérique latine pouvaient augmenter de 1 % la part de leurs exportations mondiales, il y aurait 128 millions de pauvres en moins.

Die armen Länder fordern das Ende von unfairen Handelspraktiken und einen gerechten Anteil am Welthandel.
Ce que les pays pauvres réclament, c'est la fin des pratiques commerciales inéquitables et une juste part du commerce mondial.

Ein ghanesischer Kakaoproduzent bekommt nur 1,2 % des Preises, den ein deutscher Verbraucher für eine Tafel Schokolade bezahlt.
Un producteur de cacao ghanéen ne reçoit que 1,2 % du prix que paie un consommateur allemand pour une tablette de chocolat.

Multinationale Unternehmen der reichen Länder sind vor allem daran interessiert, neue Märkte für ihre Güter und Dienstleistungen in den sich entwickelnden Ländern zu erobern.
Ce qui intéresse surtout les multinationales des pays riches, c'est de conquérir de nouveaux marchés pour leurs biens et services dans les pays en développement.

Die Invasion von chinesischen Textilwaren auf den europäischen Markt bedroht die Arbeitsplätze der hiesigen Textilindustrie.
L'invasion des textiles chinois en Europe menace les emplois de l'industrie textile dans nos pays.

Wenn die Europäer Importquoten für chinesische Textilprodukte festlegen, wird China wohl mit Vergeltungsmaßnahmen antworten, indem es die Einfuhr des Airbus begrenzt.
Si les Européens imposent des quotas d'importations pour les textiles chinois, il est probable que la Chine usera de représailles en limitant les importations d'Airbus.

Einige sehen die WTO als ein Bollwerk gegen Unilateralismus; andere als eine korrupte Institution, die die Ungerechtigkeit fördert.
Pour certains, l'OMC est un rempart contre l'unilatéralisme ; pour d'autres, c'est une institution corrompue qui encourage l'injustice.

62. HANDEL UND VERTRIEB
LE COMMERCE ET LA DISTRIBUTION

ein=kaufen / shoppen / Shopping machen	*faire les courses, ses courses*
der Käufer (-) / der Einkäufer	*l'acheteur*
der Kunde (n, n) / der Kundendienst	*le client / le service après vente*
der Händler (-) / der Kaufmann (-leute)	*le commerçant*
der Konsument (en, en) / der Verbraucher (-)	*le consommateur*
der Spontankauf (¨e)	*l'achat d'impulsion*
einen Schaufensterbummel machen	*faire du lèche-vitrine*
die Einkaufstasche (n) / der -korb (¨e)	*le sac / le panier à provisions*
die Einkaufsliste (n)	*la liste des courses*
das Einkaufszentrum (ren)	*le centre commercial*
die Einkaufspassage (n)	*la galerie marchande*
das Vertriebsnetz (e)	*le réseau de distribution*
der Groß- / Einzelhandel (sg)	*le commerce de gros / de détail*
der Einzelhändler (-)	*le détaillant*
der Großhändler (-)	*le grossiste*
das Geschäft (e)	*le magasin*
das Schuhgeschäft (e)	*le magasin de chaussures*
der Laden (¨) / die Boutique (n) /	*la boutique*
die Modeboutique (n)	*la boutique de mode*
der Tante-Emma-Laden (¨)	*le petit magasin de proximité*
die kleinen Geschäfte	*les petits commerces*
das Kaufhaus (¨er)	*la grande surface, le grand magasin*
die Filiale (n)	*la succursale*
die Kette (n)	*le magasin à succursales multiples*
der Supermarkt (¨e) / der Großmarkt	*le supermarché / l'hypermarché*
das Discountgeschäft (e)	*le (magasin) discount*
der Einkaufswagen (-)	*le caddie*
der Versandhandel (sg)	*la vente par correspondance*
der Katalog (e)	*le catalogue*
das Haustürgeschäft (e)	*la vente à domicile*
das Teleshopping (sg)	*le télé-achat*
der Einkaufssender (sg)	*la chaîne de télé-achat*
die Preise vergleichen (i, i)	*comparer les prix*
der E-Commerce / das E-Business	*le commerce électronique*
der Online-Handel (sg)	
das Online-Shopping (sg) /	*le commerce en ligne*
der Online-Kauf (¨e)	*les achats sur Internet*

Die goldenen Zeiten der kleinen Geschäfte sind vorbei.

L'époque où le petit commerce était roi est révolue.

Es ist eine Revolution im Einzelhandel im Gange, die das Sterben vieler kleiner Läden nach sich ziehen könnte.

La révolution qui est en cours dans la vente au détail pourrait entraîner la mort du petit commerce.

Außer einer langen Skipiste hat das Einkaufszentrum von Madrid, Xanadù, 220 Läden, 30 Restaurants, 15 Kinosäle und eine Go-Kart-Bahn.

En plus d'une longue piste de ski, Xanadú, l'hypermarché de Madrid, dispose de 220 magasins, 30 restaurants, 15 cinémas et d'une piste de karting.

Bis vor kurzem noch schien die Vorstellung, mit dem Computer von zu Hause aus einzukaufen, futuristisch.

Il y a peu de temps encore, l'idée de faire des achats depuis notre ordinateur, assis à la maison, relevait de la science-fiction.

Der Versandhandel hat dem Online-Handel den Weg geebnet: der Verbraucher weiß, dass man nicht ins Geschäft zu gehen braucht, um einzukaufen.

La vente par correspondance a ouvert la voie au commerce électronique : le consommateur sait qu'il n'a pas besoin de magasins pour faire des courses.

Der E-Commerce ändert die Einkaufsgewohnheiten.

Le commerce électronique change la façon dont nous faisons nos achats.

Das Internet stärkt die Macht der Verbraucher, da es für Kunden leichter ist, von einem Lieferanten zum anderen zu wechseln.

Internet renforce le pouvoir du consommateur, car les clients peuvent beaucoup plus facilement passer d'un fournisseur à l'autre.

Im Handumdrehen ist es möglich, die neue DVD zu wählen, die man unbedingt haben muss oder den neusten Bestseller zu bestellen.

En moins de temps qu'il ne le faut pour le dire, il est possible de sélectionner cette nouvelle vidéo à posséder absolument où de commander le dernier best-seller.

Wenn Sie ein Buch online kaufen, ist es normalerweise in weniger als einer Woche bei Ihnen zu Hause – und letztlich doch nicht billiger.

Quand vous achetez un livre sur Internet, il arrive en général chez vous en moins d'une semaine – et finalement pas meilleur marché.

Online-Handel erlaubt uns, rund um die Uhr einzukaufen, aber er wird nie den menschlichen Kontakt ersetzen.

Le commerce en ligne nous permet de faire des achats 24 heures sur 24, mais il ne remplacera jamais les relations humaines.

Um mit Supermärkten, Einkaufszentren und E-Commerce mitzuhalten, müssen die kleinen Läden kreativ sein, wenn sie überleben wollen.

Pour faire face à la concurrence des supermarchés, des hypermarchés et des achats sur internet, les petits commerces doivent être créatifs s'ils veulent survivre.

63. DER LUFTVERKEHR
LE TRANSPORT AÉRIEN

das Flugwesen (sg) / die Luftfahrt (sg)	*l'aviation*
das Flugzeug (e)	*l'avion*
das Düsenflugzeug (e)	*l'avion à réaction*
das Überschallflugzeug (e)	*l'avion supersonique*
der Jumbojet (s)	*le gros porteur, un jumbo-jet*
das Linienflugzeug (e)	*l'avion de ligne*
der Langstreckenflug (¨e)	*le vol long courrier*
das Charterflugzeug (e)	*le (avion) charter*
das Frachtflugzeug (e)	*l'avion-cargo*
der Flughafen (¨)	*l'aéroport*
die Drehscheibe (n)	*la plaque tournante*
der Flugverkehr (sg)	*le trafic aérien*
die hohe Anzahl der Flugbewegungen	*l'encombrement du ciel*
der Fluglotse (n, n)	*l'aiguilleur du ciel*
der Passagier (e)	*le passager*
ein=checken	*se présenter à l'enregistrement*
die Abflug (¨e) / die Ankunft (¨e)	*le départ / l'arrivée*
pünktlich sein / planmäßig an=kommen (a, o)	*être à l'heure*
gestrichen werden / annulliert werden/ aus=fallen (ie, a)	*être annulé*
verspätet sein	*être en retard*
ein=steigen (ie, ie) / aus=steigen	*monter dans / descendre de l'avion*
nach Berlin fliegen (o, o)	*aller à Berlin en avion*
beim Fliegen wird mir übel	*j'ai le mal de l'air*
unter der Zeitverschiebung leiden (i, i)	*être fatigué à cause du décalage horaire*
die Fluggesellschaft (en)	*la compagnie aérienne*
das Flugticket (s)	*le billet d'avion*
die Billigfluggesellschaft (en)	*la compagnie à bas prix*
eine Fluggesellschaft ohne Service	*une compagnie qui offre des prestations réduites au minimum*
eine erbitterte Konkurrenz	*une concurrence acharnée*
die Luft- und Raumfahrtindustrie	*l'industrie aéronautique*
die Flugzeugindustrie (sg)	*l'industrie aéronautique*
der Flugzeugkonstrukteur (e)	*l'avionneur*
die Luftfahrtsicherheit (sg) / die Flugsicherung (sg)	*la sécurité aérienne*
die Wartung / die Instandhaltung	*l'entretien / la maintenance*
das Flugzeugunglück (e)	*l'accident d'avion*

Statistisch gesehen, stehen die Chancen, mit dem Flugzeug abzustürzen, drei zu einer Million, aber die Schlagzeilen geben nicht diesen Eindruck.

Statistiquement, il y a à peine plus de trois chances sur un million qu'un avion s'écrase, mais les titres des journaux ne donnent pas cette impression.

Die Gegner der Lärmbelästigung möchten gerne, dass der Luftverkehr eingeschränkt wird, aber das scheint nicht möglich zu sein, wie man an der steigenden Zahl von Flugreisenden sieht.

Les militants anti-bruit voudraient bien que le trafic aérien soit limité, mais cela semble impossible vu le nombre grandissant de gens qui voyagent en avion.

Die starke Expansion des Luftverkehrs ist kaum zu stoppen: die Zahl der Flugreisenden dürfte sich im Jahr 2020 auf 400 Millionen belaufen.

Il y a peu de chances que le développement considérable de l'aviation s'arrête : le nombre de passagers devrait s'élever à 400 millions par an d'ici 2020.

Der Flughafen Frankfurt hat rund 50 Millionen Passagiere pro Jahr und einen Umschlag von ca. 1,5 Millionen Tonnen Luftfracht.

L'aéroport de Francfort voit passer environ 50 millions de passagers par an et traite environ 1,5 million de tonnes de fret aérien.

Sollte man nicht, anstatt neue Landebahnen zu bauen, eher außerhalb der Städte gelegene Flughäfen anlegen, die mit dem Stadtzentrum durch Hochgeschwindigkeitszüge verbunden sind?

Plutôt que construire de nouvelles pistes, pourquoi ne pas construire de nouveaux aéroports excentrés et reliés aux centres des villes par des TGV ?

Einen Airbus A380 fliegen sei einfach wie Fahrrad fahren, sagte der Pilot des weltgrößten Passagierflugzeuges nach seinem Jungfernflug.

C'est aussi facile de piloter l'Airbus A380 que de faire de la bicyclette a dit le pilote du plus grand avion de ligne du monde après son vol inaugural.

Der Airbus A380 ist ein riesiges Flugzeug mit zwei Passagierdecks, einer Spannweite von 80 Metern und einem Rumpf von 73 Metern Länge.

L'Airbus A380 est un avion géant à deux ponts avec une envergure de 80 mètres et un fuselage de 73 mètres de long.

Der neue Superjumbo von Airbus kann bequem 555 Passagiere aufnehmen und läutet eine neue Ära in der Geschichte der Luftfahrt ein.

Capable d'accueillir confortablement 555 passagers, le nouveau super jumbo-jet d'Airbus marque le début d'une ère nouvelle dans l'histoire de l'aviation.

Die Zeit wird zeigen, ob Airbus mit der Wahl der Riesenflieger den Markt besser eingeschätzt hat als sein ewiger Konkurrent Boeing.

Seul l'avenir dira si Airbus a évalué le marché plus intelligemment que son ennemi juré Boeing en choisissant l'option du gigantisme.

Boeing setzt lieber auf den Dreamliner 7E7, ein mittelgroßes Flugzeug mit niedrigem Kerosinverbrauch, das Direktflüge durchführen kann.

Boeing préfère miser sur un avion de taille moyenne peu gourmand en kérosène, capable d'effectuer des vols directs, le Dreamliner 7E7.

64. DER GÜTERVERKEHR
LE TRANSPORT DE MARCHANDISES

der Verkehr (sg)	*le(s) transport(s) / la circulation*
der Verkehrsminister (-)	*le ministre des Transports*
Güter transportieren	*transporter des marchandises*
Güter liefern	*livrer des marchandises*
die Lieferung (en) / der Lieferant (en, en)	*la livraison / le livreur*
laden (u, a) / beladen	*charger (des marchandises)*
aus=laden / löschen	*décharger (des marchandises)*
das Paket (e) / das Päckchen (-)	*le paquet / le colis*
die Fracht (sg)	*le fret*
ein Flugzeug befrachten / einen LKW beladen (u, a)	*affréter un avion / un camion*
die Ladung (en)	*la cargaison*
Güter versenden (a, a)	*expédier des marchandises (par bateau, avion, train, etc.)*
der (Güter)Versand (sg)	*l'expédition de marchandises*
der Container (-)	*le conteneur*
die Kiste (n) / der Kasten (¨)	*la caisse / la boîte*
das Transportmittel (-) / das Verkehrsmittel	*le moyen de transport*
der Luftfrachtverkehr (sg)	*le transport aérien*
das Frachtflugzeug (e)	*l'avion-cargo*
der Schiffstransport (e)	*le transport maritime*
die Binnenschifffahrt (en)	*le transport fluvial*
der Güterbahntransport (e)	*le transport ferroviaire*
der Güterzug (¨e)	*le train de marchandises*
der Straßengüterverkehr (sg)	*le transport routier*
der Spediteur (e)	*le transporteur*
die Spedition (en)	*le transporteur routier*
der Lastkraftwagen (-) / der LKW (s)	*le camion*
der Lastwagen (-)	*le camion*
der Anhänger (-)	*la remorque*
der Sattelschlepper (-)	*le semi-remorque*
der Laster (-)	*le poids lourd*
der Kleintransporter (-)	*la camionnette*
der LKW-Fahrer (-)	*le (chauffeur) routier*
der Huckepackverkehr (sg)	*le ferroutage*
die LKW-Raststätte (n)	*le relais routier*
die Route (n)	*l'itinéraire*
die Transportkosten (pl)	*les frais de transport*

Geeignete und leistungsfähige Transportmittel, die die Güter so rasch wie möglich an ihren Bestimmungsort bringen, sind von größter Bedeutung.

Des moyens de transport efficaces, acheminant les marchandises à leur destination aussi vite que possible, sont d'une importance capitale.

Wenn es darum geht, verderbliche Güter ans andere Ende der Welt zu transportieren, ist die Geschwindigkeit entscheidend.

Lorsqu'il s'agit de transporter des denrées périssables à l'autre bout du monde, la vitesse est cruciale.

Die richtigen Transportmittel zu wählen, ist der Schlüssel zum geschäftlichen Erfolg.

Choisir le moyen de transport approprié est la clé du succès commercial.

Die Hauptfaktoren, die berücksichtigt werden müssen, sind die Natur der Güter, Bestimmungsort, Größe und Gewicht sowie die Dringlichkeit der Lieferung.

Les principaux facteurs à prendre en compte sont la nature des marchandises, leur destination, leur taille et poids et l'urgence de leur livraison.

Seetransport ist ein kostensparender Weg, sperrige Güter zu versenden.

Le transport maritime est un moyen économique d'acheminer des produits volumineux.

Der Transport per Straße bietet den unersetzbaren Haus-zu-Haus-Service, und er ist schnell auf kurzen Strecken.

Le transport routier offre un service porte à porte irremplaçable et s'avère rapide sur les courtes distances.

Die Erhöhung der Benzinpreise beunruhigt die Spediteure.

L'augmentation des prix du gazole inquiète les transporteurs routiers.

Für Strecken über 300 km ist der Transport per Bahn am billigsten, aber er wird noch immer zu wenig genutzt.

Pour des distances supérieures à 300 km, le rail est plus économique que la route, mais il continue d'être sous-utilisé.

Die Verkehrsbelastung auf den Straßen sollte die Regierungen dazu veranlassen, den Huckepackverkehr mehr als bisher zu fördern.

Les encombrements sur les routes devraient inciter les pouvoirs publics à développer le ferroutage beaucoup plus qu'ils ne le font actuellement.

Nach dem Brand im Mont-Blanc-Tunnel, der 39 Menschen das Leben kostete, sollte der Huckepackverkehr Priorität werden.

Avec l'incendie du tunnel routier du Mont-Blanc, qui impliquait des camions et qui a coûté la vie à 39 personnes, le ferroutage devrait devenir une priorité.

Es muss dringend ein Gleichgewicht zwischen Straße und Schiene hergestellt werden, denn es gibt jedes Jahr mehr Laster auf der Straße.

Il est urgent de rétablir l'équilibre entre la route et le rail, car il y a de plus en plus de mastodontes sur les routes d'année en année.

65. DIE LANDWIRTSCHAFT
L'AGRICULTURE

die Landwirtschaft (en) / die Agrarwirtschaf	*l'agriculture*
der Landwirt (e)	*l'agriculteur*
der landwirtschaftliche Betrieb (e)	*l'exploitation agricole*
der Bauernhof (¨e)	*la ferme*
der Diplomlandwirt (e)	*l'ingénieur agronome*
auf einem Bauernhof / in einem landwirtschaftlichen Betrieb arbeiten	*travailler dans une ferme*
500 Hektar bearbeiten	*exploiter 500 hectares*
das landwirtschaftliche Produkt (e)	*le produit agricole*
die Milchproduktion (sg)	*la production laitière*
das Milchprodukt (e)	*le produit laitier*
die Hühnerfarm (en)	*l'exploitation avicole*
den Boden bearbeiten / etwas an=bauen	*exploiter, cultiver la terre*
die Ernte (n) / ernten	*la récolte, la moisson / récolter*
eine gute / schlechte Ernte	*une bonne / mauvaise récolte*
Nahrungsmittel (pl.) produzieren	*produire de la nourriture*
das Getreide (sg)	*le blé*
der Weizen	*le blé, le froment*
der Reis	*le riz*
der Obst- und Gemüsebauer (n)	*le producteur de fruits et légumes*
der Winzer (-)	*le viticulteur*
das Vieh (sg)	*le bétail*
Vieh züchten / der Viehzüchter (-)	*élever du bétail / l'éleveur de bétail*
das Huhn (¨er) / das Hähnchen (-)	*la poule / le poulet*
das Rind (er)	*le bœuf*
das Schwein (e)	*le porc*
das Kalb (¨er)	*le veau*
das Lamm (¨er) / der Hammel (-)	*l'agneau / le mouton*
der Rinderwahnsinn	*la maladie de la vache folle*
die Vogelgrippe	*la grippe aviaire*
die Öko-, die Biolandwirtschaft	*l'agriculture bio*
der Ökobauer (n)	*l'agriculteur bio*
die industrielle Zucht	*l'élevage industriel*
die intensive Landwirtschaft	*l'agriculture intensive*
die Gemeinsame Agrarpolitik / die GAP /	*la Politique agricole commune / la PAC*
die landwirtschaftliche Subvention (en)	*la subvention agricole*

LES MOTS AU SERVICE DES IDÉES

Die Krise der Landwirtschaft dauert nun schon Jahrzehnte und die Dinge werden nicht besser.

La crise agricole dure maintenant depuis des décennies et les choses ne vont pas en s'améliorant.

Jedes Jahr entscheiden sich viele Landwirte, die Landwirtschaft aufzugeben, weil sie finanzielle Probleme haben.

Tous les ans, beaucoup d'agriculteurs décident d'abandonner l'agriculture parce qu'ils sont confrontés à des difficultés financières.

Einige Landwirte haben moderne Maschinen gekauft und schaffen es nicht, sie zu amortisieren.

Certains agriculteurs ont acheté des machines modernes et ne parviennent pas à rentabiliser leur investissement.

Was Landwirte am meisten fürchten, sind die Launen des Wetters.

Ce que les agriculteurs craignent le plus, ce sont les caprices du temps.

Ungewöhnlich gute Ernten sind oft gleichbedeutend mit schwierigen Zeiten für Landwirte, da die Märkte gesättigt sind.

Les récoltes exceptionnelles sont parfois synonymes de temps difficiles pour les agriculteurs, en raison de marchés saturés.

Nach einer Krise wegen einer Lebensmittelvergiftung muss das Vertrauen der Verbraucher langsam zurückgewonnen werden.

Il leur faut du temps pour regagner la confiance des consommateurs après une alerte à l'intoxication alimentaire.

Oft wird die Gemeinsame Agrarpolitik von Brüssel, zu Recht oder zu Unrecht, für die landwirtschaftliche Krise verantwortlich gemacht.

La Politique agricole commune de Bruxelles est souvent tenue pour responsable, à tort ou à raison, de la crise agricole.

Großbritannien will die gemeinsame Agrarpolitik neu verhandeln.

La Grande-Bretagne réclame une renégociation de la PAC.

Die Naturschützer werfen der modernen Landwirtschaft umweltschädliche Methoden vor.

Les écologistes reprochent souvent aux méthodes agricoles modernes de nuire à l'environnement.

Die Verbraucher zeigen sich immer häufiger besorgt über den massiven Gebrauch von Kunstdünger und Pflanzenvernichtungsmitteln.

Les consommateurs sont de plus en plus préoccupés par l'utilisation massive d'engrais et de pesticides.

Immer mehr Verbraucher wenden sich trotz hoher Preise den Bioprodukten zu.

De plus en plus de consommateurs se tournent vers les produits bio bien qu'ils soient plus chers.

66. DER FAIRE HANDEL
LE COMMERCE ÉQUITABLE

die Produkte des fairen Handels	*les produits issus du commerce équitable*
das Lebensmittel (-) aus dem fairen Handel	*la denrée alimentaire issue du commerce équitable*
das Obst / die Früchte aus dem fairen Handel	*les fruits issus du commerce équitable*
der Kaffee	*le café*
der Tee	*le thé*
die Banane (n)	*la banane*
der Kakao	*le cacao*
der Zucker	*le sucre*
der Honig	*le miel*
her=stellen / die Herstellung (sg)	*la fabrication / fabriquer*
die Kleidung aus dem fairen Handel	*les vêtements issus du commerce équitable*
handwerkliche Produkte	*des produits artisanaux*
das Produkt mit Markenzeichen	*le produit labellisé*
den fairen Handel fördern	*promouvoir le commerce équitable*
die faire Konkurrenz	*la concurrence loyale*
an den Sinn für wirtschaftliche Gerechtigkeit appellieren	*faire appel au sens de la justice économique de qqn*
ungerechte Handelsregeln bekämpfen	*combattre des règles commerciales inéquitables*
das herrschende System heraus=fordern	*défier le système dominant*
die Welt gerechter machen	*rendre le monde plus juste*
Kleinproduzenten unterstützen	*soutenir les petits producteurs*
einen Bauern vor dem Ruin retten	*sauver un paysan de la ruine*
auf=hören, die Bauern aus=zubeuten	*arrêter d'exploiter les paysans*
einen garantierten Mindestpreis zahlen	*payer un prix minimum garanti*
den Verlust gering halten (ie, a)	*atténuer les pertes*
ein bisschen über dem Marktpreis zahlen	*payer un peu plus que les cours du marché*
die multinationalen Firmen umgehen (i, a)	*court-circuiter les multinationales*
die Zwischenhändler aus=schalten	*éliminer les intermédiaires*
vom fairen Handel profitieren	*bénéficier du commerce équitable*
die Früchte seiner Arbeit ernten	*récolter les fruits de son travail*
sein Auskommen haben	*gagner assez d'argent pour vivre*
immer beliebter werden (u, o)	*se populariser*

LES MOTS AU SERVICE DES IDÉES

Die Verbraucher achten immer mehr darauf, wo und wie Produkte hergestellt werden.

Les consommateurs sont de plus en plus conscients de la façon dont les produits sont fabriqués et de leur provenance.

Eine steigende Zahl von Supermarktkunden wird beim Einkauf auch von ethischen Überlegungen geleitet.

De plus en plus de clients de supermarchés sont influencés par des considérations éthiques.

Einige Verbraucher zahlen gern ein bisschen mehr, wenn sie sicher sind, dass der Landwirt in der Dritten Welt ein vernünftiges Entgelt für seine Arbeit erhält.

Certains consommateurs sont prêts à payer un peu plus s'ils sont sûrs que le travail des paysans du tiers-monde est payé correctement.

Die Kleinproduzenten in Afrika oder Lateinamerika wollen Handel, nicht Hilfe. Und zwar fairen Handel, nicht freien Handel.

Le commerce, pas la charité, et le commerce équitable, pas le libre-échange, voilà ce que veulent les petits producteurs africains ou latino-américains.

Das Geld aus dem fairen Handel geht von unserem Portemonnaie bis in die Tasche des Kleinbauern nur durch wenige Hände.

L'argent des produits alimentaires issus du commerce équitable passe par très peu de mains lorsqu'il va de votre poche à celle d'un petit paysan.

Wenn die Kaffeepreise auf dem Weltmarkt fallen, haben die Kaffeepflanzer kaum genug zum Überleben.

Lorsque le cours mondial du café chute, les planteurs de café ont à peine de quoi survivre.

Fairer Handel ist im Begriff, sich ziemlich rasch in Schulen, Unternehmen und Supermärkten zu entwickeln.

Le commerce équitable est en train de se développer rapidement dans les écoles, les entreprises et les supermarchés.

Fairer Handel ist ein Tropfen auf den heißen Stein, wenn man bedenkt, dass in Deutschland der Einzelhandel im Jahr 2006 einen Absatz von 390 Milliarden Euro hatte.

Le commerce équitable est une goutte d'eau dans la mer, comparé aux 390 milliards d'euros de ventes au détail effectuées en Allemagne en 2006.

Der Absatz schnellt in die Höhe, aber der faire Handel ist weit davon entfernt, den freien Handel weltweit ersetzen zu können.

Les ventes explosent mais le commerce équitable est loin de pouvoir remplacer le libre échange à l'échelle mondiale.

Tun Sie etwas Gutes und werden Sie einer der Tausenden von Verbrauchern, die bereits Kaffee aus dem fairen Handel kaufen!

Faites une bonne action en vous joignant aux milliers de consommateurs qui achètent déjà du café issu du commerce équitable !

67. DIE GLOBALISIERUNG
LA MONDIALISATION

der Verfechter (-) / der Befürworter (-) der Globalisierung	*le mondialiste*
der Globalisierungskritiker (-)	*le critique de la mondialisation*
globalisieren	*se mondialiser*
das globale Dorf	*le village planétaire*
das Weltwirtschaftsforum (ren)	*le Forum économique mondial*
der Globalisierungsgegner (-)	*l'anti- (l'alter-)mondialiste*
die ethische Globalisierung	*la mondialisation éthique*
das Wachstum (sg)	*la croissance*
der Weltmarkt (¨e)	*le marché mondial*
die Liberalisierung (sg)	*la libéralisation*
der Wettbewerb (e)	*la concurrence*
die Privatisierung (en) / privatisieren	*la privatisation / privatiser*
die Deregulierung (en) / deregulieren	*la déréglementation / déréglementer*
die Deregulierung des Handels	*la déréglementation des échanges commerciaux*
die Preise deregulieren	*libérer les prix*
die unzulässige Preisabsprache (n)	*l'entente illicite sur les prix*
die Dezentralisierung (en) / dezentralisieren	*la décentralisation / décentraliser*
aus=lagern	*externaliser (une activité)*
verlagern	*délocaliser*
die Verlagerung von Firmen	*la délocalisation des entreprises*
eine Firma (ins Ausland) verlagern	*délocaliser une entreprise (à l'étranger)*
die Auslagerung (en) (von einem Bereich)	*l'externalisation (d'une activité)*
die Marktwirtschaft (sg)	*l'économie de marché*
die sozial Schwachen schützen	*protéger les défavorisés*
die heimische Identität bewahren	*préserver l'identité locale*
die kulturelle Vielfalt behalten (ie, a)	*garder la diversité culturelle*
seinen Teil vom Kuchen haben wollen	*vouloir avoir sa part du gâteau*
die nachhaltige Entwicklung	*le développement durable*
die soziale Gerechtigkeit	*la justice sociale*
mit Verlust verkaufen	*vendre à perte*
die Exportprämie (n)	*la prime à l'exportation*
die Subvention (en) / subventionieren	*la subvention / subventionner*
die Garantie gegen fallende Preise	*la garantie contre la baisse des prix*
die Abschaffung der Handelsschranken	*la suppression des barrières douanières*

LES MOTS AU SERVICE DES IDÉES

Ob man es will oder nicht, die Globalisierung ist Wirklichkeit geworden.

Qu'on le veuille ou non, la mondialisation est devenue une réalité.

Sich auf die Globalisierung einstellen, ist eine Herausforderung, die neue Perspektiven eröffnet.

S'adapter à la mondialisation est un défi qui ouvre de nouvelles perspectives.

Theoretisch soll die Globalisierung allen zugute kommen, aber in der Praxis sieht es oft anders aus.

En théorie, la mondialisation devrait bénéficier à tous, mais dans la pratique, c'est une tout autre histoire.

Globalisierung wird oft für die hohe Arbeitslosenzahl in Deutschland und anderen europäischen Ländern verantwortlich gemacht.

On accuse souvent la mondialisation d'être responsable du taux de chômage élevé en Allemagne et dans d'autres pays européens.

Die Arbeiter in reichen Ländern zahlen oft den Preis für die Deregulierung des Handels und die Verlagerung der Unternehmen ins Ausland.

Les travailleurs des pays riches paient souvent au prix fort les déréglementations et les délocalisations.

Angesichts der Herausforderungen der Globalisierung spielen Forschung und Entwicklung eine nicht zu unterschätzende Rolle.

La recherche et le développement ont un rôle non négligeable face aux défis de la mondialisation.

Wenn Entwicklungsländer in den Norden exportieren, müssen sie Zölle zahlen, die oft vier Mal höher sind als die Zölle, die Industrieländer unter sich zahlen.

Quand les pays en développement exportent au Nord, ils doivent souvent payer des droits de douane quatre fois plus élevés que ceux que les pays occidentaux acquittent entre eux.

Reiche Länder weigern sich, ihre Agrarsubventionen zu streichen, fordern aber, dass arme Länder ihre Wirtschaft für westliche Unternehmen öffnen.

Les pays riches refusent de réduire leurs subventions agricoles tout en réclamant que les pays pauvres ouvrent leurs économies aux entreprises occidentales.

Eine Welt, die durch Technologie und Handel verbunden ist, sollte auch durch ähnliche Werte verbunden sein.

Un monde que réunissent la technologie et le commerce doit par ailleurs être uni par des valeurs communes semblables.

Wie können wir zu einer nachhaltigen Entwicklung gelangen, ohne das wirtschaftliche Wachstum zu bremsen?

Comment passer progressivement à un développement plus durable sans pour autant ralentir la croissance économique ?

Viele Menschen suchen eine Alternative zu der liberalen Globalisierung.

Nombreux sont les gens qui cherchent une alternative à la mondialisation libérale.

68. DER MEDIZINISCHE FORTSCHRITT
LES PROGRÈS DE LA MÉDECINE

die moderne Medizin	*la médecine moderne*
die medizinische Forschung (en)	*la recherche médicale*
die Krebsforschung (en)	*la recherche contre le cancer*
forschen über	*faire des recherches sur*
der Fortschritt (e)	*le progrès*
eine herausragende Entdeckung (en)	*une découverte capitale*
in Sicht sein	*être en vue (découverte, vaccin, etc.)*
mit Riesenschritten vorwärts=gehen (i, a)	*avancer à pas de géant*
das Forschungsteam (s)	*l'équipe de chercheurs*
der Forscher (-)	*le chercheur*
ein Pionier im Bereich von	*un pionnier dans le domaine de*
den Weg bereiten für	*ouvrir la voie à qqch.*
entdecken	*découvrir*
eine Entdeckung (machen)	*(faire) une découverte*
die Behandlung (en) / behandeln	*le traitement / traiter*
die revolutionäre Technik (en)	*la technique révolutionnaire*
die High-Tech-Medizin	*la médecine de pointe*
die Chirurgie am offenem Herzen	*la chirurgie à cœur ouvert*
die Laserchirurgie	*la chirurgie au laser*
die Mikrochirurgie	*la micro-chirurgie*
hochspezialisierte chirurgische Instrumente	*des instruments chirurgicaux sophistiqués*
der Scanner (-)	*le scanner (l'appareil)*
eine Ultraschallaufnahme machen	*passer une échographie*
eine Kernspintomographie machen	*passer une IRM*
eine Computertomographie machen	*passer un scanner*
eine Röntgenaufnahme machen	*passer une radio*
die Diagnose (n) / diagnostizieren	*le diagnostic / diagnostiquer*
die Präventivmedizin	*la médecine préventive*
die Vorsorgeuntersuchung (en)	*le test de dépistage*
das wirksame Medikament (e)	*le médicament efficace*
die Wunderpille (n) / das Allheilmittel	*le remède miracle*
impfen / der Impfstoff (e)	*le vaccin / vacciner*
operiert werden (u, o)	*être opéré*
die Herztransplantation (en)	*la transplantation cardiaque*
die Nierentransplantation (en)	*la transplantation rénale*
sich an=stecken / die Ansteckung (en)	*se contaminer / la contamination*
eine Krankheit aus=rotten	*éradiquer une maladie*
eine Krankheit besiegen	*vaincre une maladie*

LES MOTS AU SERVICE DES IDÉES

Dank der Fortschritte in der Medizin ist die Lebenserwartung gestiegen.
Grâce aux progrès de la médecine, l'espérance de vie a augmenté.

Der medizinische Fortschritt hat nicht nur das Leben verlängert, sondern auch seine Qualität verbessert.
Non seulement le progrès médical a allongé la durée de la vie, mais il en a aussi amélioré la qualité.

Der medizinische Fortschritt hat wesentlich zu dem spektakulären Fall der Kindersterblichkeit beigetragen.
Le progrès médical a considérablement contribué à la baisse spectaculaire de la mortalité infantile.

Vorsorgen ist besser als heilen.
Mieux vaut prévenir que guérir.

Alle Frauen über 50 sollten regelmäßig eine Vorsorgeuntersuchung für Brustkrebs machen.
Toutes les femmes de plus de 50 ans devraient faire régulièrement un test de dépistage du cancer du sein.

Wir müssen mehr Geld für medizinische Forschung ausgeben, wenn wir Krankheiten wie Krebs oder Aids besiegen wollen.
Il faut consacrer plus d'argent à la recherche médicale si nous voulons vaincre des maladies telles que le cancer ou le sida.

Da sie sehr präzise, feinste Bewegungen ausführen, können Roboter in Bereichen arbeiten, die für die Hand des Chirurgen zu klein sind.
Capables de mouvements très précis, les robots peuvent opérer dans des espaces qui sont trop petits pour les mains d'un chirurgien.

Die Verwendung von Robotern erlaubt eine starke Reduzierung der Verletzungen im Gewebe, was die postoperativen Schmerzen verringert und den Heilungsprozess beschleunigt.
L'utilisation des robots permet de diminuer considérablement les traumatismes subis par les tissus, ce qui réduit la douleur post-opératoire et accélère la guérison.

Mit Hilfe von Robotern und der Entschlüsselung des menschlichen Genoms sind Wissenschaftler dabei, die Art, neue Medikamente zu entwickeln, grundlegend zu verändern.
Grâce aux robots et au décodage du génome humain, les scientifiques sont en train de changer fondamentalement l'élaboration de nouveaux médicaments.

Die neusten Entdeckungen der Genanalyse und -manipulation führen in ein zweites Jahrhundert nie dagewesenen medizinischen Fortschritts.
Les toutes dernières découvertes concernant l'analyse et la manipulation des gènes ouvrent maintenant la voie à un deuxième siècle de progrès médicaux sans précédents.

Medikamente auf DNA-Basis werden unser Leben von Grund auf ändern
Des médicaments basés sur l'ADN révolutionneront notre vie.

69. DIE GENMANIPULATION
LES MANIPULATIONS GÉNÉTIQUES

die Vererbungslehre / die Genetik	*la génétique*
der Genforscher (-) / der Genetiker (-) / der Genwissenschaftler (-)	*le généticien*
die Gentechnologie	*le génie génétique*
das Gen (e)	*le gène*
ein Gen verändern	*modifier un gène*
der Gencode (s)	*le code génétique*
das menschliche Genom (e)	*le génome humain*
das (genetische) Erbgut	*le patrimoine génétique*
die Erbinformation (en)	*les informations génétiques*
die genetische Vorsorgeuntersuchung (en)	*le dépistage génétique*
die genetische Prägung (en)	*l'empreinte génétique*
die Gentherapie (n)	*la thérapie génique*
die Stammzelle (n)	*la cellule souche*
eine Embryostammzelle (n)	*une cellule souche embryonnaire*
der Embryo (s)	*l'embryon*
die Stammzellenforschung (en)	*la recherche sur les cellules souches*
Stammzellen von Embryos entnehmen (a, o)	*récolter des cellules à partir d'embryons*
die Körperzelle (n) / die Keimzelle	*la cellule somatique / germinale*
der Klon (e) / das Klonen (sg)	*le clone / le clonage*
das Klonen von Menschen / Tieren	*le clonage humain / animal*
das therapeutische Klonen (sg)	*le clonage thérapeutique*
das reproduktive Klonen (sg)	*le clonage reproductif*
das Ei (er)	*l'œuf*
der Spender (-)	*le donneur*
der Kern (e)	*le noyau*
die DNA	*l'ADN*
das Experiment (e) / der Versuch (e)	*l'expérience*
Versuche an Menschen durch=führen	*faire des expériences sur l'homme*
Menschen nach Maß produzieren	*créer des êtres humains sur mesure*
beschädigtes Herzgewebe reparieren	*restaurer des tissus cardiaques abîmés*
die Behandlung von Erbkrankheiten	*le traitement des maladies génétiques*
die Ethik / eine ethische Frage	*l'éthique / une question d'éthique*
ethische Probleme auf=werfen (a, o)	*poser des problèmes d'éthique*
gegen die Ethik / unmoralisch	*contraire à l'éthique / immoral*
neue Perspektiven eröffnen	*ouvrir de nouvelles perspectives*

Genmanipulation erlaubt Wissenschaftlern, Tiere und Pflanzen nach ihren Bedürfnissen zu schaffen.

Les manipulations génétiques permettent aux scientifiques de créer des animaux et des plantes en fonction de leurs besoins.

Stammzellen enthalten einen wahren Schatz an Informationen über die ältesten Geheimnisse der menschlichen Entwicklung.

Les cellules souches sont une mine d'informations sur les plus profonds mystères du développement humain.

Einem südkoreanischen Forscherteam ist es gelungen, menschliche Embryos zu klonen und einem von ihnen Stammzellen zu entnehmen.

Une équipe sud-coréenne a cloné des embryons humains et a réussi à extraire des cellules souches de l'un d'eux.

Was den Südkoreanern gelang, setzt einen Meilenstein in der medizinischen Forschung.

Ce qu'ont fait les Sud-Coréens marque une étape importante dans la recherche médicale.

Um Krankheiten zu heilen, müssen Forscher noch herausfinden, wie man Stammzellen in menschliches Ersatzgewebe umwandelt.

Les chercheurs doivent encore apprendre à transformer des cellules souches en tissu humain de remplacement indispensable pour traiter les maladies.

Stammzellenforschung bereitet den Weg, um Krankheiten wie Diabetes, Parkinson und Alzheimer zu heilen.

La recherche sur les cellules souches ouvre la voie au traitement de maladies telles que le diabète, les maladies de Parkinson et d'Alzheimer.

Viele Genetiker befürworten das therapeutische Klonen, da es ihnen erlauben könnte, beschädigte Organe zu ersetzen.

Nombre de généticiens sont favorables au clonage thérapeutique, car il pourrait leur permettre de créer des pièces de rechange pour des organes endommagés.

Für die Gegner des therapeutischen Klonens gilt der Embryo, so klein er auch sein mag, als menschliches Leben, das respektiert werden muss.

Pour les adversaires du clonage thérapeutique, un embryon, si petit soit-il, est une vie qu'il faut respecter.

Für viele lässt das Manipulieren von menschlichen Embryos alle möglichen Arten von Missbrauch zu.

Modifier des embryons humains, c'est pour certains la porte ouverte à tous les abus.

Es besteht das Risiko, dass Verrückte jeden Kalibers Genmanipulationen benutzen, um Modellbabys zu produzieren.

Le risque existe que des fêlés en tous genres utilisent les manipulations génétiques pour façonner des êtres humains à leur convenance.

Irgendwo muss eine Grenze gezogen werden.

Il y a une limite à ne pas dépasser.

70. DIE BIOTECHNOLOGIE
LA BIOTECHNOLOGIE

der gentechnisch veränderte Organismus (men)	*l'OGM*
das Genlebensmittel (-)	*l'alimentation transgénique*
die landwirtschaftliche Biotechnologie (n)	*la biotechnologie agricole*
die biotechnologische Industrie (n)	*l'industrie biotechnologique*
die pharmazeutische Industrie (n)	*l'industrie pharmaceutique*
ein biotechnologisches Medikament	*un médicament biotechnologique*
die Lebensmittelindustrie (n)	*l'industrie agroalimentaire*
die Agronomie / Agrarwissenschaft	*l'agronomie*
der Agronom (en, en) / der Agraringenieur (e)	*l'agronome/ ingénieur agronome*
das gentechnische Produkt (e)	*le produit transgénique*
der Verfechter (-) / der Befürworter (-) / der Gegner (-) der Biotechnologie	*le partisan / l' ennemi de la biotechnologie*
verbieten (o, o) / das Verbot (e)	*interdire / l'interdiction*
jm misstrauen	*se méfier de qqn*
das Misstrauen der Europäer gegenüber der Biotechnologie	*la méfiance des Européens vis-à-vis de la biotechnologie*
der Verbraucherschutz (sg)	*la protection des consommateurs*
die Ängste der Verbraucher	*les craintes des consommateurs*
die Befürchtungen der Verbraucher zerstreuen	*apaiser les craintes des consommateurs*
der Widerstand (¨e) der Verbraucher	*la résistance des consommateurs*
die Kennzeichnung (en)	*l'étiquetage*
die Rückverfolgbarkeit	*la traçabilité*
auf die Gefährlichkeit hin überprüfen	*faire un test de dangerosité*
in die Nahrungskette gelangen	*entrer dans la chaîne alimentaire*
der Anbau gentechnisch veränderter Pflanzen	*les cultures transgéniques*
die Kommerzialisierung	*la commercialisation*
der traditionelle Anbau (sg)	*les cultures traditionnelles*
pflanzen / an=pflanzen	*planter / cultiver*
der Samen (-)	*la graine*
resistent gegen Insekten sein	*résister aux insectes*
den Ertrag erhöhen	*augmenter les rendements*
ein Mittel, den Hunger zu bekämpfen	*un outil pour combattre la faim*
angebaute Pflanzen heraus=reißen (i, i)	*arracher les cultures*
die Fremdbestäubung (en)	*la pollinisation croisée*

LES MOTS AU SERVICE DES IDÉES

Gentechnisch veränderte Lebensmittel werden in den nächsten Jahren ein kontrovers diskutiertes Thema bleiben.

L'alimentation transgénique devrait rester un sujet très controversé dans les années à venir.

Da der weltweite Nahrungsbedarf wohl in den kommenden 25 Jahren um 50 % steigen wird, könnte es sein, dass Genlebensmittel unumgänglich werden.

Les besoins alimentaires mondiaux étant susceptibles d'augmenter de 50 % dans les 25 ans à venir, les OGM pourraient devenir une nécessité.

Die Gegner sagen, dass der Anbau gentechnisch veränderter Lebensmittel eher großen Unternehmen als armen Menschen nützt.

Certains ennemis de la biotechnologie disent que les cultures transgéniques risquent fort de bénéficier davantage aux grandes entreprises qu'aux pauvres.

Wer kennt die genauen Folgen der Genlebensmittel für die Gesundheit?

Qui sait ce que pourraient être les conséquences exactes de l'alimentation transgénique sur la santé ?

Die Bürger wollen nicht, dass die Regierungen die Interessen der Industrie über die von Verbrauchern und Umwelt stellen.

Les gens ne veulent pas que les gouvernements fassent passer les intérêts de l'industrie avant ceux des consommateurs et de l'environnement.

Ökoanbau vor Fremdbestäubung zu schützen, scheint undurchführbar.

Protéger les cultures bio contre la pollinisation croisée paraît impossible.

Wenn sich gentechnisch veränderte und einheimische, wild wachsende Pflanzen befruchten, entsteht pflanzengiftresistentes Unkraut.

Lorsque des plantes transgéniques se reproduisent avec des plantes sauvages locales, elles donnent naissance à des mauvaises herbes qui résistent aux herbicides.

Der öffentliche Widerstand gegen den Fleischkonsum von gentechnisch veränderten Tieren könnte stärker sein als der gegen gentechnisch veränderten Pflanzenanbau.

L'opposition du grand public à la consommation de nourriture issue d'animaux transgéniques pourrait être pire que celle aux cultures transgéniques.

Es ist schwierig für arme Länder, dem Druck von großen Nahrungsmittelkonzernen standzuhalten.

Il est difficile pour les pays pauvres de ne pas céder à la pression des grandes entreprises agro-alimentaires.

Biotechnisch veränderte Bäume scheinen die einzige Lösung zu sein, die Holzproduktion zu erhöhen, ohne dass man die bestehenden Wälder abholzt.

Les arbres transgéniques semblent la seule façon d'augmenter la production de bois sans décimer les forêts existantes.

71. EINE AUTOMATISIERTE WELT
UN MONDE AUTOMATISÉ

die Automatisierung	*l'automatisation, la robotisation (d'une usine, etc.)*
automatisieren	*automatiser, robotiser*
der Automat (en, en)	*l'automate*
der Roboter (-)	*le robot*
die Automatisierungstechnik (en)	*la robotique*
eine vollautomatische Ausstattung	*un équipement robotisé*
der Haushaltsautomat (en, en)	*le robot domestique*
die Büroautomatisierung	*la bureautique*
das technologische Know-how (sg)	*le savoir-faire technologique*
das Informatikzeitalter	*l'ère informatique*
die Computerrevolution	*la révolution informatique*
die elektronische Datenverarbeitung / die EDV / die Informatik	*l'informatique*
er arbeitet im EDV-Bereich	*il travaille dans l'informatique*
die Programmierung (en)	*la programmation informatique*
das Computerprogramm (e)	*le programme informatique*
die EDV-Industrie (n) / die Datenverarbeitungsindustrie	*l'industrie informatique*
der Computer (-)	*l'ordinateur*
die Hardware (s)	*le matériel informatique*
die Software (sg) / das Programm (e)	*le logiciel*
das Computersystem (e)	*le système informatique*
die Umstellung auf EDV / die Informatisierung	*l'informatisation (d'un système)*
der EDV-Ingenieur (e)	*l'ingénieur, l'informaticien*
der Informatiker (-)	*l'informaticien*
der Computercrack (s)	*le passionné d'informatique*
der Computerfan (s)	*le fana d'informatique*
computersüchtig sein	*être accro de l'informatique*
die Elektronik (sg)	*l'électronique*
die Elektronikindustrie (sg)	*l'industrie électronique*
der Elektronikingenieur (e)	*l'(ingénieur) électronicien*
nutzerfreundlich sein	*être facile à utiliser*
der Technologiepark (s)	*la technopole*
das futuristische System (e)	*le système futuriste*
sich an die moderne Technologie an=passen	*s'adapter à la technologie moderne*
sich über die neuen Technologien auf dem Laufenden halten (ie, a)	*se tenir au courant des nouvelles technologies*

Wir leben in einer Welt, die von der Technik geprägt ist.
Nous vivons dans un monde marqué par la technologie.

Automaten und Computer haben unsere Lebensform und unsere Arbeitsweise verwandelt.
Les robots et les ordinateurs ont transformé la façon dont nous vivons et dont nous travaillons.

Automaten und Computer helfen uns oft, stumpfsinnige Arbeit zu erledigen.
Les robots et les ordinateurs nous aident souvent à faire des corvées abrutissantes.

Mit einem Computer umgehen zu können, ist heute unumgänglich, und sei es auch nur zum Versenden von E-Mails.
Savoir se servir d'un ordinateur est absolument indispensable aujourd'hui, ne serait-ce que pour envoyer un courriel.

Automaten fordern keine Kaffeepause, melden sich montags nicht krank, streiken nicht und brauchen keinen Urlaub.
Les robots ne réclament pas de pause café, ne se font pas porter malades le lundi, ne se mettent pas en grève et ne prennent pas de congés.

Sie können, ohne zu ermüden, 24 Stunden arbeiten und haben keinen Anspruch auf Rente.
Les robots peuvent travailler sans relâche 24 heures sur 24 et n'ont pas droit à la retraite.

Heutzutage gibt es in einigen Bereichen erheblich weniger körperliche Arbeit.
De nos jours, le travail physique se fait rare dans certains secteurs.

Wenn Automaten die menschliche Arbeit schneller, besser und billiger erledigen – was macht dann der Mensch?
Si les robots peuvent faire le travail de l'homme plus vite, mieux et moins cher, que feront les hommes ?

Mit der Einführung moderner Technologien bekommen Arbeiter und Angestellte in einigen Branchen das Gefühl, nutzlos zu sein.
Avec l'avènement de la technologie moderne, les ouvriers de certaines branches ont l'impression d'être devenus inutiles.

Um den Gefahren einer zu starken Automatisierung entgegenzuwirken, gab es in der BRD eine große Debatte zur Humanisierung der Arbeitswelt.
Pour contrer les risques de l'automatisation à outrance, un grand débat a été organisé en Allemagne sur l'humanisation du monde du travail.

Es scheint, als ob es noch einige Zeit dauert, bevor Hausroboter die gesamte unangenehme Hausarbeit übernehmen können.
Il semble peu probable que les robots domestiques fassent toutes les corvées ménagères fastidieuses avant un certain temps.

72. ARBEITEN IM ZEITALTER DER SPITZENTECHNOLOGIE
TRAVAILLER À L'HEURE DE LA HAUTE TECHNOLOGIE

die Hightechindustrie (n)	*la haute technologie*
die technologische / die Hightech-Revolution (en)	*la révolution technologique*
revolutionieren / völlig verändern	*révolutionner*
die Spitzentechnologie (n)	*la technologie de pointe*
das virtuelle Büro (s)	*le bureau virtuel*
die High-Tech-Ausstattung (en)	*l'équipement de haute technologie*
der Bürocomputer (-)	*l'ordinateur de bureau*
der Computerbildschirm (e)	*l'écran d'ordinateur*
die Tastatur (en) / das Keyboard (s)	*le clavier*
die Maus (¨e)	*la souris*
der USB-Stick (s)	*la clé USB*
eine E-Mail verschicken / mailen	*envoyer un courriel*
sichern	*enregistrer*
down=loaden / herunter=laden (u, a)	*télécharger*
auf eine CD brennen (a, a)	*graver sur un CD*
der Laptop (s)	*le (l'ordinateur) portable*
der (Laser)Drucker (-)	*l'imprimante (laser)*
der Fotokopierer (-) / fotokopieren	*le photocopieur / photocopier*
der Scanner (-) / scannen	*le scanner / scanner*
die Digitalanzeige (n)	*l'affichage digital, numérique*
digitalisieren	*digitaliser, numériser*
der elektronische Taschenkalender (-)	*l'agenda électronique de poche*
das Fax (e) / das Faxgerät (e)	*le fax / le fax (machine)*
das Mobiltelefon (e) / das Handy (s)	*le portable, le téléphone portable*
das Diktaphon (e) / das Diktiergerät (e)	*le dictaphone*
ein Fax schicken / senden (a, a)	*envoyer un fax*
das Internet benutzen	*utiliser Internet*
die neue Arbeitsweise	*la nouvelle façon de travailler*
neue Kommunikationsformen	*de nouvelles façons de communiquer*
die Heimarbeit (sg) / die Telearbeit	*le télétravail*
Telearbeit machen	*télétravailler*
der Jobnomade (n, n)	*le travailleur nomade*
zu Hause arbeiten	*travailler depuis chez soi*
die Telekonferenz (en)	*la téléconférence*
eine Konferenzschaltung machen / eine Telefonkonferenz durch=führen	*faire de la téléconférence*
die Videokonferenz (en)	*la visioconférence*
Jobsharing machen	*partager son emploi avec qqn*

Moderne Technologie hat die Arbeitsweise vieler Menschen völlig verändert.

La technologie moderne a révolutionné la façon dont beaucoup de gens travaillent.

Wie verblüfft unsere Ahnen wären, wenn sie die Spitzentechnologie sähen, die uns heute für unsere Arbeit zur Verfügung steht!

Nos ancêtres seraient vraiment sidérés s'ils voyaient la technologie de pointe dont nous disposons aujourd'hui pour travailler.

Einige Menschen sträuben sich gegen die neuen Technologien, aber sie werden sich daran gewöhnen müssen, ob es ihnen gefällt oder nicht.

Certains rechignent à utiliser les nouvelles technologies, mais il faudra bien qu'ils s'y mettent, que cela leur plaise ou non.

Das papierlose Büro ist eine Illusion, niemals verbrauchten die Menschen so viel Papier wie heute.

Le bureau sans papier est une illusion, les gens n'en ont jamais utilisé autant.

Ist das traditionelle Büro schon morgen Vergangenheit?

La fin du bureau traditionnel est-elle pour demain ?

Immer mehr Personen entscheiden sich für Telearbeit; es erspart ihnen die Umstände des täglichen Arbeitsweges.

De plus en plus de gens se mettent au télétravail, cela leur évite les tracas liés au trajet jusqu'au bureau tous les jours.

Je nach persönlichen Lebensumständen kann das virtuelle Büro Freiheit oder Isolation bedeuten.

Selon les conditions de vie de la personne concernée, le bureau virtuel peut être synonyme de liberté ou d'isolement.

Vielreisende waren über die Möglichkeiten der Videokonferenzen erfreut. So brauchen sie nicht mehr ständig im Flugzeug zu sitzen.

Ceux qui voyagaient souvent bénissent aujourd'hui les visioconférences. Ils ne sont plus obligés de sauter dans un avion.

Das System der Konferenzschaltung kann vielleicht die Reisekosten einer Firma senken, aber es wird nie den persönlichen Kontakt ersetzen.

Le système de téléconférences réduit peut-être les frais de déplacement pour une entreprise, mais il ne remplacera jamais les contacts personnels.

E-Mails ermöglichen eine schnellere und formlosere Kommunikation als Briefpost.

Le courrier électronique permet aux gens de communiquer entre eux beaucoup plus vite et de façon moins formelle que le courrier postal.

Die neuen Arbeitsformen sind praktisch, aber der direkte menschliche Kontakt bleibt auch in Arbeitsbeziehungen unersetzbar.

Les nouvelles façons de travailler sont pratiques, mais des relations humaines authentiques restent tout de même primordiales.

73. INTERNET
INTERNET

das Web (sg) / das Netz (e)	*le Web, la Toile*
(einen) Internetzugang haben	*avoir (un) accès à Internet*
die Flaterate (s)	*le forfait d'accès Internet illimité*
das Breitband-Internet (/)	*l'Internet haut débit*
der (das) Modem (s)	*le modem*
der Internetprovider (-)	*le fournisseur d'accès à Internet*
die Website (s)	*le site Web, le site Internet*
sich ein=loggen / sich ab=melden	*se connecter / se déconnecter*
auf eine Website gehen (i, a)	*consulter un site Web*
der Link (s)	*le lien*
im Internet / im Netz surfen	*naviguer, surfer sur Internet*
der Internetnutzer (-)	*l'internaute*
der virtuelle Raum (¨e) / der Cyberspace	*le cyberespace*
der Chatroom (s) / chatten	*la fenêtre de discussion / bavarder*
die Newsgroup (s)	*le forum de discussion*
die Internetadresse (n) / die URL (s)	*l'adresse Internet*
eine Datei runter=laden (u, a)	*télécharger un fichier*
Webseite mit Lesezeichen markieren	*créer un signet sur une page Web*
die Bookmarks / die Favoriten / die Lesezeichen	*la liste de favoris*
die Suchmaschine (n)	*le moteur de recherche*
der Browser (-)	*le browser*
etwas auf Google suchen	*faire une recherche sur Google*
jm eine E-Mail schicken / senden (a, a)	*envoyer un courriel à qqn*
der Server (-)	*le serveur*
der Virus (ren)	*le virus*
die Antivirus-Software (s)	*l'antivirus*
der Hacker (-)	*le pirate informatique*
die Spam-Mail (s) / die Junkmail	*le spam*
die Webcam (s)	*la webcam*
das WAP-Handy (s)	*le téléphone WAP*
das Smart-Handy (s)	*le téléphone portable avec accès à Internet*
online shoppen / online arbeiten	*acheter, travailler en ligne*
der Onlineshop (s)	*la boutique Internet*
der E-Commerce / das Online Shopping	*le commerce électronique, en ligne*
das Onlinebanking	*les services bancaires en ligne*

Die Zahl der Internetnutzer in der Welt ist in die Höhe geschnellt.

Le nombre d'internautes dans le monde a explosé.

Der Hälfte der Weltbevölkerung bis zum Jahr 2015 Zugang zum Internet zu verschaffen, ist ein ehrgeiziges, aber erreichbares Ziel.

Fournir l'accès à l'internet à la moitié de la population mondiale d'ici 2015 est un objectif ambitieux mais réalisable.

Wenn Sie eine Information brauchen, loggen Sie sich ein und suchen Sie!

Si vous voulez des renseignements, il vous suffit de vous connecter et de faire une recherche.

Mit einem Mausklick: Kaufen Sie ein, ohne aus dem Haus zu gehen!

D'un clic de souris, faites vos achats sans bouger de chez vous !

Heute nutzen so gut wie alle Firmen Internet, um ihre Geschäfte zu führen.

Aujourd'hui, pratiquement toutes les entreprises utilisent internet pour gérer leurs affaires.

Das Internet hat die Arbeitsformen verändert, es reduziert den zeitlichen Aufwand für monotone Tätigkeiten und lässt mehr Freiraum für produktive Tätigkeiten.

Internet a changé la façon dont les gens travaillent, réduit le temps consacré aux activités monotones et libère plus de temps pour des activités productives.

Internet ist eine ernste Konkurrenz für Ferngespräche. Sagen wir, für den reinen Informationsaustausch ist es besser geeignet und vor allem billiger.

Internet est devenu un sérieux rival pour les communications téléphoniques à longue distance. Disons qu'il est plus adapté pour la simple transmission d'informations et surtout moins coûteux.

Die Entwicklungsländer hoffen, dass das Internet einen gewissen Ausgleich im wirtschaftlichen Gefälle bewirkt.

Les pays en développement espèrent qu'Internet sera un vecteur d'égalité économique.

Online-Lernen kann Millionen von Menschen neue Lernmöglichkeiten geben; Schule und Ausbildung können davon profitieren, auch wenn der persönliche Kontakt mit Lehrern unersetzlich ist.

L'enseignement à distance par internet peut offrir de nouvelles possibilités à des millions de personnes, la formation scolaire et professionnelle peut en profiter, même si la relation humaine avec un professeur reste primordiale.

Internet-Nutzung kann auch therapeutische Funktionen haben und Menschen helfen, soziale Isolation und Einsamkeit zu überwinden.

Une utilisation d'internet peut avoir des vertus thérapeutiques pour ceux qui sont confrontés à l'isolement social et à la solitude.

Eltern müssen aufpassen, dass ihre Kinder keine gewaltverherrlichenden und pornographischen Websites besuchen.

Les parents doivent veiller à ce que leurs enfants ne consultent pas des sites violents ou pornographiques.

74. DAS TELEFON
LE TÉLÉPHONE

mit jm telefonieren	*téléphoner à qqn*
jn an/rufen (ie, u)	*passer un coup de téléphone à qqn*
der Telefonanruf (e) / der Anruf	*le coup de fil*
das Telefongespräch (e)	*la conversation téléphonique*
ein Telefongespräch führen	*avoir une conversation téléphonique*
das Ortsgespräch (e)	*l'appel local*
das Ferngespräch (e)	*l'appel longue distance*
das Auslandsgespräch (e)	*l'appel international*
das Telefonabonnement (s)	*l'abonnement téléphonique*
die Telefon- / die Rufnummer (n)	*le numéro de téléphone*
die Vorwahl (-nummern)	*le code de la ville / du pays*
Rufnummern speichern	*enregistrer des numéros*
eine Nummer wählen	*composer un numéro*
die Telefonzelle (n)	*la cabine téléphonique*
das Münztelefon (e)	*le téléphone à pièces*
die Telefonkarte (n)	*la télécarte*
das Telefonbuch (¨er)	*l'annuaire téléphonique*
das Branchenbuch / die gelben Seiten	*les pages jaunes*
eine Geheimnummer haben	*être sur la liste rouge*
ans Telefon gehen (i, a)	*répondre au téléphone*
(den Telefonhörer) ab=nehmen (a, o)	*décrocher*
die Nummer ist besetzt / es ist besetzt	*la ligne est occupée*
Warten Sie bitte! / Bitte warten!	*ne quittez pas !*
eine Nachricht hinterlassen (ie, a)	*laisser un message*
sich verwählen	*se tromper de numéro*
am Telefon sein	*être au téléphone*
unterbrochen werden	*être coupé*
ein Problem am Telefon besprechen (a, o)	*traiter un problème par téléphone*
(den Telefonhörer) auf=legen	*raccrocher*
mitten im Gespräch auf=legen	*raccrocher au nez de qqn*
der AB (s) / der Anrufbeantworter (-)	*le répondeur téléphonique*
der (Telefon)Hörer (-)	*le combiné*
das Festnetztelefon (e)	*le téléphone fixe*
das schnurlose Telefon (e)	*le téléphone sans fil*
das Mobiltelefon (e) / das Handy (s)	*le (téléphone) portable*
die Freisprechanlage (n)	*le kit mains-libres*
das Netz (e) / das Telefonnetz	*le réseau*
die SMS (-) / eine SMS schicken	*le texto, le SMS / envoyer un texto*
die Voicebox (en) / die Mailbox	*la boîte vocale*

Heute kann sich niemand mehr ein Leben ohne Telefon vorstellen, alle benutzen es – vom Kleinkind bis zu den älteren Menschen.

Aujourd'hui, personne ne peut s'imaginer une vie sans téléphone, tout le monde l'utilise, du petit enfant jusqu'aux personnes âgées.

Mobiltelefone sind ungeheuer praktisch, im Privat- wie im Geschäftsleben.

Le téléphone portable est extrêmement pratique, dans la vie privée comme dans la vie professionnelle.

Handys haben den Rhythmus in der Geschäftswelt erhöht.

Les portables ont accéléré le rythme des échanges dans le monde des affaires.

Mit dem Mobiltelefon können Sie, wo Sie auch sind, jeden Mitarbeiter und jeden Geschäftspartner, fast jeder Zeit und überall in der Welt erreichen.

Grâce au téléphone portable, vous pouvez joindre chaque collaborateur et chaque partenaire n'importe quand, partout dans le monde et où que vous soyez.

Man kann inzwischen ein Handy mit einer Genauigkeit von 50 Metern lokalisieren, was im Fall von Lebensgefahr sehr nützlich ist.

On est maintenant capable de géolocaliser un portable à 50 mètres près, ce qui est très précieux quand votre vie est en danger.

Wer hätte gedacht, dass das Handy heute solch unterschiedliche Funktionen erfüllt wie spielen, SMS/Mails senden, Fotos machen usw.?

Qui aurait pensé que le portable pourrait être multifonctionnel, permettant tour à tour de jouer, d'envoyer des textos/courriels, de prendre des photos, etc. ?

Aber Mobiltelefone können auch benutzt werden, um Zeitbomben zu zünden, wie einige terroristische Anschläge zeigten.

Les mobiles peuvent toutefois aussi servir à faire exploser des bombes à distance, comme on l'a vu lors de quelques attentats terroristes.

Eine Untersuchung hat herausgefunden, dass viele Jugendliche wegen der ständig steigenden Beliebtheit, SMS per Handy zu verschicken, nicht mehr genug schlafen.

Une enquête a révélé que de nombreux adolescents ne dormaient pas assez à cause de la popularité toujours grandissante des textos envoyés avec un portable.

Die Sicherheit der Mobiltelefone wird regelmäßig in Frage gestellt von einigen Fachleuten, die behaupten, dass die benutzten Wellen Krebs verursachen können.

La sécurité des portables est régulièrement remise en question par certains experts qui soutiennent que les ondes radio émises peuvent provoquer un cancer.

In öffentlichen Verkehrsmitteln kann der Gebrauch von Handys störend sein, und in privaten Verkehrsmitteln ist er gefährlich.

L'utilisation du téléphone portable peut être gênante dans les transports en commun et dangereuse dans les moyens de transports privés.

Die Leute sind schnell genervt, wenn in Bus oder Bahn die Handys piepen.

Les gens sont vite énervés quand un portable sonne dans le bus ou le métro.

75. DER WELTRAUM
L'ESPACE

der Kosmos (sg)	*le cosmos*
der Weltraum (sg)	*l'espace (intersidéral)*
die Galaxis (xen)	*la galaxie*
der Komet (en, en) / der Asteroid (e)	*la comète / l'astéroïde*
der Krater (-)	*le cratère*
das Schwarze Loch	*le trou noir*
die Milchstraße	*la Voie lactée*
das Lichtjahr (e)	*l'année lumière*
das Sonnensystem (e)	*le système solaire*
das Raumfahrtprogramm (e)	*le programme spatial*
die NASA	*la NASA*
die Europäische Raumfahrtgesellschaft	*l'Agence spatiale européenne*
die Raumfahrt	*l'aéronautique*
die Weltraumforschung / die Erforschung des Weltraums	*l'exploration spatiale*
das Raumfahrtprojekt (e)	*le projet spatial*
die Schwerelosigkeit	*l'apesanteur*
die Eroberung des Weltraums	*la conquête spatiale*
die Rakete (n)	*la fusée*
das Raumschiff (e)	*le vaisseau spatial*
die Raumstation (en)	*la station spatiale*
die Reise zum Mars	*le voyage sur Mars*
der Spaziergang im Weltraum	*la sortie dans l'espace*
das Treffen im Weltraum	*le rendez-vous dans l'espace*
die Raumsonde (n)	*la sonde spatiale*
die Raumfähre (n)	*la navette spatiale*
der Wettersatellit (en, en)	*le satellite météorologique*
der Start eines Satelliten	*le lancement d'un satellite*
der Raumflug (¨e)	*le vol spatial*
der bemannte / unbemannte Flug (¨e)	*le vol habité / inhabité*
der Astronaut (en, en) / der Kosmonaut (en, en)	*l'astronaute / le cosmonaute*
in die Umlaufbahn bringen (a, a)	*mettre en orbite*
auf der Umlaufbahn sein	*être en orbite*
Mars (um)=kreisen	*orbiter autour de Mars*
auf dem Mond landen	*alunir, atterrir sur la lune*
die Mondlandung (en)	*l'atterrissage sur la lune*
der Erkundungsroboter (-)	*le robot explorateur*
der Weltraumtourismus	*le tourisme spatial*

„Ein kleiner Schritt für einen Menschen, ein großer Schritt für die Menschheit!“, waren Neil Armstrongs Worte, als er am 21. Juli 1969 seinen Fuß auf den Mond setzte.

« Un petit pas pour l'homme, mais un pas de géant pour l'humanité », furent les mots de Neil Armstrong quand il a posé le pied sur la lune le 21 juillet 1969.

Die Eroberung des Weltraums hat das Leben schon dadurch verändert, dass sie die weltweite Kommunikation leichter und billiger gemacht hat.

L'ère spatiale a transformé la façon dont les gens vivent, rien qu'en rendant les communications mondiales bien plus faciles et bien moins chères.

Erdbeobachtungssatelliten können eine präzise Karte der Erde erstellen.

Les satellites d'observation de la Terre peuvent dresser une carte précise de la planète.

Satelliten können Erzvorkommen, Überflutungs- und Brandrisiken lokalisieren, den Rückgang von Gletschern messen und den Weg eines Zyklons verfolgen.

Les satellites peuvent localiser les gisements de minerais, les risques d'inondations ou d'incendies, mesurer le recul des glaciers et suivre la trajectoire d'un cyclone.

Die Erforschung des Weltraums ist eine Notwendigkeit für das Überleben unserer Gattung geworden.

L'exploration de notre univers est devenu une nécessité pour la survie de notre espèce.

Die Raumsonde Hugyens landete auf Saturns größtem Mond Titan, um uns zu helfen, die Ursprünge des Lebens auf der Erde zu verstehen.

La sonde Hugyens s'est posée sur la plus grosse lune de Saturne, Titan, pour nous aider à comprendre les origines de la vie sur Terre.

Um auf dem Mars zu leben, müssten wir erst dorthin kommen.

Pour vivre sur Mars, il faudrait d'abord y aller.

Die Reise von 160 Millionen Kilometern zum Mars würde neun Monate dauern, und es wäre ein Kampf ums physische und psychische Überleben.

Le voyage de 160 millions de kilomètres pour aller sur Mars prendrait 9 mois, et il faudrait se battre physiquement autant que psychologiquement pour rester en vie.

Der Nachweis, dass Wasser und Methan auf dem Mars vorhanden gewesen sind, macht die Wissenschaftler neugierig, denn sie glaubten den Planeten schon lange tot.

La présence avérée d'eau et de méthane sur Mars dans le passé intrigue les scientifiques qui croyaient cette planète morte depuis longtemps.

In zehn oder zwanzig Jahren wird es möglich sein, eine Reise in den Weltraum für die bescheidene Summe von 100 000 $ zu unternehmen.

Dans les 10 ou 20 ans à venir, vous pourrez faire un voyage dans le cosmos pour la modique somme d'environ 100 000 dollars.

76. DIE KRANKHEIT
LA MALADIE

krank sein	*être malade*
krank werden (u, o) / erkranken	*tomber malade*
die (schwere) Krankheit (en)	*la maladie (grave)*
eine tödliche / unheilbare Krankheit	*une maladie mortelle, incurable*
das Leiden (-)	*la souffrance*
an einer Krankheit leiden (i, i)	*souffrir d'une maladie*
eine Krankheit heilen	*guérir une maladie*
von einer Krankheit genesen (a, e) / gesund werden (u, o)	*guérir d'une maladie*
die Genesung (sg) / die Heilung (sg)	*la guérison*
die Geisteskrankheit (en)	*la maladie mentale*
geistig / körperlich behindert sein	*être handicapé moteur / mental*
eine ansteckende Krankheit	*une maladie contagieuse*
die Tuberkulose / TBC	*la tuberculose*
der Krebs	*le cancer*
der Tetanus	*le tétanos*
die Malaria	*la malaria*
die Masern (pl)	*la rubéole*
(eine) Grippe haben / erkältet sein	*avoir la grippe / être enrhumé*
der Grippevirus (ren)	*le virus de la grippe*
die Epidemie (n) / die Seuche (n)	*l'épidémie*
(das) SARS	*le SRAS*
(das) Aids	*le sida*
die Schlafkrankheit	*la maladie du sommeil*
der Schlaganfall (¨e)	*l'attaque d'apoplexie*
der Herzanfall (¨e)	*la crise cardiaque*
der Bluthochdruck	*l'hypertension*
die Gehirnhautentzündung (en)	*la méningite*
der Brust- / Haut- / Lungen- / Leberkrebs	*le cancer du sein / de la peau / du poumon / du foie*
der Gehirntumor (e)	*la tumeur au cerveau*
das Nierenversagen (-)	*l'insuffisance rénale*
die Gallenkolik (en)	*la colique hépatique*
die Diabetes	*le diabète*
das Cholesterin	*le cholestérol*
das Asthma	*l'asthme*
die Multiple Sklerose / die MS	*la sclérose en plaques*
die Trisomie / der Mongolismus	*la trisomie, le mongolisme*
der Geburtsfehler (-)	*la malformation congénitale*
Alzheimer / die Alzheimer-Krankheit	*la maladie d'Alzheimer*

Man kann davon ausgehen, dass durch den weltweiten Verkehr von Menschen und Gütern neue tödliche Infektionskrankheiten auftauchen werden.

Il est probable que de nouvelles maladies infectieuses mortelles apparaîtront du fait de la circulation des personnes et des marchandises dans le monde entier.

Entgegen anderslautenden Gerüchten sind Krebserkrankungen nicht rückläufig.

Malgré ce qu'on entend souvent, le nombre de cancers n'est pas en diminution.

Die Zahl von Gebärmutterhalskrebserkrankungen geht zurück, aber Fälle von Brustkrebs haben enorm zugenommen.

Le nombre de cancers du col de l'utérus est en baisse, mais les cas de cancer du sein ont considérablement augmenté.

Prostatakrebs und Hodenkrebs sind in den letzten 50 Jahren, selbst unter jungen Männern, wesentlich häufiger vorgekommen.

Au cours des 50 dernières années, le cancer de la prostate et celui des testicules, ont fortement augmenté, même chez l'homme jeune.

Der Anstieg der Krebskrankheiten ist wohl unter anderem auf Pflanzenschutzmittel, Pestizide, Rinderhormone und Asbest zurückzuführen.

L'augmentation du nombre de cancers est probablement due, entre autres, aux herbicides, pesticides, hormones bovines et à l'exposition à l'amiante.

Immer mehr Studien unterstreichen die Gefährlichkeit von synthetischen Süßstoffen.

De plus en plus d'études soulignent les dangers des édulcorants de synthèse.

Man hat auch die Hormonbehandlung im Verdacht, das Krebsrisiko von Frauen in und nach den Wechseljahren zu erhöhen.

On soupçonne également le traitement hormonal de substitution (THS) d'accroître le risque de cancer chez les femmes en ménopause et même après.

Babys, denen man Antibiotika gibt, sind leichter anfällig für Asthma.

L'administration d'antibiotiques aux bébés les rend plus sujets à l'asthme.

Chronische Entzündungen können zu zahlreichen Krankheiten führen.

Les inflammations chroniques peuvent entraîner de nombreuses maladies.

Alzheimer wird oft als eine Krankheit beschrieben, die allmählich die Lichter des Gehirns ausschaltet.

La maladie d'Alzheimer est souvent décrit comme une maladie qui éteint progressivement les lumières du cerveau.

Malaria fordert ungefähr 2,7 Millionen Tote jedes Jahr und für jeden dritten Menschen auf der Welt besteht Ansteckungsgefahr.

Le paludisme fait environ 2,7 millions de morts par an et une personne sur trois dans le monde risque de l'attraper.

Gesundheit ist wichtiger als Reichtum.

Santé passe richesse.

77. AIDS
LE SIDA

der HIV-Virus	*le virus HIV, le virus VIH*
HIV-positiv sein	*être séropositif*
sich mit dem AIDS-Virus an=stecken	*contracter le virus du sida*
mit dem HIV-Virus infiziert sein	*être contaminé par le virus HIV*
der Aids-Kranke (n)	*le malade du sida*
ein Fall von Aids	*un cas de sida*
Aids bekommen (a, o)	*contracter le sida*
der weltweite Fluch (sg)	*la malédiction mondiale*
die Aids-Seuche / -Epidemie	*l'épidémie de sida*
sich aus=breiten	*se propager (le virus, la maladie)*
die Ausbreitung der Krankheit	*la propagation de la maladie*
eine tödliche Krankheit (en)	*une maladie mortelle*
die Lebenserwartung verkürzen	*réduire l'espérance de vie*
an Aids sterben (a, o)	*mourir du sida*
den Virus mit der Geburt übertragen (u, a)	*transmettre le virus à la naissance*
das verseuchte Blut	*le sang contaminé*
die Aids-Waise (n)	*l'orphelin du sida*
die Bluttransfusion (en)	*la transfusion sanguine*
das Sperma (sg)	*le sperme*
Aids durch ungeschützten Geschlechtsverkehr übertragen (u, a) / bekommen (a, o)	*transmettre / attraper le sida lors de rapports sexuels non protégés*
das Risikoverhalten	*le comportement à risque*
wechselnde / viele Partner	*des partenaires multiples*
die Risikogruppe (n)	*le groupe à risque*
der Oralsex	*les rapports bucco-génitaux*
das Kondom (e) / das Präservativ (e)	*le préservatif*
Safer-Sex / Sex ohne Risiko	*le sexe sans risque*
der Kampf gegen Aids	*la lutte contre le sida*
der Präservativautomat (en, en)	*le distributeur de préservatifs*
sich schützen	*se protéger*
die Keuschheit	*la chasteté*
die Enthaltsamkeit	*l'abstinence*
die Treue	*la fidélité*
Aids medikamentös behandeln	*traiter le sida avec des médicaments*
Antiretroviren-Medikamente	*des (médicaments) antirétroviraux*
die Tritherapie	*la trithérapie*
die Anti-AIDS-Kampagne (n)	*la campagne contre le sida*
einen AIDS-Test machen	*passer un test de dépistage du sida*

Die ersten Fälle von Aids wurden 1981 registriert. Seitdem starben daran mehr als 25 Millionen Menschen.

Les premiers cas de sida ont été identifiés en 1981. Depuis, il a tué plus de 25 millions de personnes.

Auch wenn Aids jeden treffen kann, sind die Entwicklungsländer davon am stärksten betroffen.

Bien que le sida touche tout le monde, ce sont les pays en développement qui paient le plus lourd tribut à la pandémie.

In den frühen 80ern betrachtete man Aids als eine Krankheit, die vor allem Homosexuelle in den reichen Ländern traf. Zwanzig Jahre später trifft sie vor allem die Armen.

Au début des années 80, on pensait que le sida touchait surtout les homosexuels dans les pays riches. Vingt ans après, il touche surtout les pauvres.

Der Virus breitet sich vorzugsweise in den armen Ländern aus, wo der Zugang zu Information und Bildung eingeschränkt ist.

Le virus du sida prolifère dans les pays pauvres, où l'accès à l'information et à l'éducation est limité.

Die Zahl der Personen, die mit dem HIV-Virus leben, könnte bis 2010 auf 87 Millionen ansteigen, darunter viele asiatische oder afrikanische Frauen im gebärfähigen Alter.

Le nombre de personnes porteuses du virus HIV – parmi lesquelles beaucoup d'Africaines ou d'Asiatiques en âge d'avoir des enfants — pourrait atteindre 87 millions en 2010.

In Indien haben rund zwei Millionen Kinder Vater, Mutter oder beide Eltern an Aids verloren.

En Inde, environ 2 millions d'enfants ont perdu leur mère, leur père ou les deux à cause du sida.

In Asien und Osteuropa ist das gemeinsame Benutzen von Spritzen unter Drogensüchtigen der Hauptgrund für die Verbreitung des AIDS-Virus.

Les seringues, que les toxicomanes s'échangent, sont le principal vecteur du virus HIV en Asie et en Europe de l'Est.

In Afrika ist das Verhindern der Virusübertragung während der Schwangerschaft, der Geburt oder dem Stillen eine Priorität geworden.

En Afrique, empêcher la mère de transmettre le virus HIV à l'enfant pendant la grossesse, l'accouchement ou en l'allaitant devient une priorité.

Kondome, Treue in Paarbeziehungen und die Kampagnen für Enthaltsamkeit haben nur begrenzte Wirkung.

Les préservatifs, la fidélité et les campagnes d'abstinence ont leurs limites.

Die Forschung nach einem HIV-Impfstoff findet weltweit statt, aber mit seiner Entdeckung ist in absehbarer Zeit nicht zu rechnen.

La recherche d'un vaccin contre le virus du sida se mondialise mais sa découverte semble peu probable à court terme.

78. DIE VOGELGRIPPE
LA GRIPPE AVIAIRE

die Vogelgrippe	*la grippe aviaire*
der H5N1-Virus	*le virus H5N1*
der Virusstamm (¨e)	*la souche du virus*
die Ausbreitung des Virus	*la propagation du virus*
sich über die ganze Erde aus=breiten	*se propager dans le monde entier*
die Krankheit verbreiten	*propager la maladie*
die Vogelgrippeepidemie	*l'épidémie de grippe aviaire*
die Pandemie (n)	*la pandémie*
mit dem Virus infiziert sein	*être contaminé par le virus*
der Träger (-) des Virus sein	*être porteur du virus*
Symptome entwickeln / zeigen	*manifester des symptômes*
mutieren	*muter*
die Vogel-zu-Mensch-Übertragung	*la transmission de l'oiseau à l'homme*
die Mensch-zu-Mensch-Übertragung	*la transmission d'homme à homme*
eine übertragbare Krankheit	*une maladie transmissible*
der menschliche Fall von Vogelgrippe	*le cas humain de grippe aviaire*
der Virologe (n, n)	*le virologiste*
der Zugvogel (¨)	*l'oiseau migrateur*
das Geflügel (sg)	*la volaille*
die Geflügelfarm (en)	*la ferme avicole*
das Huhn (¨er)	*la poule*
die Gans (¨e), die Ente (n)	*l'oie, le canard*
der Truthahn (¨e)	*la dinde*
der Schwan (¨e)	*le cygne*
der Kormoran (e)	*le cormoran*
die Route (n) der Zugvögel	*l'itinéraire des oiseaux*
die Krankheit ein=dämmen	*circonscrire la maladie*
die Zone ab=riegeln	*boucler la zone*
ein Dorf unter Quarantäne stellen	*mettre un village en quarantaine*
Antivirusmedikamente lagern	*stocker des antiviraux*
eine Maske / Handschuhe tragen (u, a)	*porter un masque / des gants*
die drastische Sicherheitsnorm (en)	*la norme de sécurité draconienne*
das Desaster (-) verhindern	*éviter le désastre*
der H5N1-Impfstoff (e)	*le vaccin contre le virus H5N1*
die Einfuhr von lebendem Geflügel verbieten (o, o)	*interdire les importations de volailles vivantes*
die strikte Trennung / die Abkapselung an=ordnen	*ordonner le confinement*

Fachleute meinen, dass eine Vogelgrippeepidemie die schlimmste Gefahr sei, die der Welt heute drohe.

Les experts disent qu'une pandémie de grippe aviaire est la pire menace à laquelle le monde soit confronté aujourd'hui.

Laut einiger WHO-Experten ist die Frage lediglich wann, nicht ob die Vogelgrippe auftaucht.

Selon certains responsables de l'OMS, la question n'est pas de savoir si la grippe aviaire va frapper, mais tout simplement quand.

Wenn der Virus mutiert, so dass er unter Menschen übertragbar ist, könnte die Vogelgrippe Millionen Menschen weltweit töten.

Si le virus mutait en une forme capable de se propager chez l'homme, la grippe aviaire pourrait tuer des millions de personnes dans le monde.

Der H5N1-Virus kann tödlich für Menschen sein, die in direkten Kontakt mit infizierten Vögeln kommen oder rohes Geflügel essen.

Le virus H5N1 peut être mortel pour ceux qui sont en contact direct avec les oiseaux infectés ou ceux qui mangent de la volaille crue.

In Südostasien sind seit Ende 2003 mindestens 63 Menschen an der Vogelgrippe gestorben und 150 Millionen Vögel sind umgekommen oder wurden getötet.

En Asie du Sud-Est, au moins 63 personnes sont mortes et 150 millions d'oiseaux ont péri ou ont été supprimés en raison de la grippe aviaire depuis la fin 2003.

Eine Vogelgrippepandemie könnte die asiatischen Volkswirtschaften ruinieren und zu einer weltweiten Rezession führen.

Une pandémie de grippe aviaire pourrait ruiner les économies asiatiques et entraîner une récession mondiale.

Die europäischen Länder haben Vorsorge getroffen und die Überwachung der Vogelscharen innerhalb ihrer Grenzen verstärkt.

Les pays européens ont pris des mesures préventives en renforçant la surveillance des populations d'oiseaux à l'intérieur de leurs frontières.

Es ist von äußerster Wichtigkeit, den Kontakt zwischen wilden Vögeln und Geflügel zu verhindern.

Il est capital d'empêcher les oiseaux sauvages d'être en contact avec la volaille.

Auch wenn es vollkommen ungefährlich ist, gekochtes oder gebratenes Geflügel zu essen, sank der Absatz bei Hähnchen drastisch.

Bien qu'il n'y ait aucun risque à manger de la volaille cuite ou grillée, les ventes de poulets ont été en chute libre.

Die Medien sprachen so oft von der Vogelgrippe, dass eine wahre Hysterie aufkam und vor allem erreicht wurde, dass die Leute in Panik gerieten.

À force de parler de la grippe aviaire, les médias ont crée une véritable psychose, et tout ce qu'ils ont réussi à faire, c'est d'affoler les gens.

79. DAS ÜBERGEWICHT
L'OBÉSITÉ

das Gewicht	*le poids*
sich jeden Morgen wiegen (o, o)	*se peser tous les matins*
Übergewicht haben / übergewichtig sein	*être obèse, être en surpoids*
das Übergewicht bei Kindern	*l'obésité chez les enfants*
zu dick sein	*être trop gros*
30 Kilo zu viel haben / 30 Kilo Übergewicht haben	*avoir 30 kilos de trop*
dick werden / Speck an=setzen	*grossir*
Gewichtsprobleme haben	*avoir des problèmes liés au poids*
zu=nehmen / ab=nehmen (a, o)	*prendre / perdre du poids*
die Bulimie	*la boulimie*
ein starker, ein großer Esser sein	*être un gros mangeur*
ein kompulsiver Esser sein	*ne pas pouvoir s'empêcher de manger*
überfüttert sein	*être suralimenté*
essen, bis einem schlecht wird	*manger à se rendre malade*
in sich hinein=stopfen	*s'empiffrer*
sich erbrechen (a, o) / brechen	*vomir*
sich Nachschlag holen	*se resservir, reprendre d'un plat*
sich Fleisch nach=nehmen (a, o)	*se resservir de la viande*
gesüßte Getränke	*des boissons sucrées*
das Fertiggericht (e)	*le plat cuisiné*
eine Diät an=fangen (i, a) / eine Diät machen / auf Diät sein	*se mettre / être au régime*
auf eine ausgewogene Ernährung achten	*faire attention à une alimentation équilibrée*
der Ernährungsspezialist (en)	*le nutritionniste*
fettarm / fettreich	*pauvre en graisse / riche en graisse*
kalorienreich / kalorienarm	*être riche / pauvre en calories*
seine Essgewohnheiten ändern	*changer ses habitudes alimentaires*
seine Figur halten (ie, a)	*garder sa ligne*
die tägliche Kalorienzufuhr (sg)	*l'apport calorique quotidien*
überflüssige Pfunde ab=bauen	*éliminer les kilos superflus*
das Fitnessprogramm (e)	*le programme de remise en forme*
das Fitnessstudio (s)	*le club de gymnastique*
Sport treiben (ie, ie) / Sport machen	*faire du sport*
das Fehlen von Bewegung	*le manque d'exercice*
zu wenig Bewegung haben	*avoir un mode de vie sédentaire*
in der Schule gehänselt werden	*être un objet de risée à l'école*

Die Weltgesundheitsorganisation (WHO) ist über die Zunahme von Übergewichtigen besorgt.

L'OMS, l'Organisation mondiale de la santé, s'inquiète de la montée de l'obésité.

Übergewicht ist dabei, ein weltweites Problem zu werden und wird eine Kostenexplosion im Gesundheitsbereich verursachen.

L'obésité devient un problème mondial et provoquera l'explosion des dépenses de santé.

Herzkrankheiten, Krebs und Diabetes stehen in engem Zusammenhang mit Übergewicht.

L'obésité est étroitement liée aux maladies cardiaques, au diabète et au cancer.

Die amerikanischen Kino- und Stadionsitze wurden von durchschnittlich 43 auf 56 Zentimeter verbreitert.

La largeur moyenne des places dans les cinémas et les stades américains est passée de 43 à 56 centimètres.

Die Ernährung von Jugendlichen ist oft reich an Fett und Zucker und arm an Obst und Gemüse.

L'alimentation des adolescents est souvent riche en graisse et en sucre et pauvre en fruits et légumes.

Übergewicht bei Kindern ist beunruhigend, und es wird eine schwierige Aufgabe sein, diesen Trend umzukehren.

L'obésité chez les enfants est préoccupante, et inverser la tendance est une tâche colossale.

Ein Kind, das stundenlang vor dem Fernsehen sitzt und Chips und Hamburger ist, muss zunehmen und Speck ansetzen.

Un enfant qui passe des heures et des heures devant la télévision en mangeant des chips et des hamburgers ne peut qu'accumuler kilos et bourrelets.

In französischen Schulen wurden Automaten, die gesüßte Getränke und Süßwaren anbieten, verboten.

Les distributeurs automatiques de boissons sucrées et de sucreries ont été interdits dans les écoles françaises.

Ein generelles Verbot von TV-Werbung für gesundheitsschädliche Lebensmittel und Getränke wäre ebenfalls sinnvoll.

Il serait également judicieux d'interdire de manière générale la publicité à la télévision sur la nourriture et les boissons nuisibles à la santé.

Obwohl sie übergewichtig ist, fühlt sie sich wohl in ihrer Haut und schert sich nicht darum, was die Leute sagen.

Bien qu'elle soit trop grosse, elle se moque pas mal du regard des autres et se sent bien dans sa peau.

Er hörte auf, Naschereien zu essen und hat jetzt sein Idealgewicht.

Il a arrêté de manger des cochonneries et a désormais atteint son poids idéal.

80. DIE DROGEN
LES DROGUES

die Droge (n)	*la drogue*
die Drogensucht / die Drogenabhängigkeit	*la toxicomanie*
Drogen nehmen (a, o)	*se droguer*
von Drogen abhängig sein	*être dépendant de la drogue*
Drogen aus=probieren	*toucher à la drogue*
high sein	*planer*
Heroin spritzen	*se camer à, se shooter à l'héroïne*
der Drogensüchtige (adj) / der Drogenabhängige (adj)	*le drogué, le toxicomane*
der Junkie (s)	*le toxico, le camé*
die sanfte / harte Droge (n)	*la drogue douce / dure*
das Cannabis / das Marihuana	*le cannabis / la marijuana*
der Shit / das Hasch / das Dope / das Gras	*l'herbe*
das Kokain	*la cocaïne, la blanche*
das Heroin	*l'héroïne*
das Crack	*le crack*
die K.O.-Tropfen (pl.)	*la drogue du violeur, le GHB*
der Schuss / der goldene Schuss	*le shoot / le suicide par overdose*
der Joint (s)	*le joint*
die Spritze (n)	*la seringue*
Entzugserscheinungen haben	*être en état de manque*
der Drogenhandel (sg)	*le trafic de drogue*
der Drogenhändler (-)	*le trafiquant de drogue*
Drogen in ein / aus einem Land schmuggeln	*introduire / faire sortir de la drogue en contrebande*
der Drogendealer (-)	*le revendeur de drogue*
das Drogengeld (sg)	*l'argent de la drogue*
die Geldwäsche (sg)	*le blanchiment de la drogue*
die Korruption (sg)	*la corruption*
jn bestechen (a, o)	*corrompre, soudoyer qqn*
das Gesundheitsrisiko (ken)	*le risque pour la santé*
die schädliche Wirkung (en)	*l'effet nocif*
die Nebenwirkung (en)	*l'effet secondaire*
die Entzugsklinik (en)	*le centre de désintoxication*
die Entziehungskur (en)	*la cure de désintoxication*
eine Entziehungskur machen	*être dans un centre de désintoxication*
die Plage (n) / das Unheil (sg)	*le fléau / la calamité*
ein gesellschaftliches Problem (e)	*un problème de société*

Er starb an einer Überdosis.

Il est mort d'une overdose.

Selbst diejenigen, die Kokain zur Anregung nehmen, sollten die Risiken für die Gesundheit nicht unterschätzen.

Même ceux qui font de la cocaïne un usage récréatif ne devraient pas sous-estimer les risques pour la santé.

Regelmäßiger Konsum von Marihuana erhöht das Risiko von Herzkrankheiten, Lungenkrebs und Bronchitis.

Fumer du cannabis régulièrement peut augmenter le risque de maladie cardiaque, de cancer du poumon et de bronchite.

Unter den langfristigen Folgen von Ecstasy-Konsum sind Gedächtnisschwund, Stress, unkontrolliertes Verhalten und Depressivität.

Parmi les problèmes à long terme de nombreux consommateurs d'Ecstasy, on peut citer la perte de mémoire, le stress, l'impulsivité et la déprime.

Sie hatte, ohne es zu wissen, in einer Bar ein Getränk getrunken, in dem Ecstasy war und wachte in einem Krankenhaus auf.

Elle a consommé à son insu dans un club une boisson dans laquelle il y avait de l'Ecstasy et elle s'est réveillée à l'hôpital.

Drogensucht ist eine der größten Plagen der industrialisierten Welt.

La toxicomanie est l'un des principaux fléaux du monde industrialisé.

Manche Leute sagen, dass Drogen helfen, Hemmungen zu überwinden.

Certains disent que se droguer permet de dépasser des inhibitions.

Das Zerstören von Kokafeldern wäre ein harter Schlag für die Drogenhändler, aber auch für die Bauern, die davon leben.

La destruction des champs de coca serait un coup sévère porté aux trafiquants de drogue, mais aussi pour les paysans qui en vivent.

Für manche Jugendliche ist der Handel mit Drogen leichtverdientes Geld, mit dem sie versuchen, ihren Verhältnissen zu entkommen.

Pour certains jeunes, le trafic de drogue est un moyen de faire de l'argent facile grâce auquel ils tentent d'échapper à leur condition.

Gewalttätigkeit im Zusammenhang mit Drogen nimmt überall zu.

Les actes de violence commis sous l'emprise de la drogue sont partout en hausse.

So lange Schweizer Banken weiter das Geld aus dem Drogenhandel waschen, wird es den Drogenhändlern gut gehen.

Tant que certaines banques suisses continueront à blanchir de l'argent sale, les trafiquants auront de beaux jours devant eux.

Es ist höchste Zeit, dass die Regierungen der Welt gemeinsame Anstrengungen unternehmen und dem Drogenhandel endgültig das Handwerk legen.

Il est grand temps que les gouvernements du monde entier unissent leurs efforts et combattent la drogue de manière énergique.

81. DER ALKOHOLISMUS
L'ALCOOLISME

der Alkohol (sg)	*l'alcool*
der Alkoholkonsum(sg)	*la consommation d'alcool*
der Alkoholmissbrauch (sg)	*l'abus d'alcool, l'alcoolisme*
der Alkoholiker (-) / der Trinker (-)	*l'alcoolique*
alkoholabhängig sein	*être alcoolo-dépendant / alcoolique*
gern picheln / zu viel trinken (a, u)	*aimer boire pour se griser / trop boire*
der starke Trinker	*le gros buveur*
einen heben (o, o) / einen hinter die Binde kippen	*lever le coude, picoler*
mit Maß / in Maßen trinken (a, u)	*boire avec modération*
das Halbe / ein Halbes	*la, une pinte de bière*
das alkoholische Getränk (e)	*la boisson alcoolisée*
die Sauferei (en)	*la soûlerie, la beuverie*
trinken (a, u) / saufen wie ein Loch	*boire comme un trou*
sich besaufen (o, o) / sich betrinken (a, u)	*prendre une cuite / se soûler*
im Suff sein / besoffen sein	*être soûl*
betrunken sein wie ein Seemann	*être complètement ivre*
eine Kneipentour machen	*faire la tournée des bistrots*
er hat zu viel getrunken	*il a trop bu*
einen über den Durst trinken (a, u)	*boire un coup de trop*
jn unter den Tisch trinken (a, u)	*boire jusqu'à ce que l'autre roule sous la table*
nüchtern werden	*dessoûler*
einen dicken Kopf / Kater haben	*avoir la gueule de bois*
Alkoholprobleme haben	*avoir des problèmes liés à l'alcool*
der Säufer (-)	*l'ivrogne*
unter Alkoholeinfluss stehen (a, a)	*être sous l'empire de l'alcool*
in betrunkenem Zustand fahren (u, a)	*conduire en état d'ivresse*
die Trunkenheit am Steuer	*la conduite en état d'ivresse*
die Leberzirrhose (n)	*la cirrhose du foie*
abstinent sein	*quelqu'un qui ne boit jamais d'alcool*
trocken sein	*quelqu'un qui ne boit plus d'alcool*
auf=hören, zu trinken	*arrêter l'alcool*
das Mindestalter für Alkoholkonsum an=heben (o, o)	*relever l'âge légal pour consommer de l'alcool*
die Steuer auf alkoholische Getränke erheben (o, o) / erhöhen	*percevoir / augmenter les taxes sur l'alcool*
die Entziehungskur (en)	*la cure de désintoxication*

LES MOTS AU SERVICE DES IDÉES

Der Pro-Kopf-Verbrauch an Alkohol hat sich seit 1960 nahezu verdoppelt.
La consommation d'alcool par personne a presque doublé depuis 1960.

In den USA ist Alkohol jährlich an 100 000 Todesfällen beteiligt.
Tous les ans, on compte 100 000 décès liés à l'alcool aux États-Unis.

Unter deutschen Jugendlichen ist der Alkoholkonsum in den letzten Jahren dramatisch angestiegen und hat sogar zu Todesfällen geführt.
La consommation d'alcool chez les jeunes Allemands a augmenté de façon spectaculaire ces dernières années, entraînant parfois même des décès.

Jedes Jahr landen in England 150 000 Menschen wegen Krankheiten oder Unfällen, die durch Alkohol verursacht wurden, im Krankenhaus.
En Angleterre, 150 000 personnes se retrouvent tous les ans à l'hôpital à cause de maladies ou d'accidents provoqués par l'alcool.

Hoher Alkoholkonsum erhöht das Risiko von Thrombose, Bluthochdruck und tödlichem Herzversagen.
L'excès de boisson accroît le risque de thrombose, d'hypertension et de crise cardiaque mortelle.

Was bringt Menschen dazu, so viel zu trinken? Je nach Persönlichkeit spielen sicherlich Gruppendruck, Stress und Wut eine wichtige Rolle.
Qu'est-ce qui pousse les gens à boire trop ? selon la personnalité de chacun, l'effet de groupe, le stress et la colère jouent probablement un rôle important.

Vergessen Sie nie, dass Alkoholkonsum die Fahrtüchtigkeit beeinträchtigt.
N'oubliez-jamais que la consommation d'alcool altère votre capacité à conduire.

Sie flüchtet sich in den Alkohol, um der Realität zu entfliehen.
Elle se réfugie dans l'alcool pour fuir la réalité.

Der offiziell zulässige Alkoholgehalt im Blut beim Autofahren sollte gesenkt werden.
Il faudrait abaisser le taux légal d'alcoolémie pour les automobilistes.

Alle wissen, dass er oft in betrunkenem Zustand Auto fährt.
Tout le monde sait qu'il conduit souvent en état d'ébriété.

Er rührt keinen Alkohol an, wenn er fährt.
Il ne boit jamais d'alcool avant de conduire.

Nach einer Kneipentour mit Freunden wankte er zu Fuß nach Hause.
Après avoir fait une tournée des bars avec ses potes, il renntra en titubant à la maison.

Er begann zu trinken, nachdem er sich von seiner Frau getrennt hatte.
Il s'est mis à boire après s'être séparé de sa femme.

Wir fanden ihn sturztrunken vor der Haustür.
On l'a trouvé ivre mort devant la maison.

Nach einer zweimonatigen Entziehungskur wurde er rückfällig.
Il a rechuté après avoir fait une cure de désintoxication pendant deux mois.

82. RAUCHEN
LE TABAC

der Tabak	*le tabac*
das Rauchen	*le tabac, le fait de fumer*
die Tabak- / Zigarettenindustrie (n)	*l'industrie du tabac*
der Zigarettenhersteller (-)	*le fabricant de cigarettes*
neue Märkte an=visieren	*cibler de nouveaux marchés*
eine Pfeife (n) / eine Zigarette (n) rauchen	*fumer une pipe / une cigarette*
die Kippe (n)	*la clope / le mégot*
die Zigarettenmarke (n)	*la marque de cigarettes*
das Päckchen (-) Zigaretten	*le paquet de cigarettes*
der Inhaber (-) eines Tabakwarengeschäfts	*le buraliste*
der Zigarettenautomat (en, en)	*le distributeur à cigarettes*
der milde Tabak (e)	*le tabac blond*
das Nikotin / der Teer	*la nicotine / le goudron*
an seiner Zigarette ziehen (o, o)	*tirer sur sa cigarette*
der Zug (¨e)	*la bouffée*
eine Filterzigarette (n)	*une cigarette avec filtre*
eine Zigarette ohne Filter (-)	*une cigarette sans filtre*
das Feuerzeug (e)	*le briquet*
die Streichholzschachtel (n)	*la boîte d'allumettes*
jm Feuer geben (a, e)	*donner du feu à qqn*
der Kettenraucher (-)	*qqn qui fume cigarette sur cigarette*
ein starker Raucher	*un gros fumeur*
der Gewohnheitsraucher (-)	*le fumeur invétéré*
einen Lungenzug machen / den Rauch ein=ziehen (o, o)	*avaler la fumée*
die Nikotinsucht / das Suchtrauchen	*la dépendance tabagique / le tabagisme*
das passive Rauchen	*le tabagisme passif*
der Nichtraucher (-)	*le non-fumeur*
die Raucherzone (n)	*l'espace fumeurs*
ein verrauchtes Zimmer (-)	*une pièce enfumée*
der Lungen- / der Kehlkopfkrebs	*le cancer du poumon / de la gorge*
husten	*tousser*
auf=hören, zu rauchen	*arrêter de fumer*
die Anti-Raucher-Kampagne	*la campagne anti-tabac*
Zigarettenwerbung verbieten	*interdire la publicité sur le tabac*
„Rauchen verboten"	*« défense de fumer »*
das Nicht-Raucher-Restaurant	*le restaurant non-fumeur*

Niemand bestreitet heute die schädliche Wirkung des Rauchens. Rauchen schadet der Gesundheit.

Aujourd'hui personne ne conteste les effets nocifs du tabac. Fumer nuit gravement à la santé.

Rauchen kann nicht nur Lungenkrebs verursachen, sondern auch Herzleiden und Lungenemphyseme.

Le tabac peut non seulement causer le cancer du poumon, il peut aussi causer des maladies cardiaques ou de l'emphysème pulmonaire.

Rauchen während der Schwangerschaft schadet Ihrem Baby.

Fumer pendant la grossesse nuit à votre bébé.

Es ist von größter Bedeutung, das Rauchen von Jugendlichen einzudämmen, denn je früher man anfängt, desto eher wird man sein ganzes Leben rauchen.

Il est essentiel d'enrayer le tabagisme des jeunes, car plus on commence à fumer tôt, plus on risque de fumer toute sa vie.

Seit er seinen Job verloren hat, ist er Kettenraucher.

Depuis qu'il a perdu son emploi, il fume cigarette sur cigarette.

Die Regierung beschloss, einen Feldzug gegen die Nikotinsucht zu starten.

Le gouvernement a décidé de partir en guerre contre le tabagisme.

Die erheblichen Preissteigerungen bei Zigaretten scheinen eine abschreckende Wirkung zu haben.

Les hausses considérables du prix des cigarettes semblent avoir un effet dissuasif.

Anstatt den Zigarettenkonsum zu drosseln, scheinen die neuen Steuern nur den massiven Zigarettenschmuggel in ganz Europa zu fördern.

Plutôt que de décourager la consommation, les nouvelles taxes ne semblent qu'encourager la contrebande massive de cigarettes dans toute l'Europe.

Es ist ihm gelungen, seine Nikotinsucht nur mit Willenskraft loszuwerden.

Il a réussi à se débarrasser de sa dépendance au tabac grâce à sa seule volonté.

Es gibt immer mehr Nichtraucher-Zonen am Arbeitsplatz.

Il y a de plus en plus d'espaces non-fumeurs sur les lieux de travail.

Es gibt neue Gesetze, die absolute Rauchfreiheit am Arbeitsplatz schaffen.

Il existe de nouvelles lois destinées à créer un environnement sans tabac au travail.

Inzwischen ist es verboten, in den französischen TGVs zu rauchen.

Il est maintenant interdit de fumer dans tous les TGV en France.

Er hat Reemtsma wegen Lügen über ihre Produkte rechtlich verfolgt.

Il a poursuivi Reemtsma en justice pour avoir menti au sujet de ses produits.

Über Jahrzehnte hat die Tabakindustrie die öffentliche Diskussion geprägt, jetzt will die WHO ein Verbot der Tabakwerbung in Deutschland.

L'industrie du tabac a fortement influencé l'opinion pendant des décennies ; maintenant, l'OMS veut une interdiction de la publicité sur le tabac en Allemagne.

83. DIE SEXUALITÄT
LA SEXUALITÉ

die Heterosexualität	*l'hétérosexualité*
heterosexuell sein / der, die Heterosexuelle (adj)	*être hétérosexuel / l'hétérosexuel*
die Homosexualität	*l'homosexualité*
homosexuell sein / der, die Homosexuelle (adj)	*être homosexuel / l'homosexuel*
schwul sein / der Schwule (adj)	*être gay / le gay*
lesbisch sein / die Lesbe (n)	*être homosexuelle, la lesbienne*
die homosexuelle Szene (sg) / das Milieu (s)	*la communauté homosexuelle*
jn, der in der Schwulenbewegung aktiv ist	*un militant homosexuel*
die Homosexuellenehe (n)	*le mariage homosexuel*
sein Coming out haben / sich outen	*révéler son homosexualité*
die Schwulenfeindlichkeit / die Homophobie	*l'homophobie*
die Toleranz / die Intoleranz	*la tolérance / l'intolérance*
die Bisexualität	*la bisexualité*
die sexuelle Orientierung (en)	*l'orientation sexuelle*
der Sexualverkehr (sg)	*les rapports sexuels*
die Lust / die Wollust (sg)	*le désir / la volupté*
die sexuelle Beziehung (en)	*la relation sexuelle*
der sexuelle Partner (-)	*le partenaire sexuel*
die sexuelle Erfahrung (en)	*l'expérience sexuelle*
die Sexualpädagogik / -erziehung	*l'éducation sexuelle*
sexuell aktiv sein	*avoir une activité sexuelle*
Liebe machen/ mit jm schlafen (ie, a)	*faire l'amour / coucher avec qqn*
sexuelle Beziehungen mit jm haben	*avoir des rapports sexuels avec qqn*
gelegentlich Sex haben	*les rapports sexuels occasionnels*
Safer Sex / Sex ohne Risiko	*le sexe sans risque, protégé*
der ungeschützte Sexualverkehr (sg)	*les rapports sexuels non protégés*
die Verhütung	*la contraception*
das Verhütungsmittel (-)	*le moyen de contraception*
das Kondom (e) / das Präservativ (e)	*le préservatif*
das Diaphragma (men)	*le diaphragme*
die Pille nehmen (a, o)	*prendre la pilule*
die Pille am nächsten Morgen	*la pilule du lendemain*
Jungfrau sein / unberührt sein	*être vierge*
Sex vor der Ehe	*le sexe avant le mariage*

Noch nie wurde öffentlich so viel über Sexualität gesprochen wie heute.
Jamais on a autant parlé librement de sexualité qu'aujourd'hui.

Trotz der Sittenfreiheit ist Sexualität in vielen Familien noch ein Tabuthema.
Malgré la libération des mœurs, le sexe reste un sujet tabou dans bien des familles.

Für die katholische Kirche sind sexuelle Beziehungen nur in der Ehe erlaubt.
Pour l'Église catholique, les relations sexuelles sont interdites hors mariage.

Die Menschen machen Sex eher aus Lust und Liebe als für die Fortpflanzung.
Les gens font plus l'amour par plaisir que pour la reproduction.

Die Verhütungspille hat das sexuelle Leben der Frauen sehr verändert.
La pilule contraceptive a beaucoup changé la vie sexuelle des femmes.

Seit sie eine erfüllte sexuelle Beziehung haben, sind sie aufgeblüht.
Ils sont beaucoup plus épanouis depuis qu'ils ont une vie sexuelle satisfaisante.

Für viele Deutsche ist die Heirat eine Bindung zwischen einem Mann und einer Frau und homosexuelle Paare fürchten eine neue Zeit der Intoleranz.
Pour beaucoup d'Allemands, le mariage est une union entre un homme et une femme, et les couples homosexuels craignent une nouvelle époque d'intolérance.

In der spanischen Inquisition galt Homosexualität als Sünde, die mit dem Tode bestraft wurde.
En Espagne, pendant l'Inquisition, l'homosexualité était un péché passible de la peine de mort.

Die Zeiten ändern sich. Spanien hat heute die Heirat homosexueller Paare legalisiert.
Les temps changent. L'Espagne a maintenant légalisé le mariage des couples homosexuels.

Warum sollten homosexuelle Paare keine Kinder haben dürfen?
Pourquoi les couples homosexuels n'auraient-ils pas le droit d'avoir des enfants ?

In der Evangelischen Kirche in Deutschland gibt es inzwischen einige homosexuelle Pfarrer, die auch mit ihrem Partner zusammenleben.
Dans l'Église protestante en Allemagne, on voit déjà quelques pasteurs homosexuels vivre en couple avec leurs partenaires.

Jugendliche, die keinen Sex vor der Ehe haben, sind selten geworden.
Les adolescents qui n'ont pas de rapports sexuels avant le mariage sont rares.

Der Papst predigt Abstinenz als Schutz vor durch Geschlechtsverkehr übertragbaren Krankheiten und vor ungewollten Schwangerschaften.
Le Pape prône l'abstinence comme protection contre les maladies sexuellement transmissibles et la grossesse.

84. DAS ALTER
LA VIEILLESSE

die alten / älteren Menschen	*les personnes âgées*
der ältere Mann (¨er) / der alte Mann	*l'homme âgé / le vieil homme*
die ältere Dame (n) / die alte Dame	*la dame âgée / la vieille dame*
der Senior (en) / die Seniorin (nen)	*la personne du troisième âge*
alt werden (u, o)	*vieillir*
älter werden (u, o)	*prendre de l'âge*
die über 70-Jährigen (adj)	*les plus de 70 ans*
der 70-jährige Mann / die 80-Jährige	*le septuagénaire / l'octogénaire*
eine Hundertjährige (adj)	*une centenaire*
grau werden (u, o)	*grisonner*
ein Weißhaariger (adj)	*un homme aux cheveux blancs*
weiße Haare haben	*avoir les cheveux blancs*
glatzköpfig / die Glatze (n)	*être chauve / la calvitie*
die Falte (n)	*la ride*
die Gebrechen (pl.) des Alters	*l'infirmité de la vieillesse*
empfindlich / schwach	*vulnérable*
behindert sein	*être handicapé*
die Impotenz / impotent sein	*l'impuissance (sexuelle) / être impuissant*
die Schwäche (n) / schwach	*la faiblesse / faible*
schwächer werden (u, o)	*s'affaiblir*
die Krankheit (en)	*la maladie*
eine gute / schlechte Gesundheit haben	*être en bonne / mauvaise santé*
die Senilität / senil	*la sénilité / sénile*
das Gedächtnis verlieren (o, o)	*perdre la mémoire*
der Gedächtnisverlust (e)	*la perte de mémoire*
Alzheimer / die Alzheimerkrankheit	*la maladie d'Alzheimer*
besondere Pflege brauchen	*nécessiter des soins particuliers*
die Palliativpflege (sg)	*les soins palliatifs*
bettlägerig sein	*être grabataire*
das Altersheim (e)	*la maison de retraite*
das Pflegeheim (e)	*la maison médicalisée*
die Altenpflege / die Altersforschung / die Geriatrie	*la gériatrie*
der Gerontologe (n, n)	*le gérontologue*
die Altersdiskriminierung	*l'âgisme, le racisme anti-vieux*
ausgeschlossen / isoliert sein	*être exclu / isolé*
die „Grauen Panther"	*mouvement contre la discrimination des personnes âgées*

LES MOTS AU SERVICE DES IDÉES

Man ist so alt, wie man sich fühlt.

On a l'âge de ses artères.

Vor nicht allzu langer Zeit war man zufrieden, wenn man 70 Jahre alt wurde. Heute leben viele ein erfülltes Leben noch lange nach diesem Alter.

Il n'y a pas si longtemps, on avait de la chance si on arrivait à 70 ans. Aujourd'hui, bien des gens ont des vies bien remplies bien au-delà de cet âge-là.

Viele Menschen merken kaum, dass sie 60 sind. Sie haben Reisepläne und besuchen Kurse an Universität und Volkshochschule mit über 70.

Bien des gens se rendent à peine compte qu'ils ont 60 ans ; ils ont des projets de voyages, suivent des cours de l'enseignement supérieur et à l'université populaire bien au-delà de leurs 70 ans.

Viele Menschen mit weit über 70 haben noch eine blendende Gesundheit.

Beaucoup de gens qui ont soixante-dix ans bien sonnés respirent la santé.

Es ist wichtig, im Kopf jung zu bleiben, auch wenn der Körper alt ist.

Ce qui compte, c'est d'être jeune d'esprit même si le corps ne suit pas.

Senioren sind eine soziale Gruppe, mit der man in Zukunft rechnen muss.

Le troisième âge représente une force avec laquelle il faut compter à l'avenir.

Die Wirtschaft beginnt langsam zu begreifen, dass Senioren mehr Geld haben als jede andere Altersgruppe.

L'économie commence à se rendre compte que les seniors ont plus d'argent que toutes les autres tranches d'âge.

Die Lebenserwartung und die Lebensqualität der älteren Menschen hängen vor allem von dem Geld ab, über das sie verfügen.

L'espérance de vie et la qualité de vie des personnes âgées dépendent essentiellement de l'argent dont ils disposent.

Den älteren Menschen wird regelmäßig vorgeworfen, privilegiert zu sein und den Staat viel Geld zu kosten.

Les personnes âgées sont régulièrement accusées d'être des privilégiées et de coûter très cher à l'État.

Ältere Menschen werden oft für die Defizite des Gesundheitssystems verantwortlich gemacht.

Les personnes âgées sont souvent tenues pour responsables des déficits des systèmes de santé.

Alte Leute fühlen sich in der heutigen Gesellschaft oft nutzlos und von der Jugend abgelehnt.

Dans la société d'aujourd'hui, les personnes âgées se sentent trop souvent considérées comme inutiles et rejetées par les jeunes.

Vergiss nie, dass die Jugendlichen von heute die Rentner von morgen sind.

N'oublie jamais que les jeunes d'aujourd'hui sont les retraités de demain.

Viele alte Menschen sind einsam und leben vollkommen isoliert.

Bien des personnes âgées sont seules et vivent dans l'isolation totale.

85. GESUNDE ERNÄHRUNG
LA BONNE NOURRITURE

etwas für seine Gesundheit tun (a, a)	*faire qqch. pour sa santé*
gesund bleiben (ie, ie)	*rester en bonne santé*
sein Leben lang fit bleiben (ie, ie)	*rester en forme toute sa vie*
länger leben	*vivre plus longtemps*
den Alterungsprozess verlangsame	*ralentir le processus de vieillissement*
die Antiageing-Medizin	*la médecine destinée à lutter contre le vieillissement*
das Vitamin (e)	*la vitamine*
das Mineral (ien)	*le minéral*
der Ballaststoff (e)	*la fibre (alimentaire)*
das Kalzium	*le calcium*
die Reformkost (sg)	*les aliments diététiques*
das Reformhaus (¨er)	*le magasin de produits diététiques*
die Kalorie (n) / kalorienhaltig	*la calorie / calorique*
die tägliche Kalorienzufuhr (sg)	*le nombre de calories par jour*
essen (a, e) / trinken (a, u) mit Maß	*manger / boire avec modération*
sich gesund ernähren	*se nourrir convenablement*
frisches Gemüse (sg)	*des légumes frais*
dickmachende Nahrung vermeiden (ie, ie)	*éviter la nourriture qui fait grossir*
das Antioxydationsmittel (-)	*l'antioxydant*
der niedrige Cholesterinspiegel	*le taux de cholestérol peu élevé*
Spinat, Tomaten essen (a, e)	*manger des épinards, des tomates*
der Brokkoli	*le brocoli, les brocolis*
der Lachs (e)	*le saumon*
der Hering (e) / die Makrele (n)	*le hareng / le maquereau*
der Knoblauch	*l'ail*
die Rohkost (sg)	*la crudité, les crudités*
die Frucht / die Früchte, das Obst	*le fruit / les fruits*
das fettarme Fleisch (sg)	*la viande maigre*
das Getreide (-) / die Körner (pl.)	*les céréales*
viel Omega 3 haben	*être riche en Oméga 3*
das Rauchen auf=geben (a, e)	*arrêter de fumer*
viel Bewegung haben	*faire de l'exercice physique*
auf sein Gewicht achten	*surveiller son poids*
eine Diät machen	*suivre un régime*
Sport machen / treiben (ie, ie)	*faire du sport*
Kalorien verbrennen (a, a)	*brûler des calories*

Gute Ernährung heißt vor allem frisches Obst und Gemüse, fettarmes Fleisch, viel Fisch, aber auch wenig Kaffee und Alkohol.

Une bonne alimentation veut dire surtout des fruits et légumes frais, de la viande maigre, beaucoup de poisson, mais aussi peu de café et d'alcool.

Die Lebenserwartung ist auch abhängig von einer gesunden Ernährung.

L'espérance de vie dépend aussi d'une alimentation saine.

Neue Forschungen zeigen, dass ein langes Leben keine Frage von Zufall ist.

De nouvelles recherches montrent que vivre vieux n'est pas dû au hasard.

Kann richtige Ernährung in der richtigen Zusammensetzung wirklich Krankheiten vorbeugen?

Suffit-il vraiment de manger les bons aliments en les associant correctement pour prévenir les maladies ?

Eine direkte, positive Wirkung von ausgewogener Ernährung ist häufig das Sinken des Blutdrucks.

La baisse de la tension artérielle est souvent le bienfait le plus immédiat d'une alimentation équilibrée.

Essen Sie fünf verschiedene Gemüse am Tag und Sie brauchen keinen Arzt.

Mangez cinq légumes différents par jour et vous n'aurez pas besoin de docteur.

Die meisten Ernährungsfachleute sind sich darin einig, dass Rotwein – aber nicht zu viel – gut für das Herz sein kann.

La plupart des nutritionnistes s'accordent à dire que le vin rouge (consommé avec modération) peut être bon pour le cœur.

Eine gewisse Anzahl von Untersuchungen zeigt, dass es einen direkten Zusammenhang zwischen regelmäßigem Brokkolikonsum und einem geringeren Risiko von Brust-, Darm- und Magenkrebs gibt.

Un certain nombre d'études ont établi un lien entre la consommation régulière de brocoli et la diminution du risque de cancer du sein, du colon et de l'estomac.

Wissenschaftler sind ziemlich sicher, dass Knoblauch das Herz schützt und antibakterielle Tugenden besitzt.

Les scientifiques sont presque sûrs que l'ail protège le cœur et possède des vertus antibactériennes.

Studien zeigen, dass zu Fuß gehen vielleicht die beste Übung ist, um Herzkrankheiten, Hirnschlag und Diabetes zu vermeiden.

Des études montrent que la marche est peut-être le meilleur exercice pour réduire le risque d'affection cardiaque, d'attaque cérébrale et de diabète.

Ob Sie 100 Jahre alt werden, hängt zum Teil von den Genen und zum Teil von Ihrer Lebensweise ab, insbesondere wie Sie sich ernähren, wo Sie wohnen und welchem Stress Sie ausgesetzt sind.

C'est en partie de vos gènes et en partie de votre mode de vie, notamment de votre alimentation, de l'endroit où vous vivez et du stress auquel vous êtes exposé, que dépendent vos chances d'arriver jusqu'à 100 ans.

86. DIE OLYMPISCHEN SPIELE
LES JEUX OLYMPIQUES

die Olympischen Spiele	*les Jeux Olympiques*
die Winter- / Sommerspiele	*les Jeux d'hiver / d'été*
die größte Show der Welt	*le plus grand spectacle au monde*
die Olympiade empfangen (i, a)	*accueillir les Jeux*
die gastgebende Stadt	*la ville organisatrice*
die Spiele aus=richten, organisieren	*organiser les Jeux*
das Internationale Olympische Komitee / das IOC	*le Comité international olympique / le CIO*
das IOC-Mitglied (er)	*le membre du CIO*
jn bestechen (a, o)	*corrompre qqn*
die Eröffnungszeremonie (n)	*la cérémonie d'ouverture*
die Olympische Flamme	*la flamme olympique*
das Olympiastadion (ien)	*le stade olympique*
die Olympischen Ringe	*les anneaux olympiques*
die Abschlusszeremonie (n)	*la cérémonie de clôture*
teil=nehmen (a, o) an	*participer à*
am Wettbewerb teil=nehmen (a, o)	*concourir*
der Wettbewerb (e)	*la compétition*
auf die Plätze, fertig, los	*à vos marques, prêts, partez*
der Athlet (en, en)	*l'athlète*
die Leichtathletik	*l'athlétisme*
die Einzelsportart (en)	*le sport individuel*
der Mannschaftssport (arten)	*le sport d'équipe*
die Medaillenhoffnung (en)	*l'espoir de gagner une médaille / un sérieux prétendant à une médaille*
siegen / jn schlagen (u, a)	*gagner / battre qqn*
der Sieger (-) / der Verlierer (-)	*le gagnant / le perdant*
die Gold- / Silber- / Bronzemedaille (n)	*la médaille d'or / d'argent / de bronze*
der Goldmedaillengewinner (-)	*le médaillé d'or*
das Olympiapodium (ien)	*le podium olympique*
die Nationalhymne (n) spielen	*jouer l'hymne national*
der Olympische Geist	*l'esprit olympique*
Millionen Euro ein=bringen (a, a)	*rapporter des millions d'euros*
zu kommerziell werden (u, o)	*devenir trop commercial*
die Fernsehrechte	*les droits de télévision*
von den Medien verfolgt werden	*être couvert par les médias*
das Medienereignis (se)	*l'événement médiatique*
das finanzielle Desaster (-)	*la catastrophe financière*

LES MOTS AU SERVICE DES IDÉES

Die Olympischen Spiele werden von den Medien der ganzen Welt verfolgt.
Les Jeux Olympiques sont couverts par les médias du monde entier.

Das Wichtigste ist nicht gewinnen, sondern teilnehmen.
L'essentiel n'est pas de gagner, mais de participer.

Manche sagen, dass die Spiele kaum ehrlicher sind als die Welt, von der sie ablenken sollen.
Certains disent que les Jeux Olympiques ne sont guère plus honnêtes que le monde dont ils sont censés nous éloigner temporairement.

Niemand ist so naiv zu glauben, dass der Kommerz keinen wichtigen Platz bei den Olympischen Spielen innehat, aber Freude und Spaß überwiegen.
Personne n'est assez naïf pour croire que le commerce ne tient aucune place dans les Jeux Olympiques, mais leur charme prime.

Doping, gedopte Rekorde, Korruption, Boykott – manchmal fragt man sich, warum die Olympischen Spiele so wichtig genommen werden.
Dopage, records sales, corruption, boycotts. On se demande parfois pourquoi on accorde une telle importance aux Jeux olympiques.

Die Olympischen Spiele bieten Augenblicke seltener Intensität und manche Bilder bleiben für immer in unser Gedächtnis gebrannt.
Les Jeux Olympiques offrent des moments d'une rare intensité et quelques images restent gravées dans notre mémoire à jamais.

Würden die Spiele jedes Jahr oder immer in derselben Stadt stattfinden, würden sie nicht die gleiche Faszination ausüben.
Si les Jeux Olympiques avaient lieu tous les ans ou se déroulaient toujours dans la même ville, ils n'auraient pas le même attrait.

Nur wenige Athleten hoffen, eine Medaille zu gewinnen; sie gehen zu den Spielen, weil sie stolz sind, für die Ehre ihres Landes anzutreten.
Peu d'athlètes espèrent gagner une médaille ; pourtant ils vont aux Jeux, parce qu'ils sont fiers de concourir pour l'honneur de leur pays.

Das gastgebende Land erhofft sich von den Olympischen Spielen vor allem einen wirtschaftlichen Auftrieb.
C'est avant tout un coup de fouet économique que le pays organisateur attend des Jeux Olympiques.

Manchmal bleibt der so erhoffte touristische Boom aus.
Le boom touristique tant espéré ne se matérialise pas toujours.

Seit Los Angeles im Jahre 1984 sind die Einkünfte aus den Olympischen Spielen enorm gestiegen. Ebenso wie die Ausgaben für die Infrastruktur.
Depuis Los Angeles en 1984, les recettes issues des Jeux ont explosé, mais le coût des infrastructures aussi.

Die Durchführung der Olympischen Spiele bringt Prestige und Wohlstand.
Accueillir les Jeux Olympiques confère prestige et prospérité.

87. DER FUSSBALL
LE FOOTBALL

der Fußball (¨e)	*le football / le ballon de football*
Fußball spielen	*jouer au football*
der Fußballer (-) / der Fußballspieler (-)	*le footballeur*
der Fußballstar (s)	*la star du ballon rond*
der Fußballclub (s)	*le club (de football)*
die Fußballmannschaft (en)	*l'équipe (de football)*
der Fußballplatz (¨e)	*le terrain (de football)*
das Stadion (ien)	*le stade*
die Kurve (n)	*le virage*
das Tor (e) / ein Tor schießen (o, o)	*le but / marquer un but*
das Fußballspiel (e)	*le match (de football)*
die Fußballschuhe (-)	*les chaussures de football*
das Trikot (s)	*le maillot*
der Torhüter (-)	*le gardien de but*
der Schiedsrichter (-)	*l'arbitre*
der Linienrichter (-)	*le juge de touche*
ein Tor nicht an=erkennen (a, a)	*refuser un but*
einen Elfmeter (-) / Freistoß (¨e) geben (a, e)	*accorder un penalty / un coup franc*
im Abseits sein	*être hors jeu*
das Foul (s) / die Ecke (n)	*la faute / le corner*
eine Verwarnung bekommen (a, o)	*recevoir un avertissement*
die gelbe / rote Karte	*le carton jaune / rouge*
der Platzverweis (e) / vom Platz verwiesen werden (u, o)	*l'expulsion / être expulsé*
das Endspiel (e)	*la finale (d'un championnat)*
der Meister (-) die Meisterschaft	*le champion / le championnat*
die Weltmeisterschaft / die WM	*la coupe du monde*
der Europacup (s)	*la coupe d'Europe*
die Bundesliga (en) / die Landesliga	*la première division (de la ligue fédérale / de la ligue d'un land)*
das Länderspiel (e)	*le match de foot entre deux pays*
die Direktübertragung (en)	*la transmission en direct*
direkt übertragen (u, a)	*être retransmis en direct*
der Fußballfan (s)	*le supporter*
der Hooligan (s) / der Rowdy (s)	*le hooligan / le fauteur de troubles*
der Vandalismus / die Schlägerei (en)	*le vandalisme / la bagarre*
eine Schande für das Land sein	*être une honte pour le pays*

LES MOTS AU SERVICE DES IDÉES

Direktübertragungen von Fußballspielen gehören zu den lukrativsten Mediengeschäften.

Les transmissions des matchs de football en direct comptent parmi les affaires médiatiques les plus juteuses.

Fußball wird heute vom Geld regiert, aber er kann auch eine erzieherische Funktion haben.

Le football est aujourd'hui régi par l'argent, mais il peut aussi avoir des valeurs éducatives.

Ein einfaches Fußballspiel wird oft zu einer Sache nationalen Stolzes.

Un simple match de football devient souvent une affaire de fierté nationale.

Alte Rivalitäten tauchen auf, vergangene Kriege werden noch einmal geführt, in Fußballspielen drücken sich politische Spannungen aus.

Les vieilles rivalités resurgissent et l'on refait les guerres d'antan, les tensions politiques se reflètent dans les matchs de foot.

Fußball ist oft ein Vorwand für Machismo oder Hass.

Le football est souvent un exutoire au machisme et à la haine.

Fußballspieler sind Idole und Vorbilder für Jugendliche. Aber manche sind kein Beispiel für Fairness und meinen, sie könnten sich alles erlauben.

Les joueurs sont des idoles et des modèles pour les jeunes. Mais quelques-uns ne sont pas un bon exemple pour le 'fair-play' et se croient tout permis.

Bei manchen Fußballspielen kommt es zu Gewalttätigkeiten, die nur widerspiegeln, was sich auf manchen Spielplätzen oder Schulhöfen abspielt.

La violence lors de certains matchs de football ne fait que refléter ce qu'on peut voir sur certaines aires de jeux ou cours de récréation.

Hooligans sind nur eine Minderheit, aber sie schlagen Schaufensterscheiben ein, terrorisieren die Einwohner und zerstören Züge.

Les hooligans ne sont qu'une minorité, mais ils cassent les vitrines, terrorisent les habitants et saccagent les trains.

Manche Spiele laufen wegen eines Schiedsrichterfehlers vollkommen aus dem Ruder. Das könnte man mit dem Rückgriff auf Videoaufzeichnungen vermeiden.

Certains matchs dégénèrent complètement à cause d'une erreur d'arbitrage. Cela pourrait être évité par le recours à la vidéo.

Große Fußballspiele sind so spannend, dass wir unsere Alltagssorgen vergessen.

Le suspense lors des grands matchs nous permet d'oublier nos soucis quotidiens.

Fußball erzeugt kollektive Hochgefühle. Wer wird je Frankreichs Triumph bei der Fußballweltmeisterschaft 1998 vergessen?

L'un des miracles du football est de procurer des émotions collectives. Qui oubliera jamais le triomphe de la France à la Coupe du monde de 1998 ?

88. DER EXTREMSPORT
LES SPORTS DE L'EXTRÊME

die Abenteuerlust / die Lust auf (am) Abenteuer	*le goût de l'aventure*
das Risiko (ken) lieben	*avoir le goût du risque*
das Abenteuer lieben	*avoir le goût de / aimer l'aventure*
das Risiko auf sich nehmen (a, o) / ein Risiko ein=gehen (i, a)	*prendre le risque / prendre un risque*
sein Leben riskieren	*risquer sa vie / risquer sa peau*
sich in Lebensgefahr begeben (a, e)	*mettre sa vie en danger*
einen Adrenalinstoß bekommen (a, o)	*avoir une montée d'adrénaline*
den 'Kick' suchen	*chercher des sensations fortes*
den Kick geben (a, e)	*donner des sensations fortes*
sich in Gefahr begeben (a, e)	*se mettre en danger*
die Gefahr (en) suchen	*rechercher le danger*
Gefahr laufen (ie, au)	*courir le risque*
den Tod riskieren	*braver la mort*
mit dem Tod spielen	*flirter avec la mort*
mit der Gefahr spielen	*risquer ce qu'il ne faut pas*
das Risikoverhalten (-)	*le comportement à risques*
extreme Risiken ein=gehen (i, a)	*prendre des risques extrêmes*
gefährlich leben	*vivre dangereusement*
sein Leben aufs Spiel setzen	*jouer sa vie à quitte ou double*
das Bungeejumping / das Bungee-Springen (sg)	*le saut à l'élastique / le base jump*
das Snowboard (s)	*le snowboard*
das Ice Climbing / das Eisklettern	*l'escalade sur mur de glace*
das Skateboard (sg)	*le skateboard, le skate*
das Klettern (sg)	*l'escalade*
das Bergsteigen (sg)	*l'alpinisme*
das Gleitschirmfliegen (sg)	*le parapente*
das Drachenfliegen (sg)	*le deltaplane*
das Gerätetauchen (sg)	*la plongée sous-marine*
das Tauchen ohne Atmungsgerät (e)	*la plongée en apnée*
das Wildwasser-Rafting (sg)	*le rafting*
das Abseilen (sg)	*la descente en rappel*
das Fallschirmspringen (sg)	*le parachutisme en chute libre*
das Höhlenwandern (sg)	*la spéléologie*
das Canyoning (sg)	*le canyoning*
das Off-Piste Skilaufen (sg)	*le ski hors piste*
mountainbiken / Mountainbike fahren (u, a)	*faire du VTT*

LES MOTS AU SERVICE DES IDÉES

Von Extremsportarten bis zu ungeschütztem Sex; die Suche nach dem Kick scheint immer beliebter zu werden.

Des sports extrêmes aux rapports sexuels non protégés, la recherche de sensations fortes semble être de plus en plus en vogue.

Was bringt die Leute dazu, ins Leere zu springen?

Qu'est-ce qui les pousse à sauter quand ils regardent dans le vide ?

Würden Leute in Industriestaaten solche Gefahren suchen, wenn ihr Alltag nicht so monoton wäre?

Certains habitants des pays industrialisés rechercheraient-ils autant le risque si leur vie de tous les jours n'était pas si terne ?

Vielleicht suchen die Leute die Gefahr, weil das Risiko im Alltag begrenzt ist und sie Herausforderungen brauchen.

Les gens prennent des risques parce que, dans la vie de tous les jours, ceux-ci sont limités et qu'ils ont besoin de défis.

Frühere Generationen brauchten die Gefahr nicht zu suchen: sie war einfach da oder tauchte überraschend auf.

Les générations précédentes n'avaient pas besoin d'aller au-devant des risques : ceux-ci étaient bien présents ou survenaient sans préavis.

Einige suchen die Gefahr im Extremsport, andere gehen extrem hohe Risiken im Spiel oder im Geschäftsleben ein.

Certains prennent des risques dans les sports extrêmes, d'autres prennent des risques extrêmes au jeu ou dans les affaires.

Die zunehmende Beliebtheit von Extremsport zeigt das starke Bedürfnis, die eigenen Grenzen zu erweitern.

La mode grandissante des sports extrêmes témoigne d'un vif désir de repousser ses limites personnelles.

Natürlich haben sie Angst, aber ihnen ist es wichtig, die Angst zu besiegen.

Bien sûr qu'ils ont peur, mais ce qui leur importe, c'est de vaincre la peur.

Er sprang von der Klippe, einfach um sich Angst zu machen.

Il a sauté d'une falaise simplement pour se faire peur.

Viele Bungeejumper landen im Krankenhaus und ihr Leben hängt an einem seidenen Faden.

Bien des base jumpers finissent à l'hôpital, leur vie ne tenant plus qu'à un fil.

Bungeejumping ist eine der Sportarten, die die meisten tödlichen Unfälle hat.

Le base jump est l'un des sports où l'on compte le plus d'accidents mortels.

Extrem-Mountainbiken ist ein Sport, wo der kleinste Fehler tödlich sein kann.

Le VTT extrême est une activité où la moindre erreur peut être fatale.

Nur in höchster Gefahr ist das Leben am intensivsten.

C'est seulement en prenant des risques que l'on profite de la vie au maximum.

89. SPORT, TECHNOLOGIE UND GELD
SPORT, TECHNOLOGIE ET ARGENT

von der Technologie ab=hängen (i, a)	*dépendre de la technologie*
die technologische Verbesserung (en)	*l'amélioration technologique*
der Triumph (e) der Maschinen	*le triomphe des machines*
der Bambusstab (¨e)	*la perche en bambou*
der Glasfaserstab (¨e)	*la perche en fibre de verre*
der Neoprenbadeanzug (¨e)	*le maillot de bain en néoprène*
der Schläger (-) aus Kohlefaser	*la raquette en fibre de carbone*
der Schläger aus Titan	*la raquette en titane*
die Kraft der neuen Schläger	*la puissance des nouvelles raquettes*
den Ball härter schlagen (u, a)	*frapper plus fort dans la balle*
das perfektionierte Fahrrad (¨er)	*la bicyclette perfectionnée*
das ultra-leichte Fahrrad (¨er)	*la bicyclette ultra-légère*
Rollschuhe der oberen Preisklasse (pl)	*des patins haut de gamme*
die Hightech-Ausstattung (en)	*l'équipement perfectionné*
das aerodynamische Profil verbessern	*améliorer le profil aérodynamique*
aus Liebe zum Sport spielen	*jouer pour l'amour du sport*
Geld ruiniert den Sport	*l'argent ruine le sport*
das große / dicke Geld machen	*gagner beaucoup d'argent*
der Berufssportler (-) / der professionelle Sportler	*le professionnel, le pro*
professionell sein	*être professionnel*
Berufssportler werden (u, o)	*passer professionnel*
einen Vertrag unterschreiben (ie, ie)	*signer un contrat*
das Preisgeld (sg)	*l'argent (donné au vainqueur)*
der Amateur (e)	*l'amateur*
das Gehalt (¨er) / das Einkommen (sg) der Spieler	*le salaire / le revenu des joueurs*
das Transfergeld (er)	*le montant d'un transfert*
der Vermittler (-)	*l'intermédiaire*
der skrupellose Agent (en, en)	*l'agent sans scrupules*
die Karriere eines Spielers ist kurz	*la carrière d'un joueur est courte*
die Übertragungsrechte	*les droits de retransmission*
die Reklame (n) / die Werbung (sg)	*la publicité*
die Reklamefläche (n) / die Werbefläche	*le panneau publicitaire*
der Sponsor (en)	*le sponsor, le parrain*
einen Wettbewerb sponsern	*sponsoriser une compétition*
das Sponsoring eines sportlichen Ereignisses	*la sponsorisation d'un événement sportif*

Im Wettbewerb geht es heute weniger darum, dass der Beste gewinnt, als dass die beste Ausstattung sich durchsetzt.

Dans la compétition aujourd'hui, l'important n'est plus que le meilleur sportif gagne mais que le meilleur équipement l'emporte.

Technologischer Fortschritt hat inzwischen einen starken Einfluss auf sportliche Höchstleistungen.

Le progrès technologique a une influence considérable sur les performances sportives.

Hat die Technologie den Sportgeist ersetzt?

La technologie a-t-elle dénaturé l'esprit sportif ?

Man kann die Spitzentechnologie nicht mehr aus dem Sport verbannen.

On ne peut pas interdire la technologie de pointe dans le sport.

Tennisspieler benutzen härtere Schläger und können damit Bälle mit bis zu 240 km/Std. schlagen und fast jeden Punkt gewinnen.

Les joueurs de tennis utilisent des raquettes plus dures permettant de servir à plus de 240 km/h et de marquer le point presque à tous les coups.

Rekorde in technikabhängigen Sportarten wie Stabhochsprung sind geradezu spektakulär gestiegen im Gegensatz zu Rekorden, die von rein körperlichen Leistungen abhängen.

Les records dans les disciplines techniques comme le saut à la perche ont fait des bonds spectaculaires par rapport à ceux qui relèvent uniquement de la prouesse physique.

Die Technologie hat den Athleten auch erlaubt, ihr Training zu intensivieren.

La technologie a aussi permis aux athlètes d'augmenter sensiblement l'intensité de leur entraînement.

Wie die Zahlen zeigen, fließt das Geld im Fußball in Strömen.

Comme l'attestent les chiffres, l'argent coule à flots dans le football.

Ein 30-Sekunden-Fernsehwerbespot in der Halbzeit kostet ein Vermögen.

Un spot publicitaire de 30 secondes à la télévision à la mi-temps d'un match coûte une véritable fortune.

In früheren Zeiten verdienten die Sportler mehr als ein normaler Arbeiter, aber sie fuhren trotzdem mit ihnen im selben Bus nach Hause.

Dans le temps, les joueurs gagnaient plus que le travailleur moyen, mais cela ne les empêchait pas de rentrer chez eux en bus avec eux.

Warum sollte ein Spitzenfußballer nicht so viel verdienen wie ein Spitzenschauspieler?

Pourquoi un footballeur de haut niveau ne gagnerait-il pas autant qu'un acteur vedette ?

Einige Sportler stecken auch ein Heidengeld für Werbung ein.

Certains sportifs empochent des sommes considérables grâce à la publicité.

90. DOPING
LE DOPAGE

sich dopen	*se doper*
das Dopingprodukt (e)	*le (produit) dopant*
die verbotene Substanz (en)	*le produit interdit*
das Anabolikum (ka)	*l'anabolisant*
sich mit Kreatin dopen	*se doper à la créatine*
das Blutdoping	*l'autotransfusion*
Wachstumshormone nehmen (a, o)	*prendre des hormones de croissance*
die Stimulanzie (n)	*le tonique*
das Testosteron (e)	*la testostérone*
die Muskelmasse erhöhen	*augmenter la masse musculaire*
die Ausdauer erhöhen	*accroître l'endurance*
der Ernährungszusatz (¨e)	*un complément alimentaire*
betrügen (o, o) / der Betrüger (-)	*tricher / le tricheur*
die Dopingkontrolle (n)	*le contrôle antidopage*
positiv getestet werden auf	*être contrôlé positif à*
wegen Doping disqualifiziert werden	*être disqualifié pour dopage*
die Goldmedaille aberkannt bekommen (a, o)	*être privé de sa médaille d'or*
lebenslang disqualifiziert werden	*être suspendu à vie*
der Wiederholungstäter (-)	*le récidiviste*
disqualifiziert werden (u, o)	*être disqualifié*
der saubere Wettbewerb (e)	*la compétition où les participants ne se dopent pas*
der Dopingskandal (e)	*le scandale lié au dopage*
die Dopinganklage (n)	*l'accusation de dopage*
die Spritze (n)	*la piqûre, la seringue*
ein schwer nachweisbares Produkt (e)	*un produit difficile à déceler*
der Überraschungstest (s)	*le contrôle inopiné*
sich einem Test unterziehen (o, o)	*se soumettre à un contrôle*
ein Test in der Trainingszeit (en)	*un contrôle pendant les périodes d'entraînement*
die Anti-Doping-Kampagne (n)	*la lutte anti-dopage*
erwischt werden (u, o)	*se faire prendre*
jn rein waschen (u, a)	*blanchir qqn*
verdächtig sein / unter Verdacht stehen (a, a)	*être l'objet de soupçons*
der Dopingverdacht (e)	*le soupçon de dopage*
davon=kommen (a, o)	*passer à travers les mailles du filet*
die Urinprobe (n)	*l'échantillon d'urine*
(das) Doping bekämpfen	*lutter contre le dopage*

Die Verwendung von Dopingprodukten ist seit langem eine der Schattenseiten des Sports.

L'utilisation de produits dopants est depuis longtemps l'un des aspects les plus sombres du sport.

Manche Rekorde, die in den 70er und 80er Jahren aufgestellt wurden, sind heute unschlagbar, da Doping damals gang und gäbe war.

Aujourd'hui, personne ne peut approcher les records établis par certains à coups de dopants, tout à fait courants dans les années 70 et 80.

Doping ist nicht nur gegen den Sportgeist, es schadet auch der Gesundheit der Athleten.

Non seulement le dopage est contraire à l'esprit du sport, mais en plus il ruine la santé des athlètes.

Ein Nebeneffekt von EPO ist die Blutverdickung, die zu Herzschlag oder Gehirnschlag führen kann.

Un effet secondaire de l'EPO est qu'elle épaissit le sang et peut entraîner des crises cardiaques ou des attaques cérébrales.

Er sagt, er habe niemals wissentlich verbotene Produkte genommen.

Il dit qu'il n'a jamais pris sciemment de produits interdits.

Er riskiert eine Disqualifizierung für zwei Jahre, da der Hormontest positiv ausgefallen ist.

Il risque deux ans de suspension pour avoir été contrôlé positif à la THG.

Doping im Sport bekämpfen ist komplizierter als man denkt, da ständig neue Produkte auftauchen.

Lutter contre le dopage dans le sport s'est avéré plus difficile que prévu, car il y a toujours de nouveaux produits.

Einige Produkte sind mit den heutigen technischen Mitteln, die sportliche Gremien benutzen, um die Mogler zu überführen, nicht zu erfassen.

La technologie que les instances du sport utilisent aujourd'hui pour démasquer les tricheurs ne permet pas de déceler certains produits.

Wachstumshormone helfen, die Muskelmasse zu erhöhen.

Les hormones de croissance aident à accroître la masse musculaire.

Die Entwicklung der Gentherapie erlaubt, sich zu dopen, ohne das Risiko einzugehen, entdeckt zu werden – eine erschreckende Perspektive.

Le développement de la thérapie génique pour se doper sans risque de se faire prendre est une perspective effrayante.

Im Fußball und im Tennis ist so viel Geld zu verdienen, dass einige Spieler versucht sind, Mittel zu nehmen, die ihre Leistungen erhöhen.

L'argent à gagner dans le football et le tennis est tel que certains joueurs peuvent être tentés de prendre des produits conçus pour optimiser les performances.

Die große Mehrheit der Sportler will fairen Wettbewerb ohne Doping.

L'immense majorité des sportifs veulent s'affronter loyalement sans se doper.

91. KUNST UND KULTUR
ART ET CULTURE

die Kunst (¨e) / die Kulturindustrie	*l'art / l'industrie de la culture*
etwas unternehmen (a, o) / aus=gehen (i, a)	*se divertir / sortir*
die zeitgenössische / klassische Kunst	*l'art contemporain, classique*
die schönen Künste / die bildende Kunst (sg)	*les beaux-arts / les arts plastiques*
die darstellende Kunst (sg)	*les arts dramatiques*
die Baukunst / die Architektur (en)	*l'architecture*
die Kunstsammlung (en)	*la collection d'objets d'art*
der Kunstbesitz der Stadt	*le patrimoine culturel de la ville*
die Kultureinrichtung	*l'organisme culturel*
das Theater (-) / das Kino (s)	*le théâtre, le cinéma*
das Schloss (¨er) / das Museum (een)	*le château / le musée*
auf eine Vernissage gehen (i, a)	*aller à une vernissage*
die kulturelle Veranstaltung (en)	*la manifestation culturelle*
die Musik (sg) / die Literatur (en)	*la musique / la littérature*
der Schriftsteller (-) / der Autor (en)	*l'écrivain / l'auteur*
malen / die Malerei / der Maler (-)	*peindre / le peinture/ le peintre*
das Werk (e) / die gesammelten Werke	*l'œuvre / les œuvres complètes*
die Film-, Theaterszene (sg)	*le milieu du théâtre, du film*
das Festival (s) / die Festspiele (pl)	*le festival*
die Frankfurter Buchmesse	*la Foire du Livre de Francfort*
einen Preis verleihen (ie, ie) / die Preisverleihung (en)	*descerner un prix / la remise d'un prix*
der Schauspieler (-)	*l'acteur*
der Regisseur (e)	*le metteur en scène*
die Bühne (n) / der Vorhang (¨e)	*la scène / le rideau*
die Regie (n) / die Inszenierung (en)	*la mise en scène*
der Sänger (-) / die Oper (n)	*le chanteur / l'opéra*
der Musiker (-) / der Dirigent (en, en)	*le musicien / le chef d'orchestre*
die Musikgruppe (n) / die Band (s)	*le groupe, le jazzband*
das Ensemble (s)	*l'ensemble (d'acteurs, de musiciens)*
die Berliner Philharmoniker	*l'Orchestre philharmonique de B.*
das Konzert (e) / die Konzerthalle (n)	*le concert / la salle de concerts*
die Werkstatt(¨en) / das Atelier (s)	*l'atelier*
aus=stellen / die Ausstellung (en)	*exposer / l'exposition*
die Aufführung (en)	*la représentation*
der Eintritt (e) / die Eintrittskarte (n)	*l'entrée / le billet d'entrée*
das Abonnement (s) / ein Abo haben	*l'abonnement / être abonné*

Ein alter Spruch sagt, Deutschland sei das Land der Dichter und Denker.

Un vieu dicton parle de l'Allemagne comme pays des poètes et des penseurs.

Die Berlinale, die jährlich im Februar in Berlin stattfindenden internationalen Filmfestspiele, ist das größte Filmfestival nach Cannes.

La Berlinale, le festival international du film de Berlin qui se déroule chaque année en fevrier, est le plus grand festival du film après Cannes.

Kultur ist in der BRD eine Sache der Länder.

La culture en RFA est un domaine dans la compétence des Länder.

Es gibt eine vielfältige Musik- und Theaterlandschaft im ganzen Land. Auch Kleinstädte haben neben dem Schauspiel oft noch Opernhäuser und Ballette.

On trouve un paysage musical et théâtral divers partout dans le pays. Même les villes moyennes ont souvent, outre le théâtre, un opéra et une compagnie de danse.

Er liebt nur klassische Malerei und Musik, während sie zeitgenössische Kunst, Design, Hip-Hop und House mag.

Il aime la peinture et la musique classique tandis qu'elle préfère l'art contemporain, le design, le hip-hop et la house.

Die Schattenseite des deutschen Kulturföderalismus ist der enorm hohe Finanzbedarf, um die vielen kuturellen Einrichtungen zu unterhalten.

L'inconvénient du fédéralisme culturel est l'énorme besoin financier pour subventionner les institutions culturelles.

Sie geht mit einer neuen Inszenierung auf Tournee.

Elle est partie en tournée avec sa nouvelle mise en scène.

Die Frankfurter Buchmesse im Oktober ist das größte internationale Treffen der Verlage und Verleger.

La Foire du Livre de Francfort est la plus importante rencontre internationale des maisons d'édition et des éditeurs.

Der Höhepunkt ist die Verleihung des Friedenspreises des Deutschen Buchhandels.

L'apogée est la remise du prix de la paix des éditeurs et libraires allemands.

Das mittlere Rheintal gehört mit über dreißig Schlössern und Burgen zum Weltkulturerbe der UNESCO.

La vallée moyenne du Rhin avec plus de trente châteaux est classée au patrimoine mondial de l'UNESCO.

Sie ist beschäftigt mit den Proben für die Aufführung des Stückes.

Elle est occupée avec les répétitions pour la représentation de la pièce.

Sie haben ein Opernabonnement und nutzen auch sonst die Wochenenden für kulturelle Aktivitäten.

Ils se sont abonnés à l'opéra et utilisent les week-ends pour s'adonner à des activités culturelles.

92. REISEN UND TOURISMUS
VOYAGES ET TOURISME

die Reise (n) / reisen / die Weltreise / der Reisende (adj)	*le voyage / voyager / le tour du monde / le voyageur*
eine Reise machen / verreisen	*faire / partir en voyage*
die Geschäftsreise (n)	*le voyage d'affaires*
die Hin- und Rückfahrt (en)	*le voyage aller et retour*
die Überfahrt (en)	*la traversée (maritime)*
der Flug (¨e) / die Flugreise (n)	*le vol / le voyage (en avion)*
der Passagier (e)	*le passager*
an der Zeitverschiebung leiden (i, i)	*souffrir du décalage horaire*
der Ausflug (¨e) / die Tour (en)	*l'excursion, le voyage, le périple*
ein Land besuchen	*visiter un pays*
die Gruppenreise (n)	*le voyage organisé*
eine Seereise / Kreuzfahrt machen	*faire une croisière*
der Aufenthalt (e)	*le séjour*
das Reisebüro (s)	*l'agence de voyages*
das Reiseunternehmen (-)	*le voyagiste*
die Broschüre (n) / der Katalog (e)	*la brochure / le catalogue*
eine Reise buchen	*réserver un voyage*
ein Auto mieten	*louer une voiture*
reisekrank sein / seekrank sein	*avoir le mal des transports / de mer*
der Reisepass (¨e) / der Pass	*le passeport*
der Personalausweis (e)	*la carte d'identité*
der Koffer (-) / das Gepäck (sg)	*la valise / les bagages*
seine Koffer packen	*faire ses valises*
etwas besichtigen	*visiter qqch. / faire du tourisme*
das Reiseziel (e)	*la destination du voyage*
die Touristenattraktion (en)	*la destination / le site touristique*
die Touristikindustrie (sg)	*l'industrie du tourisme*
das (Fremden)verkehrsamt (¨er)	*le syndicat d'initiative*
in einem Hotel bleiben (ie, ie) / sein	*séjourner dans un hôtel*
Ferien machen / Urlaub nehmen (a, o	*prendre des vacances/ des congés*
der Feriengast (¨e) / der Urlauber (-)	*le vacancier*
der Ferienort (e) / der Urlaubsort	*le lieu de vacances, de villégiature*
der Badeort (e) / der Wintersportort	*la station balnéaire / la station de sports d'hiver*
Autostopp machen / trampen	*faire de l'auto-stop*
Camping machen / (wild) zelten	*faire du camping (sauvage)*
unter freiem Himmel schlafen (ie, a)	*dormir à la belle étoile*
das Wohnmobil (e)	*le camping-car*

LES MOTS AU SERVICE DES IDÉES

Tourismus ist für zahlreiche Familien eine wichtige Einnahmequelle, gerade wenn die Gegend, in der sie wohnen, sehr touristisch ist.

Le tourisme est une source de revenus pour de nombreuses familles, surtout quand elles habitent des régions très touristiques.

Tourismus kann dazu beitragen, die Völker einander näher zu bringen und Bewusstsein und Respekt für unterschiedliche Lebensweisen zu schaffen.

Le tourisme peut contribuer à rapprocher les peuples et inciter au respect des modes de vie de chacun.

Für viele Länder geht es heute darum, den Umweltschutz mit der Notwendigkeit sozio-ökonomischer Entwicklung zu vereinbaren.

Pour de nombreux pays, il s'agit de concilier la protection de l'environnement et le besoin de développement socio-économique.

Reisen erweitert den Horizont.

Les voyages élargissent l'horizon.

Reisen erlaubt uns, dem täglichen Allerlei zu entfliehen.

Les voyages permettent d'échapper au train-train quotidien.

Wenn man das ganze Jahr hart gearbeitet hat, braucht man wirklich einen Tapetenwechsel.

Quand on a travaillé dur pendant toute l'année, on a vraiment besoin d'un dépaysement.

Ins Ausland reisen und neue Länder entdecken ist ein gutes Mittel, die Alltagssorgen zu vergessen.

Partir à l'étranger et découvrir d'autres pays est un bon moyen d'oublier ses soucis quotidiens.

Viele Japaner kommen nach Berlin, um die Stadt zu besichtigen.

De nombreux Japonais viennent faire du tourisme à Berlin.

Warum nicht nach China oder Peru fahren, wenn man abenteuerlustig ist?

Pourquoi ne pas aller en Chine ou au Pérou si vous avez l'esprit d'aventure ?

Er will in Rente gehen und in der Welt herumreisen, bevor er zu alt ist.

Il veut partir en retraite et parcourir le monde avant d'être trop vieux.

Sie flogen nach Reykjavik und mieteten ein Auto, um Island zu entdecken.

Ils sont allés à Reykjavik en avion, puis ils ont loué une voiture pour découvrir l'Islande.

Wenn der Juli kommt, ist die beste Belohnung für das Arbeitsjahr ein Flug in die Ferne auf eine sonnige Insel.

Lorsque vient le mois de juillet, la meilleure récompense l'année de travail est de partir en avion pour des vacances au soleil sur une île lointaine.

Spanien ist ihm viel zu touristisch. Er verbringt seine Ferien lieber viel irgendwo in einem gottverlassenen Ort.

L'Espagne est beaucoup trop touristique pour lui. Il préfère de beaucoup passer ses vacances dans un trou perdu.

93. DAS FERNSEHEN
LA TÉLÉVISION

der Fernseher (-) / die Glotze (n) / der Flimmerkasten (¨) / die Kiste (n) /	*la télé*
der Fernsehapparat (e) / das -gerät (e)	*le téléviseur*
das Satelliten- / das Kabelfernsehen(-)	*la télé par satellite / le câble*
die Schüsselantenne (n)	*l'antenne parabolique*
das Digital-Fernsehen / DTT	*la télévision numérique terrestre / la TNT*
das Fernsehen ein- / aus=schalten	*allumer / éteindre la télé*
fern=sehen (a, e) / Fernsehen gucken	*regarder la télévision*
der Kanal (¨e) / der Sender (-)	*la chaîne*
der öffentlich-rechtliche Sender (-)	*la chaîne publique*
der Privatsender (-)	*la chaîne privée*
das Bezahlfernsehen / das Pay-TV	*la télévision payante*
das Pay-TV / Abonnementfernsehen	*le programme crypté*
der Decoder (-)	*le décodeur*
der DVD-Player (-) / das Videogerät(e)	*le lecteur DVD / le magnétoscope*
hin- und her schalten / zappen	*zapper*
die Fernbedienung (en)	*la télécommande*
der Fernsehzuschauer (-)	*le téléspectateur*
die Fernsehsendung (en)	*l'émission de télévision*
direkt / live übertragen (u, a)	*retransmettre en direct*
die Livesendung (en)	*la retransmission en direct*
die (Fernseh)Aufzeichnung (en) / die aufgezeichnete Sendung (en)	*l'émission en différé*
die Hauptsendezeit (en)	*les heures de grande écoute*
die Acht-Uhr-Nachrichten (pl)	*le journal de 20 heures*
das Infotainment	*l'infospectacle*
der Ansager (-) / der Moderator (en)	*le présentateur / l'animateur*
die Fernsehdiskussion (en)	*le débat télévisé*
die Fernsehserie (n)	*la série / le feuilleton télévisé*
das (Fernseh)Studio (s)	*le plateau*
die Seifenoper (n)	*le soap opéra, le feuilleton*
ein Straßenfeger (-)	*une émission regardée par tout le monde*
der Dokumentarfilm (e)	*le documentaire*
das Reality-TV	*la téléréalité*
auf Sendung sein	*être à l'antenne*
die Einschalt- / die Zuschauerquote	*l'audimat*

LES MOTS AU SERVICE DES IDÉES

Es gibt Leute, die jeden Abend vor dem Bildschirm sitzen, egal was es gibt.

Certains passent leurs soirées scotchés devant la télé, quel que soit le programme.

Die Aufgabe des Fernsehens ist es, zu informieren, zu bilden und zu unterhalten.

Le rôle de la télévision est d'informer, d'instruire et de distraire.

Das Fernsehen hält uns über das Weltgeschehen auf dem Laufenden.

La télévision nous tient au courant de ce qui se passe dans le monde.

Fernsehen leistet alten Menschen Gesellschaft. Sie würden sich sonst manchmal schrecklich einsam fühlen.

La télévision tient compagnie aux personnes âgées. Sans elle, elles se sentiraient parfois désespérément seules.

Wenn es darum geht, große sportliche Ereignisse wie die Olympiade zu verfolgen, ist das Fernsehen ohne Konkurrenz.

Pour suivre de grands événements sportifs tels que les Jeux olympiques, la télévision n'a pas son pareil.

Ihm wird oft vorgeworfen, jeden Abend vor der Glotze zu hängen.

On lui reproche souvent de glander devant la télé.

Einigen Eltern ist es egal, was für einen Mist ihre Kinder im Fernsehen sehen, solange sie ruhig sind.

Pour certains parents, peu importe que les enfants regardent de très mauvaises émissions, du moment qu'ils se tiennent tranquilles.

Das deutsche Durchschnittskind verbringt bis zur 12. Klasse 15 000 Stunden in der Schule – aber 18 000 Stunden vor dem Fernseher.

Jusqu'en première, les jeunes Allemands passent en moyenne 15 000 heures à l'école – mais 18 000 heures devant la télé.

Die Banalisierung von Gewalt im Fernsehen kann verheerende Folgen für Kinder haben.

La banalisation de la violence à la télévision peut avoir des conséquences dévastatrices pour les enfants.

Es ist nicht zu leugnen, dass Kinder stark vom Fernsehen beeinflusst werden.

Il est indéniable que les enfants sont fortement influencés par la télévision.

Es ist Aufgabe der Eltern, die Sendungen, die ihre Kinder sehen, bewusst auszuwählen.

C'est aux parents de sélectionner soigneusement les émissions que leurs enfants regardent.

Es gibt Gewalt in der Welt, über die Fernsehnachrichten immer werden berichten müssen.

Il est certaines violences dans le monde que les bulletins d'information télévisés se doivent absolument de couvrir.

94. AMERIKA
L'AMÉRIQUE

die Vereinigten Staaten von Amerika	*les États-Unis d'Amérique*
die USA / die Staaten	*les États-Unis*
die Unabhängigkeitserklärung	*la Déclaration d'Indépendance*
der Amerikaner (-)	*l'Américain*
die Bürgerrechtsbewegung (en)	*le mouvement pour les droits civils*
der nordamerikanische Indianer (-)	*l'Indien d'Amérique*
der Schwarze (adj) / der Afro-Amerikaner (-)	*le noir / l'Afro-Américain*
der Hispanoamerikaner (-)	*l'Hispano-Américain*
das Einwanderungsland (¨er)	*le pays d'immigration*
der Siedler (-)	*le colon*
der Meltingpot / der Schmelztiegel	*le creuset*
die multikulturelle Gesellschaft (en)	*la société multiculturelle*
der amerikanische Traum (¨e)	*le rêve américain*
das Land des Überflusses	*le pays d'abondance*
der Goldrausch	*la ruée vers l'or*
das Land der unbegrenzten Möglichkeiten	*le pays où tout est possible*
die Chancengleichheit	*l'égalité des chances*
das Land des freien Unternehmertums	*le pays de la libre entreprise*
der Unternehmergeist / der Unternehmungsgeist	*l'esprit d'entreprise / l'esprit d'initiative*
der Selfmademan (men)	*le self-made-man*
der erbitterte Konkurrenzkampf (¨e)	*la concurrence rude, acharnée*
die Unabhängigkeit	*l'indépendance*
sich auf sich selbst verlassen (ie, a)	*ne pas avoir besoin des autres*
individualistisch sein	*être individualiste*
der Pragmatismus / pragmatisch sein	*le pragmatisme / être pragmatique*
von Null an=fangen (i, a)	*partir de rien*
der soziale Aufstieg	*l'ascension sociale*
die Erfolgsleiter auf=steigen (ie, ie)	*gravir les échelons du succès*
der amerikanische „Way of life"	*le mode de vie américain*
die Weltpolizei	*le gendarme du monde*
sich überlegen / unverwundbar fühlen	*se sentir supérieur / invulnérable*
die Arroganz der Macht	*l'arrogance du pouvoir*
die Großmacht (¨e)	*la grande puissance*
die Weltmacht / die Militärmacht (¨e)	*la puissance mondiale / militaire*
das Kräftegleichgewicht	*l'équilibre des pouvoirs*

LES MOTS AU SERVICE DES IDÉES

„Wir halten diese Wahrheiten für ausgemacht, dass alle Menschen gleich erschaffen wurden, ...“ (Unabhängigkeitserklärung, 4. Juli 1776)

« Nous tenons ces vérités comme allant de soi, que tous les hommes naissent égaux... » (Déclaration d'indépendance, 4 juillet 1776)

„Vom Tellerwäscher zum Millionär“: davon gibt es in den Vereinigten Staaten unzählige Geschichten.

Les histoires de gens passés de la misère à la richesse ne se comptent plus aux États-Unis.

Die Verlierer im amerikanischen System können kaum Mitgefühl von Seiten der Gewinner erwarten.

Dans l'Amérique de ceux qui réussissent, on ne s'apitoie guère sur le sort de ceux qui échouent.

Wie kommt es, dass ein Land, das so stolz auf seinen wirtschaftlichen Erfolg ist, so viele Arme hat?

Comment se fait-il qu'un pays qui s'enorgueillit de ses succès économiques puisse avoir autant de gens pauvres ?

Die USA ist unter den Industriestaaten einer derjenigen, der die höchste Rate an Gewaltverbrechen, Analphabetismus, Gefängnisinsassen und Drogenkonsum hat.

L'Amérique est l'un des pays industrialisés où il y a le plus de délits avec violence, d'analphabétisme, de prisonniers et de consommation de drogue.

Der Wirbelsturm Katrina zeigte wieder einmal, dass noch immer ein Graben zwischen der weißen und der schwarzen Bevölkerung verläuft.

L'ouragan Katrina a montré une fois de plus qu'un fossé entre les Blancs et les Noirs continue d'exister en Amérique.

Die USA sieht sich gern als eine „unumgängliche“ Nation, als das stärkste, reichste, und leistungsfähigste Land der Welt.

Les États-Unis aiment à se considérer comme la « nation indispensable », le pays le plus puissant, le plus riche et le plus capable au monde.

Die USA sollten mehr auf die internationale Gemeinschaft hören und politische Alleingänge vermeiden.

Les USA devraient plus écouter la communauté internationale et éviter de faire cavalier seul.

Der 11. September 2001 zeigte, dass Amerika nicht unangreifbar ist und der Wirbelsturm Katrina bestätigte erneut seine Verwundbarkeit.

La vulnérabilité de l'Amérique est apparue au grand jour le 11 septembre 2001 et l'ouragan Katrina l'a de nouveau démontré.

Amerika hat Europa nach dem Krieg unterstützt.

L'Amérique a soutenu l'Europe après la guerre.

Hat Amerika die Fähigkeit, sich weiterhin zu erneuern und zu verändern?

L'Amérique est-elle encore capable de se réinventer et de se régénérer ?

95. AFRIKA
L'AFRIQUE

der daniederliegende Kontinent (e)	*le continent mal en point*
der aufsteigende Kontinent	*le continent qui s'éveille*
Schwarzafrika	*l'Afrique Noire*
das südliche Afrika	*le sud de l'Afrique*
Südafrika	*l'Afrique du Sud*
die Wüste Sahara	*le désert du Sahara*
von der Hungersnot zerstört, vernichtet sein	*être ravagé par la famine*
von Konflikten zerrissen sein	*être déchiré par les conflits*
an der Armut leiden (i, i)	*souffrir de la pauvreté*
von der Trockenheit heimgesucht	*frappé par la sécheresse*
von Aids dezimiert werden (u, o)	*être décimé par le sida*
durch Malaria verarmt sein	*être appauvri par la malaria*
geographisch benachteiligt sein	*être handicapé par une géographie défavorable*
von Schulden zerrüttet sein	*être miné par les dettes*
stark verschuldet sein	*être fortement endetté*
an einem Mangel an Infrastruktur leiden (i, i)	*souffrir d'un manque d'infrastructures*
die Korruption bekämpfen	*lutter contre la corruption*
der korrupte Politiker (-)	*l'homme politique corrompu*
von einem Diktator regiert werden	*être gouverné par un dictateur*
die Diktatoren beseitigen	*éliminer les dictateurs*
mit dem diktatorischen Regime Schluss machen	*en finir avec le régime dictatorial*
die politische Instabilität	*l'instabilité politique*
die Demokratie ein=führen	*établir la démocratie*
der Bürgerkrieg (e)	*la guerre civile*
Not und Armut bekämpfen	*combattre la misère et la pauvreté*
Afrika aus dem Teufelskreis der Armut heraus=holen	*sortir l'Afrique du cercle vicieux de la pauvreté*
eine Finanzhilfe geben (a, e)	*fournir une aide financière*
die Schulden der afrikanischen Länder erlassen (ie, a)	*annuler les dettes des pays africains*
der Wirtschaft auf die Beine helfen (a, o)	*remettre l'économie sur les rails*
Afrika Hilfe zur Selbsthilfe leisten	*aider l'Afrique à s'aider elle-même*
das Versprechen halten (ie, a)	*tenir la promesse*
Afrika Zugang zu den Weltmärkten geben (a, e)	*permettre à l'Afrique d'accéder aux marchés mondiaux*
die Entwicklungshilfe (n)	*l'aide au développement*

Am Ende des 20. Jahrhunderts war Afrika ein Kontinent, wo Chaos und Elend regierten. Heute kann man sagen, dass Afrika erwacht.

À la fin du XXe siècle, l'Afrique était un continent où régnait le chaos et la misère. À présent, on peut dire que l'Afrique s'éveille.

Afrikas Wirtschaft liegt danieder. Die Krankheiten kosten den Kontinent jedes Jahr Milliarden Euro.

Les économies de l'Afrique sont mal en point. Les maladies coûtent des milliards d'euros à ce continent tous les ans.

Die ansteckenden Krankheiten haben die Anstrengungen Afrikas, eine ökonomische Selbstständigkeit zu erreichen, zunichte gemacht.

Les maladies contagieuses ont paralysé les efforts de l'Afrique en vue de parvenir à l'autonomie économique.

Man schätzt, dass 25 Millionen Menschen südlich der Sahara Aids haben. 6000 sterben täglich daran.

On estime à 25 millions le nombre de personnes porteuses du virus HIV en Afrique subsaharienne. Six mille d'entre elles meurent du sida tous les jours.

Malaria fordert allein im Afrika südlich der Sahara eine Million Todesopfer jährlich; die meisten sind Kinder unter fünf Jahren.

Rien qu'en Afrique subsaharienne, le paludisme fait un million de morts par an, dont la plupart sont des enfants de moins de cinq ans.

Malaria bedeutet für Afrika auch einen Verlust des BIP von ungefähr 12 Milliarden $.

Le paludisme se traduit également pour l'Afrique par une perte d'environ 12 milliards de dollars sur le PIB.

In Afrika sterben ungefähr 1,5 Millionen Menschen an Tuberkulose, eine Krankheit, die in den reichen Ländern nur noch selten tötet.

Avec environ 1,5 million de morts par an, l'Afrique paie un lourd tribut à la tuberculose, alors qu'il est rare qu'elle tue encore dans les pays riches.

Mit finanzieller Hilfe allein kann Afrika sich nicht entwickeln. Nur langfristige Investitionen können ein dauerhaftes Wachstum bringen.

L'Afrique ne peut pas se développer uniquement grâce à l'aide financière. Seul des investissements à long terme lui permettra de croître durablement.

Von 800 Millionen Afrikanern haben 525 Millionen keine Elektrizität.

525 millions d'Africains sur un total de 800 millions n'ont pas l'électricité.

Die Medienberichterstattung über Afrika konzentriert sich fast nur auf negative Seiten. Auch Afrikas Erfolge brauchen Medienaufmerksamkeit.

Quand ils parlent de l'Afrique, les médias se concentrent presque exclusivement sur le négatif. L'Afrique qui réussit a aussi besoin de l'attention des médias.

Wir müssen einen gerechten Handel garantieren und dafür sorgen, dass humanitäre Hilfe gut genutzt wird. Den Rest muss Afrika alleine machen.

Nous devons garantir à l'Afrique un commerce loyal et assurer que l'aide humanitaire est réellement bénéfique. C'est à l'Afrique de faire le reste.

96. CHINA
LA CHINE

die Volksrepublik China	*la République populaire de Chine*
der Chinese (n, n)	*le Chinois*
chinesisch sprechen (a, o)	*parler chinois*
das kommunistische Regime (sg)	*le régime communiste*
die Maobibel (n)	*la bible de Mao*
die Mao-Statue (n) / das Standbild (er)	*la statue de Mao*
der große Sprung nach vorn	*le grand bond en avant*
das Umerziehungslager (-)	*le camp de rééducation*
der politische Gegner (-)	*l'adversaire politique*
der Feind (e) des Volkes	*l'ennemi du peuple*
der Arbeiter (-) / der Bauer (n)	*le travailleur / le paysan*
der Parteibeamte (adj)	*le responsable du parti*
der Führungskader (-)	*le cadre haut placé*
die kommunistische Propaganda (sg)	*la propagande communiste*
die Ein-Kind-Politik (sg)	*la politique de l'enfant unique*
der Agrarstaat (en)	*le pays agricole*
das heutige China / China von heute	*la Chine d'aujourd'hui*
das militärische Potential Chinas	*le potentiel militaire de la Chine*
die aufsteigende Macht des 21. Jahrhunderts	*la puissance montante du XXIème siècle*
erwachen / das Erwachen (sg)	*s'éveiller / l'éveil*
der riesige Konsummarkt (¨e)	*le vaste marché de consommateurs*
der WTO bei=treten (a, e)	*devenir membre de l'OMC*
die Wirtschaft modernisieren	*moderniser l'économie*
das unerhörte Wirtschaftswachstum	*l'énorme croissance économique*
die überhitzte Konjunktur (en)	*la conjoncture surchauffée*
der Staudamm (¨e)	*le barrage*
die billigsten Arbeitskräfte der Welt	*la main-d'œuvre la moins chère du monde*
die neue Werkstatt der Welt	*le nouvel atelier du monde*
erneuern / Neuerungen ein=führen	*innover*
materialistisch werden (u, o)	*devenir matérialiste*
das starke Konsumbedürfnis (se)	*le grand besoin de consommation*
verwestlichen / westlich werden (u, o)	*s'occidentaliser*
die Verwestlichung Chinas	*l'occidentalisation de la Chine*
das ländliche China	*la Chine rurale*
die Verstädterung / die Urbanisierung	*l'urbanisation*
der Welt zweitgrößter Verschmutzer	*le deuxième pollueur mondial*

Man kann China, in dem ein Fünftel der Weltbevölkerung lebt, einfach nicht mehr ignorieren.

On ne peut tout simplement plus négliger la Chine, elle représente un cinquième de la population mondiale.

Lange Zeit folgte China seinen eigenen Regeln und war oft Veränderungen gegenüber unzugänglich.

Pendant longtemps, la Chine a suivi ses propres règles et s'est souvent révélée réfractaire au changement.

China öffnet sich heute der Außenwelt in einer nie dagewesenen Weise.

La Chine s'ouvre aujourd'hui au monde extérieur comme jamais auparavant.

China ist weit davon entfernt, mit der Militärmacht USA konkurrieren zu können.

La Chine est loin de pouvoir rivaliser avec la puissance militaire des États-Unis.

Die rasche Verstädterung Chinas geht voran und die Städte dehnen sich auf früher landwirtschaftliche Gebiete aus.

L'urbanisation de la Chine est rapide et les villes se développent sur d'anciennes terres agricoles.

Der schnelle Rückgang der Landwirtschaft lässt befürchten, dass das Land in Kürze nicht mehr in der Lage sein wird, sich selbst zu ernähren.

Le déclin de l'agriculture chinoise est rapide, ce qui fait craindre que le pays ne soit bientôt plus à même de se nourrir.

Die Ein-Kind-Politik hat zu einem Frauenmangel geführt, da viele Paare unbedingt einen Sohn wollten.

La politique de l'enfant unique a entraîné un manque considérable de femmes, de nombreux couples voulant un fils à tout prix.

Die Zahl der Autos in Peking ist in die Höhe geschnellt und die Stadt ist nun 24 Stunden lang durch Verkehrsstaus lahmgelegt.

Le nombre de voitures à Pékin a augmenté en flèche et la ville est maintenant paralysée par les encombrements 24 heures sur 24.

Der in Shanghai zur Schau gestellte Reichtum bleibt für die meisten Chinesen unerreichbar.

La richesse si indécente à Shanghai reste inaccessible à la plupart des Chinois.

Die Welt sollte sich über ein starkes China freuen, sei es auch nur, weil ein schwaches und instabiles China nur Schwierigkeiten brächte.

Le monde devrait se réjouir de ce que la Chine soit forte, ne serait-ce que parce qu'une Chine faible et instable ne ferait que causer des ennuis.

China ist ein erwachender Riese, der seinen eigenen Weg zum Kapitalismus gewählt hat.

La Chine est un géant en mouvement qui a choisi une voie particulière vers le capitalisme.

97. DEUTSCHLAND: MENSCHEN UND GESCHICHTE
L'ALLEMAGNE : LES HOMMES ET L'HISTOIRE

der / die Deutsche (adj)	*l'Allemand / l'Allemande*
Nord- / Süddeutschland	*l'Allemagne du Nord / du Sud*
Mitteldeutschland	*l'Allemagne centrale*
die Nordsee / die Ostsee	*la mer du Nord / la mer Baltique*
die schwarz-rot-goldene Fahne (n)	*le drapeau noir-rouge-or*
das Heilige Römische Reich deutscher Nation	*le Saint Empire romain germanique*
die NS-Zeit / die Nazizeit	*la période nazie*
aus der Vergangenheit lernen	*apprendre du passé*
die Vergangenheitsbewältigung	*le travail critique sur la mémoire*
das Schuldgefühl (e)	*le sentiment de culpabilité*
die kollektive Verantwortung (sg)	*la responsabilité collective*
das Nachkriegsdeutschland	*l'Allemagne de l'après-guerre*
die Weimarer Republik	*la République de Weimar*
die Bonner / Berliner Republik	*la République de Bonn / de Berlin*
der Wiederaufbau (sg)	*la reconstruction (après 1945)*
das Wirtschaftswunder (sg)	*le miracle économique*
die starke Wirtschaft / Währung (en)	*l'économie / la monnaie forte*
die Gründlichkeit (sg)	*le sérieux*
das Pflichtbewusstsein (sg)	*la conscience du devoir*
schwerfällig und ernst sein	*être lourdaud et sérieux*
der Bayer (n) / die Bayerin (nen)	*le Bavarois / la Bavaroise*
der Badener (-) / die Badenerin (nen)	*le Badois / la Badoise*
Schwaben / der Schwabe (n, n)	*la Souabe / le Souabe*
da Rheinland / der Rheinländer (-)	*la Rhénanie / le Rhénan*
der Friese (n, n) / die Friesin	*le Frison / la Frisonne*
das Ruhrgebiet	*le bassin de la Ruhr / la Ruhr*
der Lokalpatriotismus / der Lokalpatriot (en, en)	*l'esprit de clocher / celui qui aime sa région*
das Vaterland (¨er) / die Muttersprache (n)	*la patrie / la langue maternelle*
die Heimat (sg) / die Wahlheimat (sg)	*le pays natal / le pays d'élection*
das Straßenfest (e) / das Stadtteilfest	*la fête de rue / la fête de quartier*
der Karneval / die Fas(t)nacht	*le carnaval*
der Umzug (¨e)	*le défilé*
das Café (s) / die Kneipe (n)	*le café / le troquet, le bar*
die Diskothek (en)	*la discothèque / la boîte (de nuit)*
die Party (s) / die Fete (n) / das Fest (e)	*la fête / la boum / la teuf*
kreativ und mobil sein	*être créatif et mobile*

LES MOTS AU SERVICE DES IDÉES

Deutschland hat sich in den letzten Jahrzehnten sehr verändert.

L'Allemagne a énormement changé au cours des dernières décennies.

Die neue Generation ist kreativ und dynamisch. Neben den sogenannten alten Tugenden zählen heute auch Mobilität und Initiative.

La nouvelle génération fait preuve de créativité et de mobilité. Outre les vertus « traditionnelles », de nos jours, mobilité et initiative ont aussi leur importance.

Auf die stabilen Jahre des politischen und wirtschaftlichen Wiederaufbaus folgten die Zeiten der Studentenrevolte, der Ostpolitik und der ersten Öl-schocks.

Les années stables de la reconstruction politique et économique ont été suivies par le temps de la révolte étudiante, de la politique de la détente ('Ostpolitik') et des premiers chocs pétroliers.

Die Arbeitslosigkeit in den 80er Jahren brachte Unsicherheit und Ängste, aber die Vereinigung erzeugte auch ein neues Selbstbewusstsein.

Si, dans les années 80, le chômage avait suscité un sentiment d'insécurite et de peur, la réunification a réussi à générer une nouvelle confiance en soi.

Heute gibt es auch eine positive Identifikation mit Deutschland, gerade bei der jungen Generation, wie die Fußballweltmeisterschaft 2006 zeigte.

Aujourd'hui, il y a même une identification positive avec l'Allemagne, notamment au sein de la jeune génération, comme l'a montré la Coupe du monde de 2006.

Die Vergangenheit nicht zu vergessen und einen neuen Faschismus zu verhindern bleibt eines der wichtigsten Ziele von Politik und Bildung.

Ne pas oublier le passé et empêcher le renouveau du fascisme reste l'un des grands objectifs de la politique et de l'éducation.

Die Berliner und die Bayern haben, so sagt man, ein traditionelles Misstrauen einer gegenüber dem anderen.

On dit que les Berlinois et les Bavarois entretiennent depuis toujours un sentiment de méfiance les uns vis-à-vis des autres.

Die kühlen Norddeutschen finden den Karneval bei den lebenslustigen Rheinländern wirklich übertrieben.

Les Allemands du Nord, un peu froids, trouvent le carnaval des joyeux Rhénans vraiment trop débridé.

Über die Ostfriesen macht man die gleichen Witze wie über die Belgier.

Les Frisons de l'Est sont victimes des mêmes blagues que les Belges.

Das Nachtleben in Berlin ist hyperaktiv und die Stadt ist für viele Ausländer zur Wahlheimat geworden.

Berlin, qui connaît une vie nocturne intense, est devenue la ville d'élection de bon nombre d'étrangers.

Aber nicht alle Menschen haben an den positiven Veränderungen teil und es wächst die Gruppe der Armen und Ausgeschlossenen.

Les gens ne profitent pas tous des changements positifs et la frange de la population des exclus et des pauvres ne cesse d'augmenter.

98. FRANKREICH
LA FRANCE

der Franzose (n, n) / die Französin	*le Français / la Française*
die Bretagne / die Normandie	*la Bretagne / la Normandie*
Lothringen / das Elsass	*la Lorraine / l'Alsace*
die Heimat von 365 Käsesorten	*le pays des 365 fromages*
das Land des Bordeaux-Weins	*le pays du vin de Bordeaux*
das Land der 35-Stunden-Woche	*le pays de la semaine de 35 heures*
die Welt der Mode und des Luxus	*le monde de la mode et du luxe*
leben wie Gott in Frankreich	*vivre comme un coq en pâte*
der Staatsbürger (-) / der Bürger	*le citoyen*
der Zentralismus / das zentralistische System (e)	*le centralisme / le système centralisé*
das Präsidialsystem (e)	*le système présidentiel*
die Nationalversammlung (en)	*l'Assemblée nationale*
der Premierminister (-)	*le Premier ministre*
der gallische Hahn	*le coq gaulois*
von sich eingenommen sein	*être suffisant, imbu de sa personne*
der Absolutismus	*l'absolutisme*
der Widerstand / die Resistance	*la Résistance*
die Grande Nation / die Größe	*la Grande Nation / la Grandeur*
die Traditionen pflegen	*respecter les traditions*
Freiheit, Gleichheit, Brüderlichkeit	*liberté, égalité, fraternité*
die französische Atomstreitmacht	*la force de frappe*
keine Veränderungen wollen	*être réfractaire au changement*
das Mehrheitswahlrecht	*le scrutin majoritaire*
protektionistisch sein	*être protectionniste*
eine liberalere Politik machen	*adopter une politique plus libérale*
von einem Streik lahmgelegt werden	*être paralysé par une grève*
rückwärts gewandt sein	*être passéiste, rétrograde*
der umfangreiche öffentliche Dienst	*le secteur public pléthorique*
die hohe Arbeitslosenrate unter Jugendlichen	*le taux de chômage élevé chez les jeunes*
die französische Diplomatie	*la diplomatie française*
das Sozialversicherungssystem verteidigen / auf=lösen	*défendre / démanteler le filet de protection sociale*
die soziale Sicherheit / der soziale Schutz / das soziale Netz	*la protection sociale*
die politische Gewerkschaft	*le syndicat à couleur politique*
der soziale Bruch (¨e)	*la fracture sociale*
die Ärmel hoch=krempeln	*retrousser ses manches*
das Vertrauen wiederher=stellen	*rétablir la confiance*

Paris bleibt das beliebteste Ziel für Touristen aus aller Welt, aber es verkörpert nicht mehr Frankreich wie früher.

Paris reste la destination préférée des touristes du monde entier, mais n'incarne plus la France comme autrefois.

Französische Bürger sind es gewohnt, dass der Staat sie auf allen Ebenen unterstützt.

Les citoyens français sont habitués à ce que l'État les assiste dans tous les domaines.

Frankreich leidet an immensen Ausgaben der öffentlichen Hand, einer enormen Bürokratie, hohen Steuern und erdrückenden Sozialausgaben.

La France est malade de ses dépenses publiques exorbitantes, de son énorme bureaucratie, de ses impôts élevés et de ses charges sociales écrasantes.

Die Franzosen lösen Probleme nicht über den Konsens, sondern über den Konflikt.

Les Français ne font pas changer les choses de manière consensuelle mais conflictuelle.

Die Franzosen gehen auf die Straße, wenn ihre Politiker Veränderungen beschließen, die ihnen missfallen.

Les Français descendent dans la rue lorsque les hommes politiques décident de changements qui leur déplaisent.

Im Gegensatz zu vielen Deutschen, die leben, um zu arbeiten, arbeiten die Franzosen, um zu leben.

Contrairement à la plupart des Allemands, qui vivent pour travailler, la plupart des Français travaillent pour vivre.

Das Scheitern der Pariser Bewerbung für die Olympiade 2012 mag ein weiteres Zeichen für seinen schwindenden internationalen Einfluss sein.

L'échec de la candidature de Paris aux Jeux de 2012 peut être interprété comme un signe supplémentaire de la perte d'influence de la France sur la scène internationale.

Die Lage ist besser als sie aussieht. Frankreich hat viel Erfolg in der Luftfahrtindustrie, im Verkehrswesen, im Tourismus, in der Lebensmittelindustrie, in der Genetik und in der Telekommunikation.

La situation est meilleure qu'il n'y paraît. La France réussit bien en aéronautique, dans les transports, le tourisme, la génétique, l'agroalimentaire et les télécoms.

Frankreichs Reichtum und Potential sind noch nicht vollständig ausgeschöpft.

La France a une richesse et un potentiel qui ne sont pas pleinement exploités.

Wie Charles De Gaulle in seinen Kriegsmemoiren schrieb, bewegt sich Frankreich ständig „von Größe zu Niedergang und von Niedergang zu Größe."

Comme l'a dit Charles De Gaulle dans ses Mémoires de guerre, la France passe sans cesse « de la grandeur au déclin et du déclin à la grandeur. »

99. EUROPA
L'EUROPE

die Europäische Union / die EU	*l'Union européenne / l'UE*
die Europäische Gemeinschaft	*la Communauté européenne*
das Europäische Parlament	*le Parlement européen*
der Europaabgeordnete (adj)	*le député européen*
der Technokrat (en)	*le technocrate*
die Europäische Kommission	*la Commission européenne*
Brüssel / Straßburg	*Bruxelles / Strasbourg*
der Europäer (-)/ die Europäerin	*l'Européen / l'Européenne*
europäisieren	*européaniser*
pro-europäisch / der Befürworter (-)	*pro-européen / le partisan*
anti-europäisch / der Gegner (-)	*anti-européen / l'adversaire*
der Euroskeptiker (-)	*l'eurosceptique*
der Europafreund (e)	*l'europhile*
die europäische Währung (en)	*la monnaie européenne*
die gemeinsame Währung	*la monnaie commune*
der Euro / den Euro ein=führen	*l'euro / adopter l'euro*
die Stärke / die Schwäche des Euro	*la force / la faiblesse de l'euro*
das Zwei-Euro-Stück (e) / der Zehn-Euro-Schein (e)	*la pièce de deux euros / le billet de dix euros*
die Eurozone	*la zone euro / Euroland*
die Europäische Zentralbank / EZB	*la Banque centrale européenne /BCE*
das Mitglied (er) / der Mitgliedsstaat (en)	*l'État membre*
die Erweiterung der EU / die Vertiefung der EU	*l'élargissement de l'UE / l'approfondissement de l'EU*
die Union um die osteuropäischen Länder erweitern	*élargir l'Union aux pays de l'Europe de l'Est*
die Mitgliedschaft in der EU beantragen	*demander à adhérer à l'UE*
der EU bei=treten (a, e)	*entrer dans, adhérer à l'UE*
der Beitritt zur EU	*l'adhésion à, l'entrée dans l'UE*
die Beitrittsverhandlungen	*les négociations préalables d'adhésion*
das Europa der 27	*l'Europe des 27*
Europa der zwei Geschwindigkeiten	*l'Europe à 2 vitesses*
seine Souveränität verlieren (o, o)	*perdre sa souveraineté*
der Europäische Gipfel (-)	*le sommet européen*
den Verfassungsentwurf ab=lehnen / die Ablehnung	*rejeter la constitution / le rejet*
in einer Sackgasse sein	*être dans une impasse*
eine Krise erleben	*être en crise, vivre une crise*

LES MOTS AU SERVICE DES IDÉES

Die Europäische Union hat einen langen Weg zurückgelegt, seit die Gründungsväter 1957 die Römischen Verträge unterschrieben.

Que de chemin parcouru depuis que les pères fondateurs ont signé le traité de Rome en 1957.

Die größte Erweiterung in der Geschichte der Union fand am 1. Mai 2004 statt, als zehn neue Länder der EU beitraten.

L'élargissement le plus important dans l'histoire de l'Union européenne a eu lieu le 1er mai 2004 lorsque dix nouveaux pays sont entrés dans l'UE.

Die Erweiterung ist ein Fortschritt für Europa, denn es bringt politische Stabilität in einem Teil der Welt, in dem zwei Weltkriege begannen.

L'élargissement profite à l'Europe, car il amène la stabilité dans une partie du monde qui fut à l'origine de deux guerres mondiales.

Das vereinigte Europa bedeutet eine Stärkung der Demokratie und eine Stabilisierung des Kontinents mit einem gemeinsamen Markt, der wirtschaftliche Vorteile für alle Bürger bringt.

Une Europe réunie veut dire un continent plus fort, démocratique et plus stable, avec un marché unique qui offre des avantages économiques à tous ses citoyens.

Jeder EU-Mitgliedsstaat sieht die Union natürlich aus dem Blickwinkel seiner nationalen Interessen und seiner Geschichte.

Chaque pays membre voit immanquablement l'Union européenne à travers le prisme de ses intérêts nationaux et de son histoire.

Die Frage des EU-Beitritts der Türkei wird wohl noch auf Jahre hinaus ein Streitpunkt bleiben.

La question de l'entrée de la Turquie dans l'Union européenne sera probablement un sujet de controverse pendant des années.

Die Franzosen lehnten die europäische Verfassung ab, weil sie die Deregulierung des Arbeitsmarktes fürchten.

Les Français ont rejeté la Constitution européenne, car la déréglementation du marché de l'emploi leur fait peur.

Viele haben den Eindruck, dass die Technokraten in Brüssel Regeln setzen und dabei gegenüber den Millionen betroffener Bürger völlig gleichgültig sind.

Beaucoup de gens ont le sentiment que des technocrates à Bruxelles pondent des règles avec une indifférence totale pour les millions de personnes concernées.

Die EU wird oft als eine ausufernde Bürokratie angesehen, die uns vorschreibt, welche Bananen wir kaufen dürfen.

L'UE est souvent considérée comme une bureaucratie tentaculaire, qui tente de nous dire quel genre de bananes nous avons le droit d'acheter.

Mit dem Aufstieg der neuen Riesen China und Indien ist ein vereintes Europa eine Notwendigkeit geworden.

Avec l'émergence de nouveaux géants que sont la Chine et l'Inde, l'Europe unie est une nécessité.

100. OSTEUROPA
L'EUROPE DE L'EST

Mitteleuropa	*l'Europe centrale*
die Sowjetunion / die UdSSR	*l'Union soviétique / l'URSS*
die baltischen Staaten	*les pays baltes*
Lettland / Estland / Litauen	*la Lettonie / l'Estonie / la Lituanie*
Russland / Polen / Tschechien / Ungarn	*la Russie / la Pologne / la Tchéquie / la Hongrie*
das ehemalige Ostpreußen	*l'ancienne Prusse orientale*
die Oder-Neiße-Linie / die Grenze (n)	*la ligne Oder-Neiße / la frontière*
historische Bindungen haben	*avoir des liens historiques*
der Ostblock / der Warschauer Pakt	*le bloc de l'Est / le Pacte de Varsovie*
das (post)kommunistische System (e)	*le système (post-)communiste*
die Entspannungs- / die Ostpolitik	*la politique de détente / l'Ostpolitik (1969-75)*
die Ostverträge	*les contrats bilatéraux de la RFA avec les pays de l'Est (1971-74)*
die strategische Einflusszone (n)	*la zone d'influence stratégique*
die Altlasten der Vergangenheit	*les charges héritées du passé*
der Prager Frühling	*le Printemps de Prague*
der Umsturz begann mit Solidarnosç	*le renversement du pouvoir a commencé avec Solidarnosc*
die Perestroika	*la pérestroïka*
der Zusammenbruch (¨e)	*l'effondrement*
der Zerfall des Sowjetimperialismus	*le démantèlement de l'impérialisme soviétique*
das Aufleben unterdrückter nationaler Konflikte	*la réapparition des conflits nationaux*
die Reformbewegung (en)	*le mouvement réformateur*
sich von politischer Bevormundung befreien	*se libérer de la tutelle politique*
Wirtschaftsreformen durch=führen	*faire des réformes économiques*
die Öffnung zum Westen	*l'ouverture à l'Ouest*
einen Handelsvertrag ab=schließen (o, o)	*conclure un contrat commercial*
eine privilegierte Partnerschaft an=streben	*viser un partenariat privilégié*
das Erdgas aus Russland bekommen (a, o) / beziehen (o, o)	*se procurer du gaz naturel de Russie*
die Gaspipeline (s) / die Ferngasleitung (en)	*le gazoduc*
die Osterweiterung der EU	*l'élargissement de l'UE à l'Est*

LES MOTS AU SERVICE DES IDÉES

Deutschland war schon immer eine Drehscheibe zwischen West und Ost.

L'Allemagne est depuis toujours une plaque tournante entre l'Ouest et l'Est.

Die Ostpolitik der Regierung Brandt schuf eine politische Entspannung zwischen der Bundesrepublik und seinen östlichen Nachbarn.

L'Ostpolitik du gouvernement Brandta a permis une détente politique entre la RFA et ses voisins de l'Est.

Nach der Ära des Wettrüstens begann ein Phase der Ost-West-Kooperation und ein langsames Abrüsten.

Après une phase de course aux armements a débuté une phase de coopération entre l'Est et l'Ouest et un lent processus de désarmement.

Die BRD hat Mitteleuropa und die Nachfolgestaaten der UdSSR im Jahrzehnt nach dem Zusammenbruch des Sowjetimperiums mit 77 Milliarden Euro unterstützt.

Au cours de la décennie qui a suivi l'effondrement de l'empire soviétique, l'Allemagne a consenti 77 milliards d'euros à l'Europe centrale et orientale, ainsi qu'aux États successeurs de l'ex-URSS.

Der Aufbau eines Rechtsstaates und einer funktionierenden Marktwirtschaft ist die Voraussetzung für eine Aufnahme in die EU.

La mise en place d'un État de droit et d'une économie de marché sont les conditions préalables à l'intégration dans l'UE.

Bulgarien und Rumänien sind die zwei jüngsten Beitrittsländer in der EU.

La Bulgarie et la Roumanie sont les derniers pays ayant adhéré à l'UE.

Manche finden, dass die Macht des KGB im postkommunistischen Russland von dem Einfluss der Mafia abgelöst wurde.

D'aucuns pensent que le pouvoir du KGB a été remplacé, dans la Russie postcommuniste, par l'influence de la mafia.

Das Zerfallen der Sowjetunion hat zu einem Aufleben alter nationaler Konflikte in Osteuropa geführt.

Le déclin de l'Union soviétique a provoqué la résurrection d'anciens conflits nationaux dans l'Europe de l'Est.

Russland ist ein wichtiger Energielieferant für Europa geworden und manche befürchten Probleme im Falle einer politischen Krise.

La Russie est devenue un important fournisseur d'énergie pour l'Europe et d'aucuns craignent des problèmes en cas de crise politique.

Noch immer ist die Bekämpfung der Korruption in einigen osteuropäischen Ländern ein oberstes politisches Ziel.

La lutte contre la corruption demeure l'une des priorités politiques de certains pays d'Europe orientale.

Die Hinterlassenschaft des Kommunismus und die Umgestaltung der Wirtschaft stellen die Politik vor schwierige Aufgaben.

L'héritage du communisme et la restructuration de l'économie mettent les responsables politiques devant des tâches difficiles.